皖江城市带回族文化涵化研究
——以几个回族传统社区为例

WANJIANG CHENGSHIDAI HUIZU WENHUA HANHUA YANJIU

操竹霞 ◎ 著

中国出版集团

世界图书出版公司

广州·上海·西安·北京

图书在版编目（CIP）数据

皖江城市带回族文化涵化研究：以几个回族传统社区为例／操竹霞著.
—广州：世界图书出版广东有限公司，2014.9
ISBN 978-7-5100-8735-6

Ⅰ.①皖… Ⅱ.①操… Ⅲ.①回族—民族文化—研究—安徽省 Ⅳ.①K281.3

中国版本图书馆 CIP 数据核字（2014）第 226846 号

皖江城市带回族文化涵化研究——以几个回族传统社区为例

策划编辑	胡一婕
责任编辑	杨力军
封面设计	高艳秋
投稿邮箱	stxscb@163.com
出版发行	世界图书出版广东有限公司
地　　址	广州市新港西路大江冲 25 号
电　　话	020-84459702
印　　刷	虎彩印艺股份有限公司
规　　格	787mm×1092mm　1/16
印　　张	14.5
字　　数	290 千
版　　次	2014 年 9 月第 1 版　2015 年 1 月第 2 次印刷
ISBN	978-7-5100-8735-6/C・0039
定　　价	58.00 元

版权所有　翻印必究

序

操竹霞博士的著作《皖江城市带回族文化涵化研究——以几个回族传统社区为例》一书即将出版，作为她的导师和一个从安徽走出来的回族学者，我由衷地为她第一部著作问世而感到高兴和欣慰！

2010年1月12日，国务院正式批复《皖江城市带承接产业转移示范区规划》，安徽沿江城市带承接产业转移示范区建设纳入国家发展战略。这是迄今全国唯一以产业转移为主题的区域发展规划，是促进区域协调发展的重大举措，为推进安徽参与泛长三角区域发展分工，探索中西部地区承接产业转移新模式，也为中部地区加速崛起点燃了助推器。1990—2010年，从"皖江经济区"到"皖江城市带"，是处在世纪之交的20年，也是全国城市化加速发展的20年，皖江城市带不只是一个"经济区"，经济发展的最终目的是让人生活更美好。无论是物质文化、精神文化和制度文化，还是人们的价值观念都会因皖江城市带的发展而出现新内容、新特点和新气象。

相对于皖江其他城市及毗邻省市，安庆回族有其典型性。明代初年的1381年，回族将领马聚成担任安庆卫都指挥使。此后八年，又有回族将领马哈直任安庆卫左所领兵官。马聚成和马哈直来安庆市时，都率有大量回族将士，这是回族成规模定居安庆之始。时至今日安庆回族已有600多年的历史，历经明代、清代、民国时期、抗日战争、解放战争到中华人民共和国。在战争年代，安庆回民投身于血与火的斗争；在和平年代，安庆回民积极进取，发展经济、文化等各项事业。回族在安庆市城乡各地都有居住，大多沿江而居。本书旨在以安庆几个传统回族社区为例，在追溯安庆回族的源流和近百年安庆回族的发展历程基础上，深描安庆回族的地理区位、自然生态、人口分布、教育程度、社区经济。运用问卷调查分析法及民典型个案访谈法从衣食住行、宗教生活、婚姻家庭生活等几个维度阐述回族文化涵化的主要内容，进而分析其涵化的特点、过程及策略、动力机制及功能。

从选题来看，本书从文化涵化这一中东部散杂居回族社会中较为典型的文化特征来分析皖江城市带安庆回族文化涵化的形成原因与发展过程，并分析皖江城市带安庆回族文化涵化与经济变迁的关系，探讨如何发挥各族群文化交流优势来带动地方经济与社会发展。将回族文化涵化研究放入皖江城市带的特定空间里，皖江城市带东连长三角区域发展，西接中部崛起的重点开发区域，是连接我国东部和西部的桥梁。有着"经商"传统、擅长经营的回族在这一区域经济发展的契机下定能发挥其特长和优势，找寻自身经济文化发展之路。这为散杂居民族问题研究提供了一个新的研究视角。

从研究方法来看，本书以社会学研究中的问卷调查研究方法为主，前期深入田野调查，将文化涵化的各种分析指标量化，尽可能科学合理地设计调查问卷进行试调查，修改问卷反复论证再开始问卷调查，运用 SPSS 软件分析调查数据，得出相关统计分析结果。打破民族学、人类学以田野调查为主、问卷调查为辅的研究传统，将定量研究与定性研究相结合，全面深入分析皖江城市带安庆回族文化涵化的前提、过程、策略与功能。

研究皖江城市带安庆回族文化涵化，在世纪之交皖江城市带的时空背景下，以城市带中回族文化与主流文化接触、交流、互动、出现文化涵化为研究对象，厘清安庆回族文化涵化与经济发展、城市化、人口流动与迁移、社会分层的关系，推动皖江城市带社会经济文化发展。文化涵化的趋向应该是多元文化"共生互补"，共同发展，共同创造优秀的文化成果并与社会所有成员共同分享。关照社会底层百姓日常生活，引导他们选择适合自己的文化生活方式，创造积极、健康的生活型态。

是为序。

中南民族大学研究生院院长

前　言

　　随着科学技术的不断进步，文化作为基础性的力量在社会发展过程中扮演着非常重要的角色。文化作为智力支持的来源，是实现生产力提高的智力基础，是经济获取不断发展的永恒动力。基于此，在皖江城市带兴起的过程中，文化重要性被置于一个必须研究的高度。要高效完成产业转移示范区的建立，实现皖江城市带城乡和谐发展以及民族关系和谐，民族之间和睦共处，都必须研究文化问题。研究皖江城市带回族文化涵化，可以更好地促进皖江城市带文化的多元化发展和保护回族文化的历史精华，解决回族文化在世俗化过程中所面临的各种难题来实现与时俱进的民族文化的创新型发展。此外，还可以摸清皖江城市带回族文化的基本情况以及存在的不足，从而为找出解决方案提供材料和参考。而要实现民族文化和经济的共同发展，则必须研究回族文化在现代化进程中所面临的挑战。

　　作为伊斯兰文化的一个部分，也作为中华文化的一部分，回族文化虽然广泛分布于不同的地方，但具有集中分布的特点。就全国范围来说，西北是中国回族文化的聚集地。在安徽，回族文化的这种泛分布、小集中的特征也得到了明显的体现，而安庆回族文化则是其典型代表。无论从回族人口的数量、聚集程度、文化影响力等因素来分析，安庆回族文化都代表了安徽回族文化的大体特征。安庆集中了皖江城市带的大部分回族人口。因此，从人口学变量的角度来看，研究皖江城市带回族文化，就间接等于研究安庆回族文化。回族是安庆少数民族的主体，也是市境唯一的世居少数民族，居住相对比较集中，其他少数民族人数较少且居住都很分散。相对于皖江其他城市及毗邻省市，安庆回族有其典型性。

　　在前人研究的基础上，本书运用民族学、人类学、社会学的相关理论和方法，通过对皖江城市带安庆回族文化涵化研究，分析安庆回族文化历史及发展历程，揭示安庆回族文化涵化基因，探讨安庆回族文化涵化过程，剖析安庆回族文化涵化机制、涵化特点、涵化策略、涵化动力及涵化功能，构建安庆回族文化涵化模式，总结皖江城市带发展与回族文化涵化相互关系，共同推进社会繁荣。同时，皖江城市带回族文化涵化的研究为其他散杂居地区民族文化交流与发展提供了借鉴和启示。

在导论中，主要论述选题缘由、意义、理论观照和研究方法；对回族文化变迁及回族文化涵化进行一般性理论探讨；述评国内外有关文化涵化的研究现状和研究成果；提出研究的设计及基本思路、主要内容，并就本研究的重点、难点、主要观点及创新之处进行了阐述。从地理区位、自然生态、人口分布、教育程度、社区经济等方面介绍安庆回族文化现状。历时性探讨安庆回族文化由来、演进、传播、发展的历程。安庆回族文化的传承基因有生物的遗传和文化的传承；文化基因包括文化的选择、传递与创造；社会基因有生态环境、生产方式、生活方式、婚姻家庭和意识形态。进而探讨安庆回族文化涵化内容有：日常生活中的服饰文化涵化、饮食文化涵化、居住文化涵化；宗教生活中的涵化现象；婚姻家庭生活中的涵化探讨。在安庆回族文化涵化分析中主要探讨涵化机制、涵化特点、涵化策略、涵化阶段、涵化态度、涵化动力、功能及涵化模式，并勾勒出皖江城市带回族文化涵化过程中的模因传播模型。最后，本书总结如下：皖江城市带的兴起是安庆回族文化发展的契机；皖江城市带的经济发展和人口流动推动安庆回族文化涵化；安庆不同社会阶层的回族具有不同的文化涵化策略；安庆回族文化涵化推动安庆社会持续发展；皖江城市带回族文化涵化对加强文化交流的思考。

目 录

第一章 导论 ······ 001
  第一节 选题缘起与意义 ······ 001
    一、选题缘起 ······ 001
    二、选题意义 ······ 003
  第二节 研究设计 ······ 005
    一、研究范围 ······ 005
    二、理论框架与核心概念 ······ 005
    三、研究方法：问卷调查法、参与观察法、文献研究 ······ 009
  第三节 回族文化和涵化研究述评 ······ 010
    一、回族文化研究述评 ······ 010
    二、涵化研究述评 ······ 015
  小 结 ······ 023

第二章 安庆回族文化的历史透视 ······ 025
  第一节 安庆回族文化简介 ······ 025
    一、地理区位 ······ 025
    二、自然生态 ······ 034
    三、人口分布 ······ 034
    四、教育程度 ······ 037
    五、社区经济 ······ 038
  第二节 安庆回族文化的发展历程 ······ 040
    一、安庆回族文化由来已久 ······ 040
    二、安庆回族文化演进 ······ 044
    三、安庆回族文化传播 ······ 045
    四、安庆回族文化发展 ······ 047
  小 结 ······ 048

第三章 安庆回族文化涵化基因

第一节 传承基因
一、生物的遗传 ……049
二、文化的传承 ……050

第二节 文化基因 ……052
一、文化的选择 ……052
二、文化的传播 ……054
三、文化的创造 ……056

第三节 社会基因 ……056
一、生产方式 ……056
二、生活方式 ……058
三、婚姻家庭 ……061
四、意识形态 ……063

小 结 ……066

第四章 安庆回族文化涵化内容分析 ……067

第一节 日常生活 ……069
一、服饰文化的涵化 ……069
二、饮食文化的涵化 ……072
三、居住文化的涵化 ……074

第二节 宗教生活 ……079
一、伊斯兰教 ……079
二、佛教、道教对宗教生活的影响 ……091

第三节 婚姻家庭生活 ……095
一、族内婚与族际通婚 ……096
二、家庭规模与类型 ……100
三、家族文化传承与变迁 ……103

小 结 ……107

第五章 安庆回族文化涵化分析 ……109

第一节 涵化机制 ……109
一、散杂居民族文化涵化 ……110
二、涵化特点 ……118
三、涵化策略 ……142
四、涵化阶段及态度分析 ……151

  五、涵化动力 …………………………………………………………… 163
 第二节 涵化的功能 …………………………………………………… 172
  一、正功能与负功能 …………………………………………………… 172
  二、显性功能与隐性功能 ……………………………………………… 175
 第三节 涵化模式 ……………………………………………………… 178
  一、传承变异模式 ……………………………………………………… 178
  二、共生互补模式 ……………………………………………………… 183
  三、群体个体模式 ……………………………………………………… 185
  四、皖江城市带文化涵化过程中的模因传播模型 …………………… 187
 小 结 …………………………………………………………………… 189
结束语 ………………………………………………………………………… 191
 一、皖江城市带的兴起为安庆回族文化涵化提供契机 ………………… 191
 二、皖江城市带的经济发展和人口流动推动安庆回族文化涵化 ……… 193
 三、安庆不同社会阶层的回族秉持不同的文化涵化策略 ……………… 195
 四、安庆回族文化涵化推动安庆社会持续发展 ………………………… 197
 五、皖江城市带回族文化涵化对加强文化交流的思考 ………………… 199
参考文献 ……………………………………………………………………… 202
附录 皖江城市带回族文化涵化研究调查问卷 ………………………… 212

第一章 导论

皖江城市带的兴起以及国家批准设立皖江经济开发区，使皖江经济发展上升到国家发展战略层面，正是在这样的背景下我们来研究皖江城市带回族文化涵化。而作为皖江城市带中重要的组成部分，安庆具有非常典型的回族文化意义。回族文化丰富了中华文化的内容，研究回族文化的涵化历史及现代性转变，探求回族文化在应对汉文化以及世俗文化的挑战及其应对，分析回族文化和现代经济发展共生等对我们掌握回族文化涵化的历史过程、变化机制，丰富和扩大不同文化之间交流研究的内容和视野，对构建回族文化研究的规范体系和理论创新以及分析现实的文化冲突等，都有着十分重要的理论价值和现实意义。此外，本书的研究设计主要涉及研究范围的确定、理论框架和核心概念的界定以及研究方法的阐述。

第一节 选题缘起与意义

一、选题缘起

（一）国务院批准皖江开发区，皖江城市带的兴起

随着皖江经济一体化和产业结构转变的加强，城市之间的经济合作更加密切，加上皖江城市带具有地理、资源和人才等各方面的优势，使得皖江城市带具有确定承接产业转移示范区战略地位的能力。在改革开放的带动下，我国东部沿海地区借助国家的优惠政策率先抓住发达国家产业结构升级引发产业转移的良好机会，充分利用地理和人才优势实现了地区经济快速发展。随着东部地区产业结构的不断升级，工业化已经步入一个高水平的阶段，并且通过积极的市场拓展，东部经济也在努力寻找产业转移的机会。由于皖江

城市带具有土地、劳动力、能源、企业商务成本低等优势，东部产业向皖江城市带地区转移的趋势日趋明显。为了实现东部沿海经济发达地区产业向中西部快速、大规模地优化转移，国家在安徽长江流域设立了皖江城市带承接产业转移示范区。

作为中部的重镇，安徽省有着优越的地理区位，从安徽省的地理位置来看，皖江城市带又具有全省最为优越的地理位置。皖江城市带紧靠长江和南京，其地理位置比皖中、皖北优越。皖江城市带拥有800多公里长江岸线，与以上海为龙头的长江三角洲地区无缝对接，是最能承接长江三角洲产业转移的前沿阵地。此外皖江城市带与江苏省发生着社会、经济、文化紧密的联系甚至可以和长江三角洲内的苏北地区相竞争。因此，在中部崛起战略中，从产业转移的条件来说，皖江城市带比武汉城市圈、中原城市群、长株潭城市群具有更优越的区位优势。

皖江城市带的兴起有着深厚的产业基础，皖江城市带在冶金、汽车、建材、家电、化工等方面在安徽省乃至全国都有重要的影响力。产业间的互动也形成了一定产业集群和产业链，并且培养了一批有良好品牌认可度的知名企业，如江淮汽车、马钢、奇瑞汽车、华菱重卡、海螺建材、铜陵有色、安庆石化等。作为我国十大钢铁企业之一，马钢2010年产钢能力达到1500万吨。奇瑞汽车已形成年产整车50万辆发动机80万台的产能，在其拉动下，芜湖市汽车零部件制造业有了强大的发展动力。作为世界大型铜精炼企业十强之一，铜陵有色金属集团控股有限公司年产铜39万吨，更给皖江城市带的发展注入发展活力。

作为我国城市较集中的地区，皖江城市带有9个城市。而且每个城市都具有相当的经济规模和人口规模。其中，合肥2010年末人口已突破570万，安庆人口531.1万人，芜湖226.3万人，池州140.3万人，马鞍山136.6万人，铜陵72.4万人，滁州393.8万人，巢湖387.3万人，宣城253.3万人，这些城市的人口规模使得他们成为大城市或接近大城市。此外皖江城市带之间的距离都很短，车程不到1小时，这使得皖江城市带形成了高度密集的空间格局，同时各个城市的城市化水平都较高，如马鞍山达61%，铜陵达58%，芜湖达54%[①]。

皖江城市带有着丰富和悠久的文化资源。皖江城市带有着丰富的文化资

---

① 安徽省统计局，国家统计局安徽调查总队. 安徽省2011年国民经济和社会发展统计公报[Z]. 2011(2).

源，各个城市都形成了各自的历史文化积淀。芜湖具有徽商文化、"芜湖古城"和名遐中外的"徽派"传统民居。池州的古塔、古桥、古井、古街，以及历代文人墨客留下的大量诗词歌赋，使池州享有"千载诗人地"的美誉。马鞍山的太白楼与岳阳楼、黄鹤楼并称为"江南三大名楼"。安庆是国家历史文化名城，有国家级、省级、市级文物保护单位146处，风景名胜区10多处，如千年古刹迎风寺的振风塔被称为万里长江第一塔。

（二）安庆回族相对于皖江城市带的典型意义

作为皖江城市带的主要城市之一，安庆在东部产业转移过程中扮演着重要角色。其最大的优势是区位优势。一方面，安庆东临经济比较发达的长江三角洲，或者说位于泛长江三角洲之内，又恰逢长三角核心地区发展向外辐射扩散的阶段，安庆正处其中。安庆西临湖北，是连接东西部的桥梁与纽带。另一方面，安庆靠近长江黄金水道，长江水运具有运量大、成本低的优势，潜力巨大。

安庆回族的典型意义还表现在其所具有的浓厚民族文化底蕴。作为皖江文化的主要代表之一，安庆回族文化在皖江文化体系中占据重要位置。首先，在皖江城市带回族人口中，安庆回族人口最多。其次，安庆回族文化源远流长，开放程度高，创新意识浓，辐射力强。安庆回族文化注重文以集智、文以载道、文以救国、文以抗战、文以济世、以文乐民。比较系统地整合了哲学、文学、政治、宗教和艺术的精神力量，因而产生了广泛而深刻的影响。回族是安庆少数民族的主体，居住相对比较集中，其他少数民族人数较少且居住分散。

经济和文化是相互影响相互推进的两个主体。安庆回族文化的发展，需要皖江城市带经济的强劲发展的推动。而安庆却浓缩了皖江城市带所具备的经济基础、地理区位、历史文化资源等优势，所以安庆是安徽省和皖江城市经济发展的主要牵动力，是皖江城市带改革开放的排头兵，也是多民族文化交流和融合的主要平台。所以，我们研究安庆回族文化涵化是基于安庆回族文化所具有的皖江城市带的典型意义。

二、选题意义

（一）理论价值

文化作为一种历史过程，变迁是其主要特征，但文化的变迁却非常复杂。不同的文化之间发生着持续的文化对话，借助于文化涵化吸收新的文化因子而发生文化内容和结构的变化。民族文化作为民族的一个显著特征，是区别不同民族的基本标准。虽然历史上文化的多元发展一直都是人类文化发展的基本动力，但是由于不同文化的差异性而发生的文化误解所造成的严重后果，对社会的和谐发展、经济增长、科技创造等产生了消极的影响。所以，从这个层面来说，研究文化涵化对畅通文化交流、增进文化了解、实现文化和经济以及社会的良好互动都有着十分重要的理论意义。站在理论的高度上，研究文化涵化能为厘清各种文化秩序、解决各种文化矛盾、实现文化创新等提供理论指导。此外，就文化涵化理论本身来说，研究皖江城市带回族文化涵化对检验这一理论在中国实际文化环境中的解释效果有着非常重要的理论价值。作为西方学界的一个重要理论，文化涵化理论产生于非东方的文化语境，所以，当我们把其置于中国的文化环境以解决各种文化涵化难题的时候，就会发现其理论的优势与不足，这对于理论体系的更新、实现新理论的创造有着非常巨大的促进作用。就中国的民族关系理论来说，本书的研究也在理论上为分析民族文化学、人口社会学、家庭社会学、比较宗教学等提供了丰富的内容参考和广阔的分析角度。所以，无论在定性和定量的理论研究中，还是涉及文化的世俗层面的变异性方面，本书都具有非常一定的理论启发意义。

（二）现实意义

随着科学技术的不断进步，文化作为基础性的力量在社会发展的过程中扮演着非常重要的角色。文化作为智力支持的来源，是实现生产力提高的智力基础，是经济获取不断发展的永恒动力。基于此，在皖江城市带兴起的过程中，文化重要性被置于一个必须研究的高度。要高效完成产业转移示范区的建立，实现皖江城市带城乡的和谐发展以及各民族的和睦共处，都必须研究文化问题。安徽作为担负中部崛起重任的关键省份之一，解决好文化软实力是提升经济竞争力的基本前提条件。研究皖江城市带回族文化涵化，可以更好地促进皖江城市带文化的多元化发展和保护回族文化的历史精华，解决回族文化在世俗化过程中所面临的各种难题以实现与时俱进的民族文化的创新型发展。此外，还可以摸清皖江城市带回族文化的基本情况以及存在的不足，从而为找出解决方案提供材料和参考。而要实现民族文化和经济的共同发展，则必须研究回族文化在现代化的进程中所面临的挑战。所以，研究皖江城市带回族文化的涵化，在实践的层面上，可以为皖江城市带的城市化进程、产业转移示范区的建立、和谐民族关系的夯实、实现民族共同发展和繁荣等提供各种解决路径。

第二节 研究设计

一、研究范围

研究对象决定了研究范围。由于本书的研究对象是皖江城市带的回族文化涵化，所以，研究范围限定于皖江城市带具有回族文化代表意义的几个城市——安庆、芜湖、马鞍山。不过这三个城市的回族文化也存在典型性的差别，所以对它们进行侧重化处理。其中，安庆是皖江城市带回族文化的最典型代表，作为重点研究对象，对安庆的回族文化进行体系化的问卷调查和扎实的民族学田野调查，而芜湖和马鞍山则进行一般的民族学田野调查。因此，问卷数据分析部分，都是对安庆几个典型回族社区——迎江区南水回族社居委、望江漳湖回民村、三益农场进行研究，这样就使得研究的范围包含了农村和城市的回族社区，从而增强了其代表性。

二、理论框架与核心概念

（一）理论框架：涵化理论

本书采用文化涵化理论对皖江城市带安庆回族文化涵化进行解读。

最早使用"涵化"一词的是美国民族学局首任局长鲍威尔（J. W. Powell，1880），他在1880年写的《印第安语言研究导论》中谈到，在百万文明人的压倒之势的情况下，涵化的力量造成土著文化巨大的变迁。他撰文描述印第安人与白人接触，学到他们的工艺和生活方式，这是通过涵化取得的，而不是通过教育；认为文化变迁的过程由于发明和涵化，发明首先是个人的，但当一个发明被接受和被人使用就是涵化。麦吉（W. J. McGee，1898）在1898年提到"掠夺般的涵化"，认为文化之间的互变是敌意的和偶然的。博厄斯（Franz Boas，1858—1942，美国人类学家，博厄斯学派的创始人）在1896年写的《美洲神话学的成长》一文中讨论北太平洋沿岸印第安人民间故事的散布时指出，不同部落的涵化，其结果使他们大多数的文化特征变得一样。在美国，20世纪二三十年代，在民族学的词汇中已经可以看到"涵化"一词。博厄斯关于人类学应研究文化变迁的动态、文化现象的涵化的主张给他的学生以及研究者们很多的启发。1930年代后期开辟了专门的领域进行不同文化接触的研究。由于经济萧条以及随之产生的大量社会问题,涵化研究得到了很大的发展。

在德国,20世纪初已有人使用"涵化"这个词,在研究南美部落的神话时谈到涵化区域、涵化关系等。英国人类学家很早就对文化接触感兴趣,这是因为,殖民主义使土著居民发生了强制的变迁,人类学在殖民地的实际应用的迫切性日益加强;同时,也是对更加正统的功能论所做出的反应。论者认为,研究文化接触的问题能够更好地运用功能理论和方法,老一辈的功能论者如马林诺夫斯基(Malinowski)是忽视时间尺度的。其实,马林诺夫斯基本人在1929年便指出人类学的一个新分支"正在变迁中的土著居民的人类学"即将兴起。

有些人类学家在1920年代末1930年代初便致力于涵化研究。最早的三种研究成果都在1932年出版。一是比尔斯(L. Beals,1932)的《马约文化中的土著遗存》,着重讨论文化接触的问题;二是特恩沃尔德(R. Thurnwald)的《涵化的心理学》,第一次提出涵化的心理学问题并对其概念和过程做了系统的分析;三是米德的《一个印第安部落的变迁中的文化》,描述一个北美印第安部落安特勒人与白人的文化接触从开始到最终的结果。其他如雷丁(P. Radin)的《白人对温尼巴哥文化的影响》(1913),雷德菲尔德(R. Redfield)的《西班牙——印第安墨西哥的物质文化》(1929)和《于加丹的文化变迁》(1934),帕森斯(E. C. Parsons)的《米特拉:灵魂之城》(1936),叙述墨西哥的米特拉印第安人文化明显地采借西班牙文化,林顿(R. linton)的《七个美洲印第安部落的涵化》等。英国人类学家对非洲土著居民与欧洲人接触结果的研究也在进行,麦尔(L. P. Mair)在1934年发表了《文化接触研究成为一个实际问题》。英国人类学所提倡的应用人类学与文化接触研究是密切相关的,特别强调欧洲人与土著居民的接触管理问题。马林诺夫斯基曾经指出:近年来英美人类学家对研究文化变迁的兴趣日益强烈。拉德克里夫·布朗在悉尼和开普敦的人类学系开始了这一工作,剑桥、伦敦、牛津大学也进行着这方面的教学和研究,皇家人类学院对文化变迁和应用人类学表现出了特殊的兴趣。1926年建立的国际非洲语言文化学院组织了在所有非洲殖民地进行文化接触问题的研究,并在有关国家的科学、教会机构和行政管理部门合作下进行(B. Malinowski,*The Dynamics of Culture Change*,p. 5.)。

1935年,当时的青年人类学家雷德菲尔德(R. Redfield)、林顿(R. Linton)和赫斯科维茨(M. J. Herskovits)发表了《涵化研究备忘录》(Memorandum on the study of Acculturation)。赫斯科维茨在1938年出版的《涵化——文化

接触的研究》是最早的专论涵化研究的著作之一，对当时已有的涵化研究成果进行了评论，讨论了涵化研究的方法论等。1953年七八月间，由几位人类学家向美国的社会科学研究委员会建议讨论涵化问题，会议在斯坦福大学举行。经过近两个月的讨论，西格尔（B. J. Siegel）、沃格特（E. Z. Voget）和华琛（J. B. Watson）等人，以社会科学研究委员会（SSRC）研讨会的名义于1954年发表了《涵化：一个探索的表述》。作者们有感于对涵化研究已积累了不少的经验材料，而在理论上的阐述则远远落后于此，于是试图做理论概括。巴尼特（Barnett）对会议做出了贡献，并在1953年发表了前述的《创新：文化变迁的基础》。克罗伯（A. L Alfred Louis Kroeber）主编的《今日人类学》收录了比尔斯撰写的《涵化》一文，也在1953年出版。西方人类学家对涵化问题经过长期的专门研究之后，总结了一些具体的理论与方法

研究文化涵化必须研究互相区别而又互相联系的方面：文化系统；接触情况；文化间的连接关系；由系统的连接产生的文化过程。文化涵化研究是研究不同民族的接触而产生的文化变迁的过程及其结果。因此，研究涵化包括：（1）涵化研究的前提是不同民族的接触。那么在什么样的时代背景下，在怎样的社会生态环境中接触，不同民族在当时当地的社会处境如何，不同民族是指两个及两个以上处于相对平等的民族还是处于统治地位和支配地位的民族，不同民族是泛指还是特指，不同民族的接触方式和方法是什么，接触的媒介，接触的内容。不同时代的不同个体或群体在文化接触中的反应是物质层面的接触还是心理层面的接触或是逐层递进。（2）涵化研究的中心议题是因接触而产生的文化变迁的过程及其结果。涵化的过程会经历哪几个阶段，经历各个阶段的依据和特点，涵化过程中不同个体或群体采取的策略，个体或群体在涵化过程中的态度和积极性。涵化的结果是正向还是负向等这些问题都是涵化研究必须深刻反思的命题。

（二）核心概念：文化变迁、涵化、同化、濡化

在具体的定性的理论分析和定量的数据实证分析中，都会涉及几个核心概念：文化、文化变迁、文化涵化、同化、濡化，它们构成了本书的基本骨架。

文化作为一个广泛的概念，迄今为止，还没有获得一个公认的明确定义。但这没有影响到我们对文化的基本结构的分析以及主要内容的研究。"近代人类学、文化学意义上的'文化'Culture，是一个外来语，20世纪初由欧洲经日本传入中国"[①]。"Culture来源于拉丁语colere，指种植、耕耘、农作，后

---

① 曹锡仁. 中西文化比较导论［M］. 北京：中国青年出版社，1992：4—5.

转义为对人的培养、教育、发展、尊重"[①]。前一定义是人对土地的耕作，是对自然的人化；后一定义是通过教育与培养提高人的素质，是对人自身的教化。文化有着复杂的范畴，它是一种社会现象，因为社会的变迁所涉及一切物质和精神的东西，都可以归纳到文化的范畴里。而文化作为一种历史现象，是人类社会发展的历史文化积淀物，历史前期所积累下来的文化，为后来的文化创新奠定了历史基础，于是，文化就在这种前承后继的发展模式下向前发展着。从国家或者民族的角度来说，文化是指一个国家或民族的历史、地理、风土人情、传统习俗、生活方式、文学艺术、行为规范、思维方式、价值观念等。就本书的文化概念所涉及的具体内容而言，在研究皖江城市带回族文化涵化的过程中，文化主要指饮食文化、住房文化、宗教文化、服饰文化、生活方式、生产方式、家庭婚姻等。通过这些具体的文化方面的研究，可以抽象出皖江城市带回族文化涵化的基本情况、涵化策略、涵化功能等。

文化变迁作为本书的核心概念，涉及一系列复杂的因素和对象，内容非常广泛。在对皖江城市带回族文化分析过程中，对于文化变迁的运用，主要从回族和汉族两个主要民族的文化涵化来分析，从民族的内部和外部条件来分析回族文化涵化。安庆回族文化内部发生了一系列变化，新的文化创造和传播引导了文化涵化。而外部因素，比如城市化加速、产业结构升级、市场经济推进等都使得皖江城市带的回族文化发生变迁。限于本书的研究，其变迁从文化涵化角度来分析，所以，本书中的文化变迁是指由于族群社会内部的发展或由于不同族群之间的接触而引起的一个族群文化的改变。

文化涵化作为文化变迁的一个重要内容，其重点在于皖江城市带回族文化的涵化基本情况、机制和动力以及功能。由于文化的涵化侧重于研究文化对话的文化双方由于吸收了新的文化而发生的内容和结构的变化。本书的文化涵化指由个别分子所组成而具有不同文化的群体，发生持续的文化接触，导致一方或双方原有文化模式的变化现象。所以，文化涵化重点研究回族文化涵化的过程及回族文化涵化在服饰文化、饮食文化、家庭文化等具体文化方面的变化。

同化作为文化涵化的一个策略过程，是导致文化涵化结果的一个重要因素。文化同化是指文化之间在持续的接触中，一个文化被完全纳入另外一种文化的体系中，构成后者文化体系结构的一个部分。文化的同化一般表现在文化力量悬殊的两个文化对话者身上，落后文化的一方因为吸收了先进文化

[①] 马勒茨克. 跨文化交流——不同文化的人与人之间的交往 [M]. 北京：北京大学出版社 2001：7.

一方的文化特征和文化丛体从而丧失了自己的文化特点。民族文化的同化在历史上有很多例子，但文化同化的动力机制是多样性的。本书的文化同化就是指相对弱势、落后的文化和相对强势、先进、完善的文化相接触后，逐渐引进、学习强势的先进文化，受强势文化的影响，具备强势的先进文化特征的过程。

濡化也是实现文化涵化的一个途径。这个概念是由赫斯科维茨首次提出来的，文化濡化这个概念是美国人类学家赫斯科维茨（M. J. Herskovits）在其1948年出版的《人及其工作》一书中首次使用，他用这个概念来论述文化获得和传承的机制。在今日之人类学里，文化濡化被界定为"人类个体适应其文化并学会完成适合其身份与角色的行为的过程"[1]。"文化濡化的作用表现为时间上的连续性，它使得某一文化群体的核心价值观、宗教信仰、思想意识、行为方式能够绵延不断传给下一代，推进传统文化的薪火相传，最终实现各种特有的文明方式的世代延续"[2]。人是这个概念的主体，这和以前的人类学中将注意力集中于文化、民族、社会等宏观方面有所不同。1930年代后，人类学中心理学研究趋向影响到这个概念的运用。所以，此概念在本书的研究中，会涉及，皖江城市带回族文化的心理层面上的认同问题。因此，文化濡化是文化主体对采借过来的其他文化主体的文化元素，放在自己的文化中进行磨合乃至改造，使之与自己的文化协调起来融为一体的过程。

三、研究方法：问卷调查法、参与观察法、文献研究

鉴于研究对象的特殊性以及涉及内容的庞杂性，加上文化涵化的历史过程性和变异性，要对皖江城市带回族文化涵化进行科学有效的研究，必须借助于科学的研究方法的运用。由于本书的研究涉及人的具体生活、思想活动、客观存在的物质文化形态、文化和经济的相关关系等，加之这些种类之间有着一定的独立性，所以，必须针对不同的研究对象，采用不同的研究方法。

具体来说，本书的研究所运用到的研究方法有：观察法、问卷调查法、文献研究。

观察法主要用于非结构性研究中，具体表现在通过民族学的田野调查中对皖江城城市带回族文化的各种物质和非物质文化形态的观察，来弥补结构性研究中相关回族文化信息的缺失。通过对安庆回族居民生活观察，在这一

---

[1] Winick, Charles. Dicionary of Anthopology. Totorwa, N, J.: Littlefield, 1984: 185.
[2] 孙芳. 文化濡化与场域视阈下的大学生社会主义核心价值体系教育探析 [J]. 道德与文明, 2009 (4).

过程中，主要是采用非参与性观察法，以保证所观察到的信息相对客观。主要观察安庆回族居民在日常生活、宗教生活、社交生活、经济生活等方面的行为，观察他们的行为结果，分析其原因。

问卷调查法主要通过结构性的问卷设计去获取回族文化的主体性信息，然后再通过问卷信息的统一回收整理，形成体系化的皖江城市带回族文化涵化的信息库，最后再借助 SPSS 统计软件进行数据分析。本书问卷调查法的实施步骤是：实地调查、问卷设计、问卷试调查、问卷对象选择、问卷调查实施、问卷回收、问卷数据整理录入与分析。

文献研究是科学研究的通常方法，通过相关历史文献的收集，分析和本书研究相关的其他研究进展的情况，以获得更广泛的研究启示意义。对文献研究法的运用主要体现在两个方面：一方面通过对图书馆、数字文献库、网上资源进行相关文献收集，从而对相关研究领域有较深了解；另一方面通过对主管安庆文化相关部门的走访，获得与安庆回族文化有关的文献。

第三节　回族文化和涵化研究述评

一、回族文化研究述评

（一）回族文化的内涵及特点研究

关于回族文化的内涵与特点分析一直是从事回族文化研究的学者们讨论的议题。

冯增烈对回族文化的名称进行了定位并对其形成进行了分析，称其为"回回文化"，并认为伊斯兰文化和汉文化在现实生活中所发生的诸如联结和融合的文化对话关系是其形成的根本原因。他认为，"回回文化"的特点非常明显，其特点可以从哲学观念与伦理道德的范畴对其进行掌握，并且其特点可以在民族心理性格、民族习俗、民族文物、民族文学艺术等方面得到具体的表现。"回回文化"的体系和结构按照文化融合程度可以进行类型学的划分：（1）完全独立的文化存在；（2）完全汉化的文化存在；（3）基本汉化的文化存在；（4）汉化程度较小的文化存在；（5）回族文化和汉族文化的畅通交融（冯增烈，1984）。

余振贵对回族文化的基本内容进行了研究，他认为对于回族文化涵化内容的研究，应该包含这四个部分：（1）回族人与回族文化；（2）生产与生活习俗在回族文化体系中的基本样态；（3）宗教、哲学、道德、心理等在回族文化体系中的基本存在；（4）语言、文学与艺术等回族文化因子的变迁过程（余振贵，1992）。

李燕晨认为伊斯兰教色彩是回族文化的固有特征之一，回族文化内部包含了汉语言形式的内容。作为中华民族文化的一个部分的回族文化，其完整的文化形态出现在唐朝，在元末得到继续发展。中华民族的传统文化和回族文化的发展历史有着千丝万缕的关系，回族文化如果离开以汉族文化为主体的中华传统文化就失去继续发展的基本动力，也不会在文化结构上形成一种完整的文化（李燕晨，1988）。

仁穆详细地对回族文化的发展历程进行了分析。他认为，回族文化的发展大致有着五个重要的发展阶段：（1）回族文化的萌发时期是在唐代至元初。回族先民文化活动的特点强烈地表现在这一时期的具体社会和生产生活的各个领域，伊斯兰文化的传播和移植主要也是在这个历史时期进行的。（2）回族文化的孕育时期是元中期至明末。回族文化在这一时期发生了文化发展走向的变动，表现为两个方向：一是中国传统文化是伊斯兰文化发展的主要文化资源的提供者，二是中国传统文化的发展和丰富也从伊斯兰文化中吸收到了更多的文化素养。（3）回族文化结构的形成并定型是在明末至清前叶进行的。主要表现在三个方面：一是回族文化出现与普及倚靠经堂教育进行，二是汉译经典和汉文著述在回族文化的发展中大量出现，三是民族内聚力和民族共同心理素质的增强在回回社区和回族得到了形成。（4）回族文化开放发展阶段是在清末至1940年代末完成的。"回教文化运动"的兴起与普及是这一时期回族文化活动的主要特征之一。（5）回族文化的发展与繁荣在中华人民共和国成立以后得到了实现。回族文化历史研究的综合性的和伊斯兰文化的回族文化的研究是这一时期回族文化研究活动的两个主要方向（仁穆，1993）。

范玉梅认为回族文化的主要特征主要表现在五个方面：（1）民族性；（2）宗教性；（3）变异性；（4）多元一体性；（5）历史性（范玉梅，1994）。

周传斌对回族文化的溯源进行了系统研究，他认为犹太教—基督教—伊斯兰教是回族文化的"源"。回族文化内涵的多元组成要素构成了回族文化的"流"。回族文化和中国传统文化的关系使得伊斯兰文化是回族文的"体"，而其"用"则以中国传统文化为基础，回族文化体系是完整而独特的。回族文化在地理空间上可以被划为四大板块：西北地区回族文化板块；中原、华北和东北地区回族文化板块；西南地区回族文化板块；中南和东南地区回族文化板块。此外他还将回族文化在少数民族地区的类型划分为成四个板块：海南岛的回族文化板块；西藏地区回族文化板块；内蒙古地区的回族文化板块；傣族地区回族文化板块（周传斌，2003）。

李兴华认为，作为世界两大文化体系，中华文化和伊斯兰文化的结合形成了回族文化，对于作为中华传统文化的一部分的回族传统文化系来说，弘扬文化自觉、文化自信、文化自强应该成为回族文化当务之急需要处理的文化内容（李兴华，2007）。

马平和张承志认为回族及文化的标志是回族特殊心理素质及宗教心理（马平，张承志，1998）。

从以上研究中，可以看出不少作者都认为伊斯兰文化和中国传统文化在回族文化形成和发展中的地位和作用不可或缺，回族文化的发展过程一直都是处于与多种文化交流的姿态中。回族文化能根据不同的生态文化环境而"变通"发展。

（二）回族文化变迁研究

杨文炯在《互动调适与重构：西北城市回族社区及其文化变迁研究》一书中认为回族社会的典型模式是"流动中建构的生存"。他认为在国家与社会关系的宏观场域中，资源的流动得到了实现，并且依靠"异文化"的语境，回族的生存模式在大分散的回族社会中得到了建构。它特有的社会结构在这种模式得到了呈现，以社区（jamaat）为基点去实现跨社区的互动互补。在历史上，在与大社会的互动中通过制度发明、创新和借用形成了一个锥形的五维一体结构：（1）围寺而居的地缘结构——文化和亚社会赖以生存的人文－地理生态环境；（2）经堂教育结构——小传统得以维系、传承和亚社会再生产、延绵的系统；（3）族内－教内婚姻结构——借血缘的文化整合与族群认同（天下回回是一家）的建构系统；（4）经济－行业结构——特色的民族经济、世袭而垄断性的行业构成了族群认同的再生文本；（5）寺坊自我管理结构——学东乡老会、社头会或寺管会构成了一个社区的自组织系统。历史上回族社会的变迁始终处在"自变"与"他变"的颉颃与调适之中，在国家与社会关系激变的历史境遇下，特别是国家失序，社会矛盾激化的情况下，具有"异质"性的回族亚社会往往要背负更多的社会压力和承受额外的文化痛苦，甚至可能成为解决社会矛盾的"替罪羊"。在这样的历史境遇下，大社会的压力和文化危机的产物是迫使回族社会得以发生变迁的主要原因。一旦回族文化不能适应这种变化，面对社会压力和文化危机不能做出适当的回应，社区倾覆和社会结构解体的危难就会在回族社会里发生（杨文炯，2007）。

高永久主编的《西北少数民族文化专题研究》第三章专述"回族文化及其变迁"，认为回族文化的变迁是优先研究的内容，而回族文化要素的变迁又是分析的重点。回族文化要素非常多，以内容和制度为主要内心的文化体系主要包括：差异与共性，冲突与整合，偏见与宽容等二元对立形态的文化对立统一；改造自然的技术、社会制度和人文精神的文化结构样本；内部文化规则和外部文化类型的文化变迁的规则。此外，他还研究了回族文化模式在社会变迁的大背景下的特点：宗教性，整合性，趋向性以及稳定性（高永久，2004）。

马奎在《改革开放中回族社会文化的变迁》中对回族文化变迁得以发生的根本原因做了研究。他认为主要包括以下几个方面：作为最根本原因的经济结构的变化是社会文化变迁的最基本力量；回族社会文化发生变迁的客观外在因素是城市社区先进文化的带动辐射作用；回族文化多元性因素是回族社会文化变迁的可能性因素（马奎，1997）。

李膺和高永久在《对回族文化变迁的理解与认同》一文中对回族文化变迁的基本关系进行了研究。他们认为，几种对立统一的关系诸如差异与共性、冲突与整合、偏见与宽容等贯穿于回族文化变迁的历史过程中（李膺，高永久，2003）。

许宪隆在《鄂豫皖地区民族关系对策研究》一文中，认为随着鄂豫皖地区汉族和少数民族经济能力的增强，生活水平的提高，交往接触的频繁，部分城乡的民族摩擦与民族纠纷也呈现了逐年递增的势头，给鄂豫皖地区汉族和少数民族人民群众的生命财产造成了损失，对社会安定的消极作用尤其不能低估。政府机关应高度重视，加强领导；加强民族政策教育，两个文明一起抓；加强法制建设，从法律规范民族关系等方面加强民族关系的建设（许宪隆，2004）。

答振益和柏贵喜在《当前鄂豫皖地区民族问题剖析》一文中，认为鄂豫皖地区各种民族问题，尤其是民族纠纷和械斗带来了一系列的负效应，造成了许多不良影响：加深了民族间的隔阂，带来了社区的动荡，影响到周边的安定，阻碍各民族共同繁荣等（答振益，柏贵喜，1994）。

由此可见，关于回族文化变迁的研究主要在宏观系统下进行，因社会文化环境的变化而发生历时性的变迁。

（三）回族文化的地域性特征及相互比较研究

王世达等人认为隔离因子是造成地域文化存在的根本原因，其主要有这么几种类型：自然隔离、社会隔离和历史心理隔离。地域文化类型的划分为三种主要类型。(1) 民族类型文化：汉民族文化和少数民族文化。(2) 地理区位文化：南北文化。(3) 文化体系内部的地域性文化：汉文化区的东部文化和西部文化（王世达，1987）。

许宪隆采用历史比较研究法研究了沿海与甘宁青地区回族历史文化。在最基础的层面上，二者都是有着共同的文化背景——回族文化，但在其他领域二者则出现了一定的文化差别。这是因为伊斯兰文化对儒家传统的涵化的差别程度的存在，而地域跨度的差别又是导致这个结果的原因。基于此，二者的回族文化在很多方面都呈现出各自的特征（许宪隆，1991）。

李鸿然基于历史的角度对海南回族文化进行了深刻的审视，并且对海南回族文化的发展历程进行了分析，认为同化和围剿是海南回族文化的发展特点。三亚回族文化在中国传统文化和海南地方性文化都存在着明显差别，并且和阿拉伯－伊斯兰文化以及越南古占城文化在文化的基本样式上都存在着差别。他还对三亚回族文化地域特色进行了深度研究，认为物质文化、制度文化、民族心理、民族性格、民族精神等文化是三亚回族文化在新中国成立后其文化特点表现最为突出的地方（李鸿然，1992）。

哈正利认为回族文化是回族在历史实践中适应环境的产物。他认为，作为中国境内分布最广的少数民族，回族为了提高其适应多样性的环境能力而根据自己的文化需求吸收了本土文化的基本要素，从而获得新的文化发展生命力。回族文化在对中国传统文化的吸收后所展现出来的新的回族文化样态主要表现在住宅及建筑、服饰、饮食、生计方式、交通运输工具、婚俗、语言、节日等方面（哈正利，1995）。

米寿江采用历史研究法对南京回族历史文化的发展流程进行了研究。他认为南京回族地域性文化的发展的根本是回族文化和汉族文化的双向交流。南京回族地域性历史文化特征是回汉结合与自身特点形成，其文化特点主要表现在以下三个方面：(1) 聚寺而居，自成教坊，无教派门宦之争；(2) 兴学校，办教育，重文化素质的提高；(3) 创实业，搞经济，重生活水平的提高（米寿江，1996）。

马广德对回族地域文化的形成因素进行了分析。他按照地理学科的分区原则从自然、文化交流、族源、历史、教派、政治、共同创造文化等 7 个要素进行了分析，认为回族地域文化一级区主要包括西北、青藏、内蒙古、东北、中原、东南沿海、华中、西南、港澳台、中亚、东南亚等 11 个地区。此外，他还把安徽回族划入华中回族文化区，并对回族地域文化分区的原则进行了研究（马广德，2000）。

因此，回族文化具有鲜明的地域性特征，东西有别，南北各异，文化的发展轨迹呈现地域多样性。目前回族文化研究集中于某一区域，如西北、西南地区，对其他一些区域的回族文化进行深入系统研究甚少。

（四）回族文化、中国传统文化和伊斯兰文化的关系研究

李佩伦在宏观的高度上对回族文化、伊斯兰文化及穆斯林文化的联系与区别进行了研究（李佩论，1992），但没有进行原因分析。

李燕晨对回族文化与中华民族传统文化的关系进行了类型学的研究，把二者的关系划分为三个主要类型：（1）从属关系；（2）影响与被影响的关系；（3）依附关系（李燕晨，1988）。

白崇人则认为伊斯兰文化和汉文化成分虽然共同存在于回族文化体系中，但是回族文化的核心是伊斯兰文化（白崇人，1994）。他没有对伊斯兰文化的内涵和特点做出系统阐述。

以上关于三种文化的关系研究，重点强调三者的关联性，而对三者的本质区别没有做系统的阐述。

二、涵化研究述评

（一）国外文化涵化研究

美国学者克来德. M. 伍兹（D E. M. Woods）在《文化变迁》一书中的第四章专章讨论"涵化"（伍兹，1989）。他认为作为一种特殊的传播，涵化的发生基础是因为两个先前独立存在的文化进入持续的接触过程的存在。一个或两个文化产生广泛变迁的发生条件是当文化接触程度已足够强烈，西班牙人入侵墨西哥就是文化涵化的最具戏剧化的例子。群体和个人都是涵化发生的基本平台，所以涵化可以分为即群体涵化和个人涵化这两种类型。他还阐述了涵化的心理后果。

乔治·史宾德勒和露易斯·史宾德勒在《梅诺米尼人涵化的社会文化和心理过程》中，将调查的梅诺米尼人分成5个群组，联系体的发生在文化涵化过程中从最少涵化到最大涵化。它们是：（1）土著取向群组是梅诺米尼人最传统的部分，他们"梦幻舞群体"的成员关系表现出这种倾向性；（2）佩约特崇拜群组——为一独特的过渡群组，由于涵化，他们与其他处于过渡时期的梅诺米尼人同样失去认同和冲突，但保持了作为这种崇拜集团成员的鲜明认同标志；（3）过渡群组——一个较大的处于过渡中的群组，受到很多变

迁的影响，包括西方的宗教和生活方式，但其特点是参加旧的或新的宗教活动的程度均无足轻重；（4）低级状态的涵化群组——已经失去对传统印第安模式的认同，并与天主教堂联系在一起，但仅仅涵化到劳动者阶级的水平；（5）杰出的涵化群组——为最涵化的群组，他们积极参加天主教堂的活动，认同于西方的生活方式，并具有了更有利的社会经济地位。这个过程既发生于社会学的水平上，也发生于心理学的水平上。在相关研究中，史宾德勒发现，梅诺米尼妇女明显比男子较少有心理上的改变和分化。这种现象可以这样解释：她们传统上是作为妻子和母亲，较少遇到破坏性的涵化影响，她们的要求也就较少。接触及其所引起的变迁，尤其是当它们来自占主导地位的群体时，常常对接受一方文化的成员起着破坏和压力的影响。一些群体经历了反应运动，以此作为对压力的反应，试图恢复他们生活方式的意义和内容，人类学家称这些尝试为"复兴运动"。涵化经常伴随着指导或应用变迁规划。

黄淑娉和龚佩华教授在《文化人类学理论方法研究》一书中对国外涵化研究做了系统而翔实的介绍（黄淑娉，龚佩华，2004）。

涵化研究的历史回顾。美国民族学局首任局长鲍威尔（J. W. Powell）是最早使用"涵化"一词的学者，在1880年出版的《印第安语言研究导论》一书中，他谈到在百万文明人压倒之势的情况下，涵化的力量造成土著文化巨大的变迁。他对印第安人与白人接触情况进行了详细的研究，印第安人从白人那里学到了一定的工艺和生活方式，这是文化涵化的最好例子。他的研究显示文化涵化的主要途径不是教育，认为发明和涵化是文化变迁得以发生的基本原因，并且对发明和涵化的关系进行了研究。在他看来发明首先是个人的，但当一个发明被接受和被人使用就是涵化。麦吉（W. J. McGee）在1898年提到"掠夺般的涵化"，认为文化之间的互变是敌意的和偶然的。

博厄斯（Franz Boas）在1896年写的《美洲神话学的成长》一文讨论北太平洋沿岸印第安人民间故事的散布时指出，不同部落的涵化，使他们大多数的文化特征变得一样。20世纪二三十年代，在美国民族学的词汇中已经可以看到"涵化"一词。前述博厄斯关于人类学应研究文化变迁的动态、文化现象的涵化的主张给他的学生以及研究者们很大启发，1930年代后期开辟了专门的领域进行不同文化接触的研究。由于经济萧条以及随之产生的大量社会问题，使涵化研究得到了很大的发展。

美国人类学家霍伯尔（E. A. Hoebel）认为"文化涵化是两个社会之间相互影响或互动的过程"（E. A. Hoebel，1949）。

哈维兰（W. A. Harviland）认为"文化涵化是指有着不同文化的人们共

同体进入集中的直接接触后，造成一个群体或两个群体原来的文化形式所发生的变迁"。"涵化有许多可变因素，包括文化差别程度；接触的环境、强度、频率以及友好程度；接触的代理人的相对地位；何者处于服从地位，流动的性质是双方相互的还是单方面的（W. A. Harviland，1983）"。美国人类学大师克罗伯（A. L. Kroeber）认为"文化涵化是文化与文化之间的影响所造成的结果"或"文化与文化接触后在文化上产生的结果。涵化包括一种文化受另一种文化的影响响所产生的变化，其结果使两者变得日益相似"（A. L. Kroeber，1948）。C. 恩伯，M. 恩伯（C. Ember，M. Ember）认为涵化是不同社会处于支配一从属关系环境中的广泛的文化借取。传播的概念可以用来专指文化要素的自愿借取，相比之下，涵化的特征却是在外部压力之下的借取（C. 恩伯，M. 恩伯，1988）。

吴泽霖先生主编的《人类学词典》一书中关于涵化（acculturation）的定义是：通过直接与不同文化的群体不断进行交往传播文化的过程，其中一种文化常常更为发达。这个过程可能是单方面的，也可能是双方面的。可以这样说，大约 1000 年以前，日本就是通过涵化大量地接受了中国的文化、书法、硬币和佛教，而中国只从日本传入了折扇。19 世纪初日本经历了第二阶段的文化交流时期，这一次传入了西方的文化。这个词有时也用德文 Kulturfall 来表示（吴泽霖，1991）。

对抗涵化（acculturation antagonistic）：一个社会接受一种文化特质作为一种手段，以期更有效地抵御所接受文化的社会的入侵，如美洲平原印第安人引进的来复枪就是这样的。

边际涵化（acculturation，marginal）：两个地区之间的文化交流主要界限于边界地区。

广面涵化（acculturation，planitational）：广大地区里两种文化的混合。

同化（assimilation）在文化人类学中，指处于共同地域的异质群体达到更广泛基础上的文化一致而形成民族联合体的过程。同化比仅仅接受物质特质更深刻，是一种形式结构上的同质，在无文字文化间、无文字文化和文明间以及历史上各文化间的相互接触中均有同化发生。同化也许是文化涵化的一个方面。

（二）改革开放以来国内文化涵化研究综述

1. 2000 年以前的涵化研究

李彬对 acculturation 和 enculturation 的汉语译名做了自己的注解，认为翻译一个术语，最重要的还不在于选词用字，而是要从字面、学术定义和理论范畴这三个层次上去理解术语。对国外研究成果和研究方法的了解和认识是学术译名的工作实质。一种文化在添加了其他文化因素后出现的变化就是acculturation，即"外文化化"，汉语译名为"文化触动"，而把"内文化化"理解为enculturation，"文化传承"是其汉语译名，并希望在学术界中实现这种共识（李彬，1988）。

台湾学者唐美君认为了解发生接触地区的生态环境是文化涵化进行全面研究的必需条件。台湾来义村的"变化"与"保留"是他分析的重点。他认为物质方面的巨大改变是其文化涵化的特点。基本社会组织主要包括向父母双方追认亲族；不论性别的长子继承法；婚后的"三地"居住法；夫妻各自掌握财产；特殊亚类型的爱尔摩斯型的亲属关系；没有姓的命名方式；屈肢葬等。所有这些文化在他们之间几世纪的接触后都完全不同于汉人的习俗，至今这些文化未有改变。他认为生态环境的影响和统治土著族的前后三个政府的政策是这一文化涵化得以发生的基本原因（唐美君，1985）。

李安民认为不同文化在接触过程中，两种或两种以上相互采借、接受对方文化特质从而使文化相似性不断增加的过程与结果就是文化涵化。影响文化的涵化因素主要包括历史时期、文化性质、社会需要、社会背景、社会权威等因素。这些因素的存在都或多或少、自觉或不自觉地影响到每个民族的涵化过程。由于涵化的过程和影响文化涵化的因素不同，因而文化涵化结果的差异性就得以产生了。涵化的单向是指，如果某一强大的文化冲击弱小的文化从而使得后者成为前者文化的一部分或后者完全同化于前者。文化涵化的双向是文化涵化的基本方式，这是指文化接触过程中，两种文化都采借对方的文化成分，从而使共性在自己文化体系中日渐增加。近几十年来，人类学研究告诉我们，双向的涵化也会存在于弱小的文化与强大的文化接触过程中。混乱、适应和平衡阶段是涵化过程的基本特点，文化涵化目的一般都是通过增添、代换、混合、创新、抗拒等方式实现的（李安民，1988）。

郭齐勇认为作为一种文化影响形式，差别性是非常明显地存在于文化涵化和"文化抗拒"以及"文化同化"中的。文化涵化更多的是一种温和的、渐进的文化接触、传播、移入的过程，两种或多种文化间的交流、互渗是它的主要表现，正是由于文化涵化的存在才不至引起文化之间的剧烈的冲突和对抗。促进双方文化的共同发展或形成一种新的文化是文化涵化的主要结果。它表现为对外来文化的吸收和创新、对异质文化系统的尊重和交流的过程，而在这个过程中，本土文化获得了重新估价、反思和改铸以及创新的机会。

文化移植、文化变迁、文化发展在文化的整合机制中得到了实现，也就是说，文化之间的整合是文化涵化进行的基础。形成一种既融合渗透又相互冲突甚至并存不悖的松散杂陈但又非完全无序的复合体是文化整合的结果，这种结果并非形成一个有机的不可分离的整体（郭齐勇，1990）。

龚佩华采用对比研究法对文化涵化与同化进行了分析。在西方变迁理论的学术资料中，同化与涵化的概念边界往往是不清楚的。据《云五社会科学大辞典》第十册的解释："在人类学界，同化与涵化常交替使用。如谓'一个少数群体被并入一个较大社会之过程，兼可称之为同化或涵化。"罗伯特·雷德菲尔德（Robert Redfield）和 R·林顿和 M.J. 赫斯柯维兹（M.J. Hess ke-wei）在他们对涵化所下的定义中，认为同化"往往是涵化的一面"。A.L. 克罗伯则把同化观为涵化的一种功能，认为"同化是一个文化把另一个文化全部吸收"或"当固有文化的一部分在文化接触中丧失，而另一部分尚保留着的情形下之'半同化'"。美国社会科学研究会则认为同化"在根本上乃是一个文化单方面朝着另一个文化的方向去接近，尽管另外的那个文化在变或在前进"。现代西方人类学家基于"公平与道德"的观念常常驳斥同化，因此在民族学中渐渐以文化融合的概念取代同化概念。

在以上种种解释中，一种文化被另一种文化所涵化而消失是论述的共同点，同化的根本含义和内容被忽略了。强迫性是文化"同化"的根本特征，在民族之间的文化表现是：一个民族放弃自己的传统文化是因为遭到另一个民族的强迫，于是前者服从并认同后者的文化，尽管前者会吸收后者的一部分文化，但是，这个过程所导致被强迫者的反抗和拒绝接受外族文化是文化同化的常态，所以外族侵略和民族不平等是同化发生的主要因素。

上述界说中，涵化与同化的分界仍不很清晰，只有一点比较一致，即相对于同化，涵化是一种过程，但同化又何尝不是一种过程？涵化与同化的根本区别，应该界定为自然融合与强迫同化两个方面。在发生密切接触的过程中，两个或两个以上文化彼此吸收对方的文化因素，使文化相同性日益增加，这是一种自然融合的过程，即西方常用的"涵化"。但我们认为若用"文化交融"一词来取代"涵化"似更通俗和贴切，而民族平等的国家或发生在两民族间的自然接触、交往和传播过程常常用于文化交融中。所以，分清自然融合与强迫同化的区别在研究涉及同化和涵化概念过程中是非常重要的工作之一，所以对变迁研究和变迁理论的全面理解的基础之一是要切实分清这两种情况和性质（龚佩华，1993）。

李华兴等以美国华侨、华人在文化变迁为研究对象，历时性考察了美国华侨、华人的文化涵化过程：（1）人口迁移形成唐人街模式是在1848年至19世纪末完成的；（2）文化涵化形成土生族模式是在20世纪初至1943年完成的；（3）新移民形成共生模式是在1943年后完成。作为中国文化走向世界的一个标志，新型唐人街也是美国多元社会中的一个中国文化特区。两种文化的兼容共生与互存互补在它的内容中得到了体现，中国文化有价值的内容经过这个过程向美国人民进行了展示，也促进了美国多元文化的向前发展。他最后总结美国华侨、华人文化变迁之路是：简单的文化迁移是早期的文化涵化的特征，被迫文化涵化是中期文化变迁的特征，自觉的文化融合是目前文化变迁的主要特征。作者历时性地分析了来自中国的华人、华侨对异质文化从第一代人的文化隔离到第二代人的文化涵化再到现代的文化共生。对于华人、华侨而言，美国文化的支配地位是非常显著的，相比之下，从属地位是中国的传统文化在美国文化中的特征。同样，从最初的歧视、压迫到现代的尊重，态度演变在美国人对待华人、华侨的态度变迁过程中得到了实现。双向互动过程在这个过程中是非常明显的，文化在代与代之间自然发生变迁，这为我们研究生活在汉族区的回族族群文化变迁提供了经验借鉴。但是就涵化而言，文章认为是被迫涵化，其实不然。在第二代、第三代尤其是后来的新生代是美国土生土长的华裔与土生土长的美国人除了人种的遗传差异，其文化差异不断缩小甚至同化。这个过程由第二代开始的被迫涵化到后来应该都是主动涵化，日常生活都习惯了美国的生活方式（李华兴，1993）。

马季方对涵化的形式、层次、态度、结果等进行了研究，并认为教育、工资与就业、城市化、传播与媒介、政治参与、宗教、语言、日常生活、社会关系等变量应该被归纳到涵化研究的变量选择体系中去（马季方，1994）。

秦秀强等人采用历史分析法研究了北侗天柱社区的涵化过程，认为其文化涵化过程包括了三个过程：初期、中期和高潮期。多种因素共同作用导致了天柱侗族文化涵化的发生，中原的政治、经济、军争、文化的冲击以及地理状况、生态环境和人口迁移有力地促进了其文化涵化的持续进行。积极影响和消极影响在文化涵化的后果中得到了明显的体现，所以文化的更新需要文化的涵化提供条件和动力。他们强调"涵化"一词在西方民族学界专用指涉"后进"民族或民族集团受到西方"发达"文化影响后被迫参与"发达"文化运作的现象。片面强调文化的单向运作是这一学术用语的固有缺陷，异族文化的双向导通事实在其中没有得到实现，摒弃其欧洲中心主义偏见对研究侗族与汉族文化互动关系来讲是非常重要的。这篇文章强调要摒弃欧洲中心主义偏见值得借鉴，因为涵化概念出现在19世纪末至1930年代殖民主义盛行的时代，而现代国际政治、经济格局发生了翻天覆地的变化，更重要的是中国多民族国家的形成没有历史中断过，所以用早期国外的涵化理论来分析中国的少数民族与汉族，少数民族与少数民族，少数民族与西方文化的接触、互动、融合、变迁时要有自己的理论与方法。不足之处在于只分析了天柱县侗族文化涵化的原因而不是机制，而未研究少数民族文化与汉族文化的涵化或是多个民族之间涵化的机制与规律（秦秀强等，1994）。

宇晓通过对瑶族现有姓氏制度和字辈系统的分析来透视中国瑶汉之间的文化接触和涵化，借以深化对瑶族现有文化体系的理解。指出不同民族在接触中发生的涵化虽然是双向的，但并不等于就是对等的。强势者和弱势者对各自对方的文化因子的采借在数量上是不对称的。一般说来，弱势者会更多地采借强势者的文化因子，而弱势者的文化因子在强势者文化体系中的移入则相对少得多。同时，在双方地位不对等时，一旦发生了强势文化的因子移进弱势文体系中的情形，则接受者文化体系在做调适性整合时，往往会将接受来的文化因子放在外显性的表层位置上，而把自己因有的因子置于相对内隐的位置上，于是两种因子构成不平等的阶序性格局，这种阶序性格局实际上也是整个文化涵化过程中双方之间总体关系的缩影（宇晓，1995）。这篇文章通过对瑶族的汉式姓氏和字辈制度的微观视角分析瑶汉文化涵化，提出不同民族之间文化会出现双向涵化但不对等，汉族的文化因子对少数民族文化移入多，反之则少。这不仅体现在量的不对等，而且还表现在双方地位的不对等。

2. 近10年对不同地区、不同族群的文化涵化研究

高永久等人致力于西北地区民族传统文化被现代城市文化涵化的研究，并认为当前西北民族地区城市社区文化涵化的四种主要类型即全涵化和半涵化、顺涵化和逆涵化、群体涵化和个体涵化、接受、适应与拒绝（高永久等，2006）。

常永才从跨文化心理学视角探讨农村民族社区儿童上中学的涵化与心理适应问题，并认为人类学经典涵化概念存在极大的局限，应从心理学视角来超越这种局限。研究文化涵化要从心理层面进行微观的深入分析（常永才，2009）。

王万平认为热贡地区的文化"涵化"在研究民族的融合、文化的形成、文化的变迁等方面有着非常重要的价值，是我们研究多文化交叉地带文化形成的一把钥匙，对于我们探讨中华民族的"多元一体"格局的形成有着"活化石"的作用（王万平，2007）。

王淑英等人以裕固族口头传统中"东迁"为研究对象，认为族群认同会随着文化的变迁而发生变化，但一个族群的"根基性情感"是族群认同的关键，"根基性情感"形成于族群历史文化的深厚积淀之上，不易被撼动。而文化涵化则是在族群"根基性情感"文化的基础上对某种文化特质的增添、代换、混合、创新、抗拒等文化融合的过程或结果（王淑英等，2008）。

穆春林在对威宁彝族宗教文化变迁事项的思考的基础上提出文化涵化理论的社会意义：文化"软实力"转化为现实生产力，从而有效地发挥文化的社会功能，推动社会发展。戴维通过对天津城市化进程中朝鲜族的涵化现象分析认为影响天津市朝鲜族涵化的主要因素存在于三个方面：民族意识的维持和民族社团的组织；民族关系的健康发展；城市化的内在要求。第一个方面的因素不利于涵化的出现，而第二和第三个方面的因素则有利于涵化的进行（穆春林；戴维，2010）。

近10年学者对涵化问题研究的特点有：（1）基于对某一族群受汉文化或其他族群文化影响而发生文化涵化的研究；（2）着重分析文化涵化的积极作用，都是在积极适应现代城市文化；（3）绝大多数学者关于文化涵化的定义仍然是转引自1930年代美国人类学家 M. J. Herskovits 在《Acculturation：The Study of Culture Contact》一书中的经典定义，这个定义是在当时欧美国家对外殖民的扩张，种族、移民问题层出不穷的时代历史文化背景下形成而发展起来的。而21世纪的中国，在政府主导下的城市化迅猛发展，流动人口急剧膨胀，国际化信息化网络时代的来临等等，在这样的时代背景下各族群之间交流与互动的途径、方式不同，也不是只有少数民族与汉族双方必须在日常生活、劳动、人际交往中才会发生文化接触与碰撞，还有通过网络、电视、报纸杂志等媒介使人们足不出户而与其他文化接触，产生心灵的碰撞与互动。尤其是"80后""90后"，他们出生成长在改革开放以后的时代，这群人现在正是社会的中坚力量。因此，各种文化接触与交流而出现的文化涵化现象应赋予新的内涵和新的阐释。在第七届中国民族学年会上，一位学者却对汉人满化的现象进行了扎实的田野调查和深入的研究，这无疑为中国大陆地区的文化涵化研究提供了一个新的思考路径。

综上所述，文化涵化的研究内容非常广泛，涉及基本概念的界定、含义范围的限定、文化涵化的动力机制分析、民族和群体之间的文化涵化的实证研究、跨国移民文化涵化的基本状况和文化适应问题。以上关于文化涵化的研究，主要有几个特点：第一，学科研究视野的多元化和综合性。在文化交融已经常态化的今天，单一的研究视角很难对复杂的文化涵化进行科学有效的研究，所以，文化涵化研究所包含的社会学、人类学、宗教学、心理学等综合性研究非常普遍。第二，研究方法的规范化。研究方法的规范化主要体现在研究程序、研究假设和对研究数据的整理分析上，通过这些规范化研究保证了文化涵化研究结果的科学性和公正性。第三，研究的人文关怀性。由于文化涵化表征着不同文化力量之间的一种不均衡性发展，弱势文化总是在人类社会发展的进程中处于被动地位，很多学者对民族文化、群体文化、移民文化涵化的客观研究过程中，对非主流文化的发展和弱势群体社会境遇的改善，都秉持了共同发展的思考。但以上研究也表现出某些不足，如在对回族文化涵化的研究上，国内的研究还停留在片段性的问题描述上，缺乏系统化的深度研究。或者说，研究又呈现过于宏大和抽象的研究特征。此外，关于回族文化的涵化研究，也存在着过于泛化的定性研究，缺乏对研究对象做结构性的定量研究。因此，本书的研究努力克服这些不足，以完善回族文化涵化的研究方法和内容体系。

本书回族文化涵化指由个别分子所组成而具有不同文化的群体，发生持续的文化接触，导致一方或双方原有文化模式的变化现象。由于安庆回族文化和当地汉族文化在文化接触时间、接触环境以及强度等方面存在差异，所以回族文化涵化在时空中呈现不一致性。由于安庆是皖江城市带中的一个重要城市，其回族人口和回族文化具有代表性，安庆回族文化和其他文化（主要是汉族文化）在互动过程中表现出来的文化涵化特征具有中东部散杂居民族文化涵化的典型。中东部文化具有系统性和连续性的特征，在文化结构和内容等方面都具有相似性，所以，安庆回族文化涵化可以作为中东部散杂居民族文化的代表。从这个角度来说，研究安庆回族文化的涵化机制及过程，可以为中东部散杂居民族文化的涵化提供参照。

小 结

从经济总量、地理区位、人才优势等方面来说，皖江城市带的兴起有着天然的优势。皖江城市带紧靠长江和南京，其地理位置比皖中、皖北优越。皖江城市带拥有 800 多公里长江岸线，与以上海为龙头的长江三角洲地区无缝对接，是承接长江三角洲产业转移的最前沿阵地。皖江城市带作为产业转移示范区，作为国家发展战略的一部分，构成了本书研究的背景。此外，安庆回族人口、回族文化的历史继承、回族文化的发展等方面在皖江城市带中具有代表性，因此，本书以安庆回族社区为例对回族文化涵化机制及过程进行剖析，研究意义主要表现在理论与现实两个方面。在研究设计上，主要包括研究范围的确定、理论框架和核心概念的限定、研究方法的论述。研究范围限定于皖江城市带的几个具有回族文化代表意义的城市安庆、芜湖、马鞍山，但是这三个城市的回族文化也存在典型性的差别，所以对它们进行侧重化处理。理论框架主要涉及文化涵化理论。核心概念包括文化、文化变迁、涵化、同化和濡化。研究所运用到的方法有：观察法、问卷调查法、文献研究等。在关于回族文化和回族文化涵化的研究评述方面，主要涉及回族文化的内涵及特点研究、回族文化变迁研究、回族文化的地域性特征及相互比较研究，回族文化、中国传统文化和伊斯兰文化的关系研究，国外涵化研究，改革开放以来国内文化涵化研究综述。本节的最后，结合研究需求，从长处和不足两个方面对文献综述进行了点评。就研究的借鉴意义来说，以上的研究也表现出某些不足。比如，在研究回族文化涵化时，对国内的研究还停留在片段性的问题描述上，缺乏系统化的深度研究。

第二章 安庆回族文化的历史透视

第一节 安庆回族文化简介

一、地理区位

(一)安庆在皖江城市带中的地理位置

1. 安庆的地理位置

安庆市位于北纬29°47′～31°17′、东经115°46′～117°44′,东与安徽省池州市、铜陵市隔江相望;南靠长江,与江西省九江市相连;西界湖北省黄梅、蕲春、英山三县;北接安徽省六安市、巢湖市、合肥市。安庆位于宁汉长江黄金水道之要津,是连接武汉和南京两大经济圈的区域纽带城市之一。

2. 安庆简史

安庆市，旧称怀宁，其地襟带吴楚，北界清淮，南临江表，处于淮服之屏蔽，江介之要衢，"分疆则锁钥南北，坐镇则呼吸东西"。向为四塞之国而兼五达之衢，上控洞庭、彭蠡，下扼石城、京口，古称重镇，为抵御金陵（今南京）军事安全之西方门户。历来是长江中下游极其重要的军事战略要地，有"万里长江此封喉，吴楚分疆第一州"之美誉及"八省通津"的美称。因其在政治、经济、文化、军事上的重要地位，在旧中国时期曾经与上海、南京、武汉、重庆四个沿江城市并列为中国"长江五虎"。由于地处长江战略要地，在中国近代百余年，安庆屡遭战争破坏，一直延续到新中国成立之初。

3. 安庆的地理区位

安庆是安徽省"皖江开发"的重点工业城市之一，长江十大港口城市，是国家一级口岸，常年通航5000吨级货轮和万吨油轮。公路方面，安庆是中国东西向景观大道318国道与南北向大道206国道的交汇处，有多条高速公路在此汇合，同时建有安庆长江大桥。铁路方面，合九铁路贯穿境内5县（市），与大京九铁路相连。随着宁安城际建设的加速，合安城际铁路的规划建设，安庆与长江三角洲地区的距离将会被极大地拉近，并且增强了安庆与长三角地区各大城市之间的军事防御和经济联系。2012年底，通过陆路、铁路交通，安庆到南京仅需2个小时，到上海仅需4个小时。民航方面，安庆天柱山机场已开通北京、上海、广州、厦门等航线。

4. 安庆的经济状况

建设皖江城市带承接产业转移示范区，是安徽省委、省政府落实时任总书记胡锦涛两次视察安徽指示精神的实际行动，是结合省情、谋求安徽崛起的一项战略决策，也是省政协积极推进泛长三角区域合作的重要成果。从历史和地理位置上看，安庆在皖江城市带中举足轻重。安庆两千多年前就是古皖国所在地，从1760年到1938年，安庆一直是全省政治、经济、文化中心，是中国较早接受近代文明的城市之一。安庆是皖鄂赣三省交界处的区域性中心城市，是安徽省离武汉、南昌、长沙最近的城市，是与中部省份接壤的桥头堡和西南门户。安庆位于南京都市圈和武汉都市圈的居中位置，腹地广阔，辐射人口约1500万人。从1990年代初的"开发皖江，呼应浦东"战略，到21世纪初促进中部崛起的沿江城市经济带；从省委、省政府确立"马芜铜宜"第一方阵的战略重点再到安徽省积极参与泛长三角区域发展合作分工、承接产业转移示范区规划与建设，无一例外地都将安庆作为发展重点区域和重要的产业集聚核心。

安庆在皖江城市带中地位特殊，规划中的皖江城市带包括合肥、芜湖、安庆等9个市。其中安庆市的行政区划面积为15398平方公里，辖11个县（市）区，2010年末总人口为531.1万人，在皖江城市带9个市中区划面积、辖区个数和人口总量都位居第一。2008年9个市的地区生产总值为5684.2亿元，其中安庆地区生产总值为704.7亿元，位居皖江城市带中的第3位。此外，2008年安庆市社会消费品零售总额为241.76亿元，在皖江城市带中排在第2位；城乡居民储蓄年末余额为507.94亿元，在皖江城市带中排在第2位；全社会固定资产投资为439.2亿元，在皖江城市带中排在第3位；工业增加值194.21亿元，在皖江城市带中排在第4位；财政收入为66.43亿元，在皖江城市带中排在第5位。

2012年上半年，安庆全市规模以上工业经济效益综合指数为268.15，同比下降24.98个百分点，高于全省平均水平1.50个百分点，较1—5月提高8.66个百分点。从构成要素看：总资产贡献率19.25%，较1—5月提高0.84个百分点；资产负债率49.86%，较1—5月下降1.48个百分点；流动资产周转率4.72次，较1—5月提高0.13次。2012上半年，规模以上轻工业增加值96.05亿元，增长21.6%，增幅较1—5月份和上年同期分别回落1.3、0.3个百分点；重工业增加值128.13亿元，增长13.8%，增幅比1—5月份上升1.5个百分点，较上年同期回落3.4个百分点。2012年上半年，县（市）实现规模上工业增加值174.46亿元，同比增长18.7%，增幅较1—5月份上升1.2个百分点，比全市平均水平高1.7个百分点，总量占全市的比重为77.8%。城区实现工业增加值49.71亿元，同比下降3.6%[1]。

（二）回族社区在安庆市的区位分布

相对于皖江其他城市及毗邻省市，安庆回族有其典型性。明代初年（1381年），回族将领马聚成担任安庆卫都指挥使。此后八年，又有回族将领马哈直任安庆卫左所领兵官。马聚成和马哈直来安庆市时，都率有大量回族将士，这是回族成规模定居安庆之始。时至今日安庆回族已有600多年的历史，历经明代、清代、民国时期、抗日战争、解放战争到中华人民共和国。在战争年代，安庆回民投身于血与火的斗争；在和平年代，安庆回民积极进取，发展经济、文化等各项事业。回族在安庆市城乡各地都有居住，大多沿江而居。1988年地市合并前，主要聚居地有迎江区大南门民族居委会、望江

---

[1] 2012年上半年安庆市工业经济效益分析．国务院发展研究中心信息网．2012-9-13．

漳湖回民村、皖河农场三益回民大队、东至县江心和幸福回民村，人口约4500人；现经安徽省民委认定，主要聚居地有迎江区建设街道南水回族社居委、望江漳湖回民村、怀宁保婴民族村、皖河农场三益回民分场和郊区茅岭民族村，以及岳西头陀镇西美村玉坳清真村民组、怀宁海口镇河口、红星两个清真村民组。2000年，上市主要聚居地有回民人口5500人。

1. 迎江区南水回族社居委

地处市区老城的南大门，是回民居住较为集中的地区，南关清真寺、探花第等省级文物保护单位均坐落于此地。前身为南水居委会，1997年9月更名为南水回族社居委。辖区内回民1136人，299户，约占总人口的30%，其中有50户110人享受最低生活保障线。截至2007年底，社区内有居民5621人，1844户。少数民族居民有1867人，670户（其中流动少数民族人口36人，少数民族党员28人），占社区人口约30%。

图 2-1　迎江区南水回族社居委辖区

长期以来，社居委与社区居民之间，建立起了党和政府联系群众的桥梁。全心全意为社区各民族居民服务，促进了社区党建、民政、城建、计生、综治、再就业、经济等工作发展，并不断维护社区民族团结、维护多民族大家庭和睦。社区先后获得"省民族团结进步先进集体""区先进基层党组织""省档案二级单位""市级文明单位""市促进再就业先进社居委"等荣誉称号。2005年5月被国务院授予"全国民族团结进步模范集体"荣誉称号，2006年被评为国务院授予社区"全国民族团结进步模范集体"等荣誉称号。2008年又被安徽省民委评为"民族和谐社区"，被安庆市文明委评为"文明社区"。

图 2-2　迎江区南水回族社居委工作人员岗位职责

根据社区少数民族居民的生活习俗和文化传统，组建了"南水民族艺术团"，参加社区各项活动的演出。还组织社区居民参与自娱自乐的社区文化活动，如暑期纳凉文艺晚会、"六·二六"关爱生命、远离毒品展览会、庆"七一"、庆"十一"迎新春文艺汇演等。2008年9月"南水民族艺术团"，在安庆市人民剧院，参加市社保局第二届"社保杯"文艺汇演中，荣获表演优秀奖。通过开展经常性的社区文化活动，促进了各民族群众彼此间的了解和情感交流，增进了相互间的友谊，也极大地提高了居民自身的道德文化修养，陶冶了健康文明的思想道德情操，有力地保障了该社区的社会稳定和其他各项事业的正常稳步发展。

图 2-3　迎江区南水回族社居委办事程序

2. 望江县漳湖回民村

东临长江，西朝漳湖，南与莲洲乡一堤之隔。1984年恢复乡村建制时改新光大队为回民村，308户，1254人。可耕面积1596亩，其中水田园350亩。主要经济作物以种植棉花、水稻、油菜为主，兼以养殖牛、羊、黄鳝等家禽和水产品。十一届三中全会以来，回民村的经济发展较快。2002年，棉花总产量30万公斤，粮食18万公斤，油料15万公斤，分别是1978年的4倍、3倍和4倍；个私经济初步形成经商、养殖、服务、运输一体集体化。现全村的集体经济年创收在50万元左右；劳务输出200余人，年创收入70万元。全村经济总量270多万元，人均收入2300元。2009年全村总产值近450万元，人均纯收入达3480元。2010年全村318户，总人口1245人，其中回民约占90%左右。全村下设7个村民小组，共有正式党员32名，其中女性党员4名，预备党员2名①。

图 2-4　望江县漳湖回民村村民委员会

望江漳湖回民村虽然取得了长足的发展，但同时也存在一些问题。其一，村民小富即安的心理十分严重，传统守旧思想根深蒂固。老人在家守着一亩三分地，年轻人进城务工，日子还可以过得去，但是很难有发展。农民对土地过分依赖，用地仍停留在传统农作物种植上面，面积小，成本高，不能规模化经营，很难提高土地利用率，难以取得良好的经济效益。有些村民虽然思想较为先进，但在致富的道路上，得不到大家的理解、支持与响应，结果

---

① 根据望江县章湖回民村委提供的数据整理。

势单力薄没有成效。回民养羊的斯大爷对笔者说，他现在养殖的羊在 120 只左右，基本上供不应求，但想扩大规模又很困难。首先圈养一定要有大牧场，否则圈养的羊不仅成本高而且卖不上价钱；其次如果扩大规模，羊的死亡率会提高。凭他个人能力，很难承受这个损失，他希望能有几户共同承担，可惜村里没有人响应。其二，回民文化水平不高。村民有电脑的人不少，但会用电脑人不多，只有少部分人敢于接受新思想，敢于创新，敢于承担风险来创业。村民缺少致富的典型，没有学习的榜样，整体气氛较为沉闷。大家缺乏知识，缺乏科技，所以很多事想做也做不了，做了也做不好。回民村应该掀起新时期学习科技新高潮，党员带头学习，致富能手带头学习，带动全村学习氛围。其三，土地管理混乱。回民村要发展，土地是一个很重要的倚重因素。但目前回民村已有数十年没有重新规划土地了，土地分布极其分散，一家的几亩地能分成十几个片，浪费人工。田间沟渠几乎年年泛滥，每到雨水季节沟渠两边的农作物都要被淹掉不少，每到旱季又抽不上水。为推进土地流转，土地重新规划、沟渠重新改造迫在眉睫。

图 2-5　望江县漳湖回民村村民村规民约

3. 国营皖河农场三益回民分场

皖河农场位于安庆市西郊，地处长江圩区，与望江县漳湖镇接壤。1957 年 12 月建场，位于安庆市西郊的怀宁、望江两县交界处，东临长江，北依皖河。对外交通水路比较方便，场部有双河口码头，货运可达长江上下游各港口，农场与安庆港协商，开通了安庆—双河—牛头山航班，每天往返 1 次，有水泥趸船和载客 400 人的客轮各 1 艘。陆路有公路可通怀宁、望江。1978

年成立回民大队。1992年改为分场建制（相当于乡），成为三益回民分场，下辖9个生产队，447户，人口1812人。回民分场实行回民自治，分场干部全是清一色回民，经济发展以农为主，种植业、养殖业及个体经济并重。

图 2-5　国营皖河农场三益回民分场办公楼

农场南北长14公里，东西横距13公里。土地总面积108000亩，其中耕地面积55029亩，林地1160亩，水面18170亩（养殖面积2746亩），果园287亩。总人口26997人（回族占6.7%），职工12051人。科技人员647人，其中高级技术职称11人，中级技术职称93人，初级技术职称543人。拥有农业机械总动力11640千瓦，包括大中型拖拉机30台，小型拖拉机687台，联合收割机1台，农用排灌机械149台，农产品加工机械38台，畜牧渔业机械2台，汽车32辆。场部有16个科室，下辖14个农业大队，5个公司（包括工业、商业、供销、建筑、百货等公司），9个工业单位，2个运输实体，1个农科所。高级中学1所，初级中学3所，教师92人，在校学生1415人；小学17所，教师126人，在校学生2459人。医院1所，卫生室14个[①]。

"三通"即通有线电视、通水泥公路、通自来水。三益距离农场有线电视接收中心较远，而且中间有盲区，铺设线路困难。2005年，农场拨出专款在回民村开通了有线网络。回民村通过场部小城镇的主干道，原来是一条"蜀道"，"晴天一块铜，雨天一垛脓，轿车不进村，路难人更穷"。2006年底，这条"蜀道"全线贯通水泥公路，同时这条路通往清真寺的支线也铺上了水

---

① 根据国营皖河农场三益回民分场办公室提供的数据整理。

图 2-6　国营皖河农场三益回民分场蔬菜基地

泥，回民"行路难"迎刃而解。5 年前财政扶贫资金开通了回民村自来水，结束了回民"翻埂越堤担江水的历史"。回民村变化最大的是学校，2005 年，市委统战部和市民委积极协调，引进"南翔希望小学"建设资金 15 万元，市民委争取财政资金 5 万元，农场配套 8 万元，建起了一座两层教学楼，还添置了 10 台电脑，建成了微机室。目前学校移交到安庆市大观区管理，教育质量上了一个新台阶。

4. 怀宁保婴民族村

地处长江北岸、安庆市西郊的一个四面环水的长江冲击洲上，有一条大坝将该村与同马大堤相连。有耕地面积 934 亩，其中棉田 550 亩，蔬菜 384 亩，全村 13 个村民组，398 户，1488 人，其中回族 530 人。经济以种植业为主，主要农作物有水稻、棉花和蔬菜，个体养殖业也有一定发展，年人均收入 1200 元。2009 年 9 月，全村 1500 多人，其中回族人口占 30%。

5. 郊区茅岭民族村

该村位于安庆市西北郊，辖区内山地丘陵、岗地、平原等地貌兼备，具有丰富的土地资源，属亚热带湿润性季风气候，四季分明，太阳总辐射量丰富，有利于夏季作物和水稻的生长。民族村共有回民 147 人，其中男性 64 人，女性 83 人，基本上都受过小学以上的教育，主要以务农和三产为主。回民的人均年收入为 2900 元，高于全区人均年收入。2008 年，茅岭民族村投资近 3 万元改建村卫生所，加大医疗设施和器具投入，切实做到了村民小病不出村，急、重病能及时救助，随时防病治病。

二、自然生态

生态和气候环境协调发展或恶化都要经历一个长期的历史过程。纵观我国几千年的土地开发史，大体上经历了以畜牧为主—农、牧交替—以农业为主的历史演化过程。在前两个阶段气候、生态环境还是比较好的，"山水清丽，林跨数郡""闾阎相望，桑麻翳野"，但在以农业为主的阶段，就逐步形成了"举目四顾，赤野焦土"的凋敝景象。在以农业为主的社会中，主要解决人—地—粮的关系，这种关系处理得不好，人类会遭到大自然的惩罚。从回族迁移史看，经明初的大移民，回族在全国的分布基本定格。清同治年间的回民起义失败后，回族历史上人口强制的大迁移，改变了回族在全国的分布格局和居住形式。清同治年间回族人被迁移到化平县时，化平还是一个水草丰美、森林茂密的地方。回族人到了之后，为了温饱求生存，不得不毁林开荒以解决吃饭问题，伐木烧炭以解决取暖问题。他们在解决人—地—粮的关系同时，还要解决人—地—炭的关系，而这对矛盾至今尚未彻底解决，有些问题更突出。

安庆回族主要分布于沿江一带，自然生态优越，雨水丰沛，土壤肥沃，适合农业生产，是生活居住的好地方。正是由于拥有良好的自然生态，安庆地区的回民数量呈递增趋势，生产和生活都得到了更好的发展。以平原和丘陵为主是安庆回族所在自然生态的主要特征，这也反映了回民生产和生活习性。

三、人口分布

（一）安庆市回族集中在沿江一线

安徽地处祖国中部，有长江、淮河两大河流流经南北。土地肥沃，物产丰富。据1988年的统计，安徽共有回族280342人，其中城镇居民11万余人，农村17万余人。人口分布有南北之差，沿江淮北多且集中，江南少而分散，且有由西北往东南递减之势。大体呈梯次结构分布，即皖北的阜阳地区7万余人为第一梯次；淮南市、蚌埠市、六安地区、滁县地区、合肥市为第二梯次，人口均在2万以上；余下的皖东南、皖南为第三梯次，除安庆市等沿江城市外人口总和也不过万。

安庆是全省民族工作重点市，属少数民族散杂居地区，少数民族人口分布呈"大分散小聚居"的特点。2012年，安庆有少数民族成分54个，人口约2万余人，有5个民族村（场），1个回族自然村，1个回族社居委和4所民族小学。"大杂居，小聚居"是回族的居住特点，而小聚居又有两个特点：一是有水则有回民。安徽南有长江，北有淮河，古有泗水及古运河，水路交通十分便利，引来不少回民在其两岸定居。如整个淮河流域回族人口约占全省回族总人口的三分之二，而长江流域的沿江城市如安庆市、芜湖，马鞍山等，回族人口约占沿江江南回族人口总数一半以上。二是交通要道多回民。如蚌埠市、淮南市等，人口均在2万以上。一些历史上形成的交通重镇如颍上的南照，寿县的正阳关，霍邱的叶集等，回族人口均有数千。

截至2011年底，安庆市少数民族人口中回族14846人，维吾尔族36人，藏族42人，其他少数民族2888人，少数民族人口总数为17812人。有4个民族村场、1个民族社区。城市少数民族人口约1万人，多数分布在城区沿江大南门一带。回族主要集中在望江县和岳西县。安庆位于安徽省西南部，长江下游北岸，是长江沿岸著名的港口城市。现辖1市7县3区，总面积1.53万平方公里，总人口610万人[①]。安庆历史悠久，人文荟萃，享有"文化之邦""戏剧之乡""禅宗圣地"的美誉，是国家历史文化名城、国家园林城市、中国优秀旅游城市。

（二）回汉人口规模比较

明清以后，回族大量进入安庆，分别于明初、清初形成两次迁徙高潮。第一次高潮从元末实际上已开始，即从元末到明永乐年间，回族从山西、陕西、山东、河南、江苏、江西、北京等地大量迁来。有史可查的就是迁入凤阳、砀山、颍上、寿县、太和、阜阳、凤台、定远、合肥（合肥东、合肥西）、舒城、和县、安庆等地，基本奠定了今天安庆回族人口分布的格局。

第二次是清初康乾盛世时期，仍是由山西、山东、河北、河南等地迁来寿县、界首、太和、阜阳、嘉山、长丰、和县、芜湖等地。这一次的迁徙完全确定了现在安庆回族分布的特点，后来再也没有大的变化。

利辛县郭楼村有回、汉两族郭姓，谱系、辈分也均相同，原因是明成化年间（公元1465—1487年），郭楼一汉族青年已和邻村一汉族姑娘订婚，后因避乱逃至淮河南岸的贾家冲与一回族女子结合，生二子为回族。动乱之后返乡又娶了原定亲的汉族姑娘，又生二子定为汉族。从此，一家世系两个民族，代代相传和睦相处，郭楼因而又称"回汉郭楼"。

---

① 根据安庆市民委提供的数据整理。

安庆地区内主要是汉族聚居地，汉族占全区总人口 9989 人，另有回、壮、满、苗等 19 个少数民族分居各县城乡。1954 年全区少数民族共有 2014 人，其中回族占 2006 人，主要分布于怀宁、望江、东至 3 县，还有 7 个少数民族分布在各县只有一二人，1982 年第三次人口普查统计，全区少数民族 20 个，加上入籍的共 5991 人，其中回族达到 5730 人，占少数民族总数的 95.6%。1987 年，全区 19 个少数民族共有 6073 人，其中回族为 5819 人，占少数民族总数的 95.8%；其次是壮族为 97 人；第三位为满族有 55 人，其他民族只有十几人或数人。

新中国成立后，各级政府认真执行党的民族政策，少数民族中有不少人进入国家机关和医疗教育等单位任职，如贵池 1986 年有回族 13 人在国家机关工作，满族 1 人当选为中共贵池县委委员。1987 年桐城县有少数民族干部 41 人，中级以上技术职称的有 10 人，担任领导职务的有 9 人。

历次人口普查显示，市境少数民族数量及人口总量呈逐年上升趋势。1982 年第三次人口普查，少数民族 20 个，14585 人（含原贵池、东至、石台 3 县）。1990 年第四次人口普查，少数民族 27 个，人口 13884 人，其中回族 13913 人，其他少数民族人口 691 人。2000 年第五次人口普查，少数民族 34 个（另有未识别民族 2 人），人口 16960 人，其中男 7753 人，女 9207 人，农村少数民族人口约占 35%。千人以上的少数民族 2 个，分别是回族 12976 人，蒙古族 1529 人；百人以上千人以下的少数民族 9 个，分别是满族 498 人、彝族 280 人、壮族 272 人、苗族 268 人、朝鲜族 238 人、藏族 206 人、布依族 181 人、土家族 177 人和维吾尔族 129 人；10 人以上百人以下的少数民族 5 个，分别是侗族 61 人、畲族 27 人、白族 16 人、佤族 13 人和瑶族 11 人；10 人以下的少数民族 19 个，分别是土族和仫佬族各 9 人、达斡尔族 7 人、塔吉克族、仡佬族和黎族各 6 人、傣族和高山族各 5 人、哈尼族 4 人、鄂温克族、锡伯族和独龙族各 3 人、傈僳族、水族、纳西族和景颇族各 2 人、赫哲族和毛南族各 1 人。

30 年中，回族人口呈递减趋势，蒙古、朝鲜、藏、苗、布依、维吾尔等民族人口则增长迅猛。究其原因有三：一是计划生育政策在少数民族中深入推行，导致少数民族人口年自然增长率大幅下降；二是因联姻、移民等原因，外地少数民族人口迁居我市，特别是从西北、西南地区迁入的回族以外的少数民族人口激增，其中蒙古族人口由 35 人猛增至 1529 人；三是因频繁的经济、求学活动导致部分少数民族人口迁出本市。安庆属少数民族散杂居地区，分布呈"大分散、小聚居"特点，各县（市）区均有少数民族居住，其中迎江区少数民族人口最多，4003人，大观、郊区次之，分别为3849人和2866人，以下依次是望江1583人、怀宁1477人、宿松843人、枞阳642人、桐城549人、潜山453人、岳西375人、太湖县320人。回族是安庆少数民族的主体，也是市境唯一的世居少数民族，居住相对比较集中，其他少数民族人数较少且居住都很分散。回族是安庆最主要的少数民族。2010年第六次人口普查，安庆少数民族17812人，其中回族14846。南水社区居民5821人，其中回、满、白、高山、布衣、蒙古六个少数民族1867人，占总人口的30%；三益回民1828人①。

四、教育程度

1994年，安徽省有少数民族人口41万人，全省中小学在校少数民族学生5.13万人，比1993年增加1.5万人；在园少数民族幼儿3097人，比1993年增加1200人。解放初，全省没有一所民族中学，只有3所民族小学，到2004年，全省单设民族中小学129所，比1993年增加22所，其中13所民族中学，110所民族小学，6所九年一贯制民族学校。民族中小学在校学生约64652人，比1993年增长3万人，其中少数民族学生296655人，比1993年增长1.3万人。全省9个民族乡人口16万人，文盲率3.5%，于1998年全部实现了"双基"，基本实现了与当地教育事业同步发展。

1980年代初，安庆市城乡共有在校少数民族学生约2000人，农村少数民族儿童入学率80%，但因为家境贫困，中途辍学的较多，初中升学率只有50%。民族小学3所（不含原东至县江心、幸福两所村级小学），均坐落于各民族村（队），有在校生365人，教师19人（其中民办教师15人）。各民族小学校舍均建于1950年代初期，教学条件十分简陋。到2000年，全市共有在校少数民族学生2600人，其中4所民族小学，分别是望江漳湖回民小学、怀宁保婴民族小学、皖河农场马店回民小学和郊区茅岭民族小学，共有在校学生891人，教职工35人。随着九年制义务教育的普及，学生入学率达到100%，升学率达到98%。同时，各小学还开办了学前班。4所学校中有3所兴建了教学大楼，教学条件大大改善。1987年，迎江区建设办事处建起了市第一家民族幼儿园，后于2000年停办；1996年市伊斯兰教协会又建起了第二所民族幼儿园。现全市有一所民族幼儿园，收有学龄前儿童约120人。

1996年，望江漳湖回民村小学接受来自上海长宁区市政工程处的30万

---

① 根据安庆市民委提供的数据整理。

元希望工程捐款，兴建了一座教学大楼；1997年，怀宁保婴民族小学利用澳门、香港等地社会团体及个人的15万元捐款，建起了一幢两层的教学大楼。民族教育硬环境得到改善。从1996年至今，共有130名家庭困难的少数民族小学生接受了来自香港等地社会团体及个人的结对子捐款，总款额达到22000元，少数民族学生接受九年制义务教育的权利得到了保障。在每年的高校和其他学校录取工作中，市民族、教育部门认真执行国务院有关政策规定，给予少数民族考生加分照顾，初中毕业生报考普通高中及中专的加3分，高中毕业生报考一般大学的加5分，报考民族学院的加10分（从2002年起加20分）。近几年各级政府及社会有关方面共筹资100余万元，为四所民族小学建起了教学大楼，近3年中，市发改委、财政局、市委统战部、市民委等部门就筹资达40余万元，使民族村基础教育条件得到较大改善。教育部门加强了民族学校的师资力量，办学质量在当地位于前列。

安庆民族社会事业取得新进展。一是民族教育成绩显著。安庆市现有4所民族小学，拥有在校学生891人，教职工35人，适龄儿童入学率达到100%，初中升学率达到98%。目前4所民族小学均建起了教学大楼，民族基础教育条件得到改善。二是民族传统文化得到有效保护。在市政府积极协调下，于2005年底，将产权属于市文化局的回族古建筑"探花第"交给市伊斯兰教协会使用，开辟为"安庆回族历史文化陈列馆"，现已对外开放，成为安庆市宣传民族政策、加强民族团结、弘扬民族文化、展示安庆形象的一个重要窗口。2007年11月，经市民委积极争取，"探花第"作为全省唯一一家申报"全国民族团结进步教育基地"已获批准。2012年，安庆市民族幼儿投资130万元，新建面积近800平方米的教学楼。投资200余万元，迎江依泽民族小学特色教育基地"江西会馆"修葺一新[①]。

五、社区经济

改革开放初期，时有国营、集体民族企业10余家，以清真饮食为主，年营业额约110万元。1990年代后，几家主要民族企业在各方支持下先后进行了扩建。1990年，省、市共拨款50万元改造马永兴回民饭店，同年，柏兆记与麦陇香二店合并，成立柏兆记清真食品厂，这也是迄今为止省内最大的清真食品企业。1990年代中期，随着改革开放的不断深入，民族企业原有的生产经营模式越来越难以适应市场经济的需求，生产设备陈旧、人员素质不

---

① 根据安庆市民委提供的数据整理。

高、内部管理不善、基础薄弱等弊端日益突出，严重阻碍了企业的发展，国营、集体企业的生产经营陷入困境，马公兴回民饭店转向经营，怀宁、宿松等地的回民饭店也都相继关闭。与此同时，个体民族经济在各地却发展很快，除从事清真饮食业外，也有不少人涉足小百货、服装和文化体育用品销售等领域。

清真饮食业是安庆市民族经济的一支重要力量。1981年，迎江区华中路街道办事处办起第一个清真饮食网点，之后各县市（区）都相继建起了回民饭店。到1990年代中期，全市共有清真饮食网点30余家，1990年代后期，随着经济政策的进一步放宽，个体从事清真饮食业的也越来越多，至今已发展到70余家。在活跃市场经济、缓解少数民族职工下岗再就业压力、维护社会稳定的同时，也给少数民族群众生活带来了很多便利。2006年，市政府在城郊划拨4亩地，市、区两级财政一次投入130万元新建了市清真宰牛场，实行生牛集中定点屠宰。为此市政府三次召开协调会，最终形成会议纪要：无偿将宰牛场交市伊协管理，明确要求工商、税务、卫生等部门，按照优先照顾原则，5年内免收一切费用，并提供优质服务。从2009年开始，安庆利用对口帮扶单位职能优势，每年组织一到两次肉牛养殖实用技术现场推广培训，引导养殖大户走公司加农户以及专业协会发展模式，通过争取农业部门的项目资金和省、市、县（区）少数民族发展资金，3年共投入近100万元（乡村集体和农民个人投入除外），引导帮助三益、漳湖和保婴3个民族村场发展肉牛养殖，每年投放市场约1500头，与市清真宰牛场形成稳定的供应链，有力保障了清真肉牛的供应。

2006年，在市民委的积极争取下，市交通局、大观区政府及皖河农场将民族村场村级道路改造项目列入首批"村村通"计划。市交通部门和县、乡政府采取几个一点的办法配齐资金，目前，除保婴民族村部分道路在建外，其余3个民族村场的村级道路改造工程已全部竣工。2007年市水利局拨款，帮助保婴民族村建设西江坝抗旱泵站，农业生产条件初步得到改善。产业结构调整初见成效。2005至2007两年中，市民委向上级主管部门和有关部门，争取20多个项目，筹得资金121万元，有力地支援了各民族村场的生产发展，加快了少数民族地区脱贫致富的步伐。清真食品业得到较快发展。截至2006年底，全市少数民族个体工商户约70余家。2006年，市及迎江区政府投资119万元在城郊新建了清真宰牛场，实行集中定点屠宰，从根本上解决了困扰多年的大南门当街宰牛污染环境的问题。2007年，市区新开辟两个规模较大的清真饭店：回回餐馆和马盛兴清真饭店，基本满足了我市少数民族群众生活需要。

2007年，柏兆记清真食品厂、清怡针纺织品公司被国家民委批准为"十一五"期间全国少数民族特需用品定点生产企业，2008年两家企业充分利用优惠政策和扶持资金，加强设备改造，进行技术更新，扩大生产规模。柏兆记实现了年销售额3000万元，再创历史新高。清怡针纺新建了26000平方米的标准化厂房，购置了新设备，实现工业总产值1亿3千万元，并且争取到国家财政直拨的技改资金55万元。2008年清怡公司为了摆脱金融危机造成的困境，引进外资200万美元。先后被评为安徽名牌和国家纺织品行业龙头企业，年度生产总值逐年攀高。2009年，安庆帮助百年清真食品老店柏兆记建起6000平方米的标准化生产基地，成功申报"全国少数民族特需用品定点生产企业"。"十一五"期间共争取到国家财政直拨技改资金105万元，享受流动资金贴息贷款5000万元，使前店后坊式的小企业发展壮大成为具有一定规模的现代民族企业。销售额年均递增20%，2010实现销售收入3500万元，产品已打入北京牛街。企业连续5年获市政府"产品质量管理奖"，被中华商业联合会授予"中华老字号"，现正申报"全国著名商标"[①]。

第二节 安庆回族文化的发展历程

一、安庆回族文化由来已久

回族的产生伴随着伊斯兰文化中国化历史进程。伊斯兰教中国化，唐宋时期是其中国化的初传，元代到明代中期是伊斯兰教向民族文化转化时期，明清是其趋于形成特点的关键时期。这个过程与回回民族的来源、形成和发展壮大的三大历史发展阶段大致一致。伊斯兰教在我国传播的早期阶段是唐宋时期，唐宋时期来华的蕃客穆斯林即回回民族的先民在中国建立起自己的社区—蕃坊，兴建礼拜寺和公共墓地。随着中西经济和文化交往增多，东来中国的阿拉伯人、波斯人及其他信仰伊斯兰教的各国穆斯林日益增多，中国人称他们为"蕃客""蕃商"或"胡客"，称他们的聚居区为"蕃坊"，称其信仰的伊斯兰教为"大食法""大食教度"。经过几个世纪的繁衍发展，到了五代、两宋时，出现"蛮裔商贾""三世蕃客""五世蕃客"。

---

① 根据安庆市民委提供的数据整理。

明清时期，回族大量涌入安徽，并曾于明末清初形成两次迁移高潮。明洪武元年，合肥柏氏家族由辽宁辽阳迁过来，寿春的边、梅、米、王、张六姓回民由山东枣庄迁来。洪武五年（1372年），阜阳穆氏族等回民由山东枣庄迁来，舒城马姓由河南民权、开封等地迁来。洪武八年（1375年），"徙山西真定民无产者田凤阳"（《明史·太祖本记》）。凤阳宋姓即由真定燕子窝迁来；李、回、忽四大姓回民由山西平阳迁来。洪武十年（1377年），太和县李氏回民由今北京金家胡同迁来；张氏由今天北京倦树胡同迁来；马氏由河南项城迁来；哈氏由南京迁来，并集资建清真寺。洪武十四年（1381年），马聚成由云南调安庆卫指挥使，回族将士大量进入安庆。

元朝大诗人萨都剌（西域人，祖籍山西）晚年定居怀宁（今天的安庆），与丁鹤年、贯云石等都在安庆、芜湖一带留有大量文化墨迹。马九皋，官至池州籍总管，曾于池州建"尊经阁"，并曾"九华山里诗题遍，采石江头酒量宽"（虞集《道园学古录》）。今天的黄山市、凤阳县，定远县等地都有回民生活和记住的记载。此外，元代在安庆做屯田的士兵中有不少信仰伊斯兰教的其他民族。如维吾尔族后来大部分依附回族，成为安庆回族来源的又一部分。

伊斯兰教义体系分为宗教信仰（伊玛尼）、宗教义务（伊巴达特）、善行（伊哈桑）。而五大功课在安庆回族文化中占据重要地位，所以，安庆回族的文化涵化都受到伊斯兰教五大功课的影响。伊斯兰教规定，每个成年穆斯林，除了在思想上坚定"六大信仰"，还要在行动上履行"五大功修"。其中安庆穆斯林必须履行的五大宗教义务是：

1. 念。即念作证词（舍哈德）。在礼拜及其他宗教仪式开始时，第一步就是念作证词。这句话是穆斯林一生中说得最多的一句话。在安庆，这句口号被称为"清真言"。念诵清真言，意在表示自己的信仰，是向真主作证。穆斯林的婴儿出生时，首先听到清真言，穆斯林临终时可亲自念诵或者由他人代念清真言。在一切重要的宗教活动中都要念诵它。在安庆回族的日常生活中，可常常看到他们践行着这种伊斯兰文化。

2. 礼。即礼拜。按教法规定，穆斯林每天要做五次礼拜。分别在黎明、晌午、下午、傍晚、晚上。每周五晌礼时间去清真寺举行会礼。所以伊斯兰国家一般将周五定为公休日。每年开斋节（回历9月最后一天结束出现新月后即是，通常是10月1日，未出现新月顺延）和古尔邦节（回历12月10日）举行聚礼。礼拜时匍匐在地，方向朝麦加克尔白清真寺。在我们的民族学田野调查中，看到安庆回族群体中践行礼拜的大多是年长的回民，而年轻回民群体则极少有规律地践行礼拜。

图 2-7 伊斯兰教礼拜场景

主麻礼拜是指星期五在清真寺举行的集体礼拜。除礼拜仪式外，还由神职人员讲解《古兰经》。每逢伊斯兰教重大节日，也在清真寺集体做礼拜，称为会礼。做礼拜前要先行净礼，有水用水，即水净，沐浴全身或洗身体的一部分。若无水则用土净，用手拍打净土、净沙、净石，再用手摸一些部位。做礼拜的意义在于陶冶性情，不忘真主对自己行为的监察，悔过自新，养成服从宗教领袖的习惯。

3. 斋。即斋戒。伊斯兰教规定，在伊斯兰教历九月全月，每天日出前一个半小时，到当天太阳落山，禁止饮食、房事和任何非礼行为。直到该月最后一天，看到新月时，斋月即告结束。伊斯兰法规定，男 12 岁、女 9 岁即为成年。未成年人不必斋戒。外出旅行者、病人、产妇、经期妇女可以欠斋待补，长病无法补斋的可施舍穷人饭食来弥补。如有意违犯斋戒的从严处罚，欠一日斋要罚连续两个月斋戒或施舍 60 人 1 天的饭食。除了斋月之外，还履行圣行斋，如伊斯兰教历 1 月 10 日、8 月 15 日等。还有许愿斋，养成说话算数的习惯。斋功除了行为上的斋戒，还要在心灵上杜绝一切邪念，净化心灵。其意义在于培养穆斯林对真主的敬畏心理、坚韧作风以及戒除坏习惯的能力。在安庆回民群体中，由于伊斯兰文化长期遭到汉族文化的影响，导致了他们的戒斋观念非常单薄，所以只有少部分回民老者对戒斋的程序和相关的意义有较好的掌握。

4. 课。即天课，即缴纳宗教税。这种税收是以安拉的名义征收的，用于济贫。伊斯兰教提倡仁慈，认为富人有义务帮助穷人、孤儿等弱势群体。所以资产达到一定标准以上的穆斯林有义务每年捐出固定比例的财产，用以资助贫困的穆斯林、孤儿、清真寺教职人员及教务活动。穆圣时期天课还是一种提倡的善行，并非必须履行的义务。后来才衍变为所有成年穆斯林必须履行的义务。每年一次，按财产总额扣除基础生活需要的法定扣除额后的固定比例征收。当代各国一般按 2.5% 征收。但是天课并非政府征收的税收，不归政府管理。也不能用于政府财政支出，只能用于前述特定用途。当代各国往往由政府下属的宗教基金委员会负责统一征收管理。目前已成为社会慈善体系的重要部分。

5. 朝。即朝觐。伊斯兰教法规定，凡身体健康、有经济条件的男女穆斯林，一生中至少应去麦加朝觐克尔白一次。凡朝觐过的穆斯林被尊称为"哈只"。朝觐分正朝和副朝。正朝在伊斯兰教历 12 个月上旬举行，最后一天为宰牲节，是穆斯林最隆重的聚会。副朝则不受时间的限制。朝觐既是宗教义务，又是每个穆斯林一生最大的愿望。克尔白是麦加大清真寺内一座方形石殿的名称。传说由阿拉伯人的先祖、六大使者之一易卜拉欣所建。"克尔白"在阿拉伯语中的意思就是"立方房屋"，最早的克尔白就是石砌的立方体神庙。相传有一块从天而降的黑石头，受到阿拉伯人的崇拜，建造克尔白时就将黑石镶嵌在东南面墙壁上。克尔白建成后，克尔白及其黑石就成为穆斯林朝觐的对象。

图 2-8　穆斯林围绕在麦加大清真寺的"天房"周围祈祷

二、安庆回族文化演进

安庆回族由于分散在汉族及其他民族之间，不可避免自发地接受了其他民族的文化，尤其是汉族的文化，所以安庆回族文化生活发生了很多变化。正因为如此，与其他地方的回族相比，甚至安徽省内不同地方的回族文化之间都存在明显差异。安庆回族有的家中生儿育女，则请阿訇开经为婴儿取名，经名多为伊斯兰教历史上著名人物的名字，如侯赛因、苏莱曼、穆罕默德、法图麦等。经名均保留一生，回民视为荣耀。

安庆回族建造房屋，虽不看风水，不祭土地神，却受到汉族文化影响，很多都有上梁的习俗。上梁的吉日，亲朋好友送来喜联等。有的刻纪念文字在木梁上，还在堂屋正中的上方横梁悬挂一红绸布，以表示吉祥。安庆回族婚俗与汉族不同，只是有念"女客"、不拜天地等习俗。念"女客"请来阿訇证婚，阿訇坐在男家堂屋上首。下面跪着新郎和新娘，阿訇念"尼卡哈"即证婚之意。大意是：你们自愿结合成夫妻，祝你们美满，孝顺父母，敬老爱幼，互相帮助。之后，阿訇问新郎，愿不愿意与新娘结为夫妻，答"达丹"即同意了。然后再问新娘，新娘也这样回答，于是阿訇就撒花生等于新郎和新娘身上，以表示祝贺。

安庆回民日常衣装与汉族没有多大区别，其民族服饰的主要标志是男子头戴白帽，女子披"盖头"。但由于生活在汉民区域，故安庆回民日常不戴白帽，但在清真寺礼拜、上坟和参加伊斯兰教传统节日时戴上白帽。在服饰的颜色上，回民崇尚白色和绿色。服饰主张朴素大方，可用鲜花、香料，但不主张穿金戴银。

回族传统丧葬的三个基本原则是速葬、薄葬、土葬。按伊斯兰教义视死亡为"正命""返原归真"，故以入土为安，不得久停，不择时日，不择风水，三日必葬，并就地而葬，故形成了早上死下午埋、晚上死次日早上埋、一般不超过三天的习俗。办丧事实行薄葬，反对铺张浪费，不论贫富和地位，平等对待，一律用3丈6尺白布。实地调查中，安庆回族丧葬习俗有自身特点：殓不重衣，不设灵位，不送花圈，待葬期不宴请，埋葬不用殉葬物，祭不列器，不举行任何祭典，出殡仪式简单、安静。根据伊斯兰教传说，真主由土上造化人类始祖阿旦，人死后复归于土，故实行土葬，一律不用棺椁，遗体贴土而葬。坟墓一律为南北方向，呈长方形的土坑，一般长约6尺，宽3尺，深5尺。在坑底的西边掘一与坑平行的洞穴，长约6尺，宽3尺，高3尺，人能躬身出入，将尸体置于洞穴里，头北脚南，面向西方，之后用土坯垒砌洞穴口，填土掩埋坟坑。在地下水位较高或易崩溃的沙滩上，一般只掘一个3尺左右的深坑，准备一个无底石椁或木椁盖尸体。墓顶呈长方形两三层台阶形状。

安庆市政府将安庆回民公墓建设列入市政府工作规划，兴建新回民公墓。为解决老回民公墓用地紧张问题，2012年安庆市政府特批20亩地，拨专款40万元，兴建新回民公墓。市民委组织专业人员在城郊认真选择墓址，赴上海、南京学习，参照两地回民墓地的布局，对新回民公墓进行了整体规划，统一样式、统一规格，充分体现穆斯林平等的精神。之后多方筹资累计投入50万元，修建了通往公墓的道路、环墓地排水沟渠、护坡、附属用房、碑亭等建筑设施，初步建成园林式公墓，曾两次被中国民族画报报道。再有利用大观区工业园建设契机，新增回民公墓用地10余亩。截至2012年底全市城乡兴建回民公墓10处，回民公墓建设纳入县（市）民宗部门考核内容。在政府行为影响下，民众对丧葬习俗的选择再也不是完全的个人行为，受政府行为和市场行为的双重影响。

在田野调查中发现，安庆回族对饮食卫生尤为讲究，处处突出"洁净"二字。他们绝对禁食猪肉，马、驴、骡、狗等不反刍的动物肉，性情凶残的禽兽肉，自死禽兽肉和一切动物的血都在禁食之列。穆斯林不禁食的动物，都须请阿訇念经代宰后才能吃。《古兰经》规定，穆斯林不准抽烟、喝酒，但安庆很多回民都抽烟（没有抽烟和喝酒习惯的回民对抽烟和喝酒也不反对），只有极少数回民长者对抽烟、喝酒极为反对。造成两极分化的主要原因是经济、社会发展加快回族文化涵化，安庆回族自身不能形成一个完整的经济和社会系统，必然走向范围更广的市场经济中和汉文化发生多层次的文化对话与交流。安庆回族文化的核心是伊斯兰文化，在此之上，他们有较大的文化自由活动空间和自主选择。而恰是这种文化自由，使得他们在非宗教文化领域里表现出汉文化的特质，并积极学习汉文化从而更好地适应着不断变化的社会。他们（尤其是年青一代回民）对回族传统文化越来越模糊，既不知道回族文化的真实含义，也不知道回族传统文化存在着哪些积极因素。另一面，他们对汉文化的学习则呈现热情高涨的态势。两种不同的文化态度反映了安庆回族文化演进在主观方面的差异性，也现实地反映出安庆回族文化涵化的一般特征。

三、安庆回族文化传播

历史上的安庆回民都有过经商的经历。在安庆经商的回民中以饮食、屠宰业最为突出，人数也最多，有语云："回回两把刀，一把卖牛刀，一把卖切糕。"安庆回民中，除南门码头绝大多数为搬运工外，其余六成以上的回民都从事饮食和屠宰业，1950年有将近100户。此外，个体商贩也是安庆回民从事职业人数最多，最普遍的职业之一，小商小贩占城镇回民总数的六成以上。安庆回民约60％为小商小贩（其中10％失业），小贩中多数做小吃生意和摆小摊修理服务业，有的则靠挑水卖、挑葫芦卖糊口。1956年，三大改造完成后，回族职业结构发生了很大的变化，回族职业结构中务农者的比例大增。由于农村回民经商政策取缔，这部分回民只能转向农业。城市部分回民在社会主义改造中因为无法就业，被下放到农村参加生产。

从职业选择方面来说，安庆回民很多从事长期或短期的经商、务工活动，城镇中三分之二的回族从事商、工、服务、饮食、运输业。显然，这与伊斯兰教颂扬经商事业之观念分不开。同时，伊斯兰教中清真寺和阿訇都有以经商振兴宗教的传统。改革开放以来，回族中私营企业迅速发展起来，1988年，安庆很多成年男子从事私营个体或个体联营企业，约占该区回族职工的三分之一。这里有从乡下返城的，有的则一直未有正式职业，更多人从集体和国有企业中停薪留职或辞职后从事个体企业。在农村，回族妇女一般在家务农，男子出外经商做工。在农村亦农亦商，经营少量农产品买卖。城镇中多为小摊贩、小商店，联营经商或商业工业企业联合的较少见。伊斯兰教的集体主义遵从宗教善功和道德规范，强调穆斯林之间的兄弟情谊、相互周济，因而许多穆斯林在联合经营中往往将家庭、个人财务与企业财务混合，经营者各方都以自觉行善、忠诚待人为宗旨处理企业财务账目。

安庆回民在日常生活中还有一些尊崇习俗，如在诸色中尊崇绿色，清真寺多用绿色做装饰，阿訇学成毕业时穿绿袍等；在数字中尊崇单数，以单数为吉祥、尊贵，送礼以三色五色为佳；在方向中尊崇右向，双手中以右手为尊，座位以右侧为首；在五指中尊崇食指。

回族节日主要有开斋节、古尔邦节和圣纪节。其中开斋节是最盛大的节日（伊斯兰教教历10月1日），伊斯兰教教历9月为斋月，一个月中穆斯林全日斋戒（即封斋）所谓封斋，即从黎明到日落前禁止饮食，并要求穆斯林们克制一切私欲。新中国成立前，回民中的老人和妇女普遍封斋，有工作的男子也象征性地封几天斋。新中国成立后，仍有部分回民（主要是已退休的老人）坚持在斋月封斋，党员干部虽不封斋，但也尊重本民族传统，在斋月里多做好事。由于安庆回族受到汉族文化强大影响，能完全做到戒斋的回民人数非常少，一般都是长者。而青年回民则由于各种原因没有践行封斋。从这方面看，安庆回族文化涵化呈现碎片化特征，即老年群体秉承传统回族文化形态，中年群体则同时表现出回族文化传统（心理）和文化生活（行动）的双重文化态度，而新生回民群体则有去传统化的特点。

四、安庆回族文化发展

安庆回族文化在新的历史阶段里继续发展，改革开放以来，随着社会变迁，安庆回族文化生活也发生了某些变化。比如在婚礼中的迎亲。安庆各民族地区关于迎亲的礼俗众多，且形式各异，大致可分为：亲迎，即新郎亲自去女方家中迎娶新娘；等亲，指新郎不亲自迎娶，而由其兄弟或叔侄迎娶新娘；送亲，则是男方不派人迎娶，由女方家中叔伯或兄弟将新娘送入男方家中。回族迎亲通常为亲迎，新郎亲自登门迎娶。且程序复杂讲究，在婚礼过程中占有十分重要的地位。迎亲在正式举行婚礼当日，吉时宜早不宜迟，通常是天亮之前就将新娘接走。男方一般由堂表姐妹或弟弟等迎亲，而兄长不可出面。新娘家的送亲队伍由哥哥、姐姐、弟弟、妹妹等组成。迎亲前，男方家十分注重对新房的布置。而整个布置新房的过程往往以"喜床"的设置为核心。

而在婚姻观念层面上，安庆回民也发生了较大的变化。回民择偶的条件不首先注重经济条件好坏，主要考量对方家风正派与否。为了维持婚姻的稳定（宗教目的则居其次），在与族际通婚时，安庆回族对外来一方的要求则非常宽容，只要情投意合，不把猪肉带入家里，两个人便可以结婚。而与西北回族要求对方皈依伊斯兰教，并在婚后完全按照回族的风俗习惯生活不同，处于汉文化大环境中的安庆回族婚姻文化表现出巨大的包容性，包容性和灵动性是安庆回族文化的重要特点。

1980年代，全社会进入一个快速发展的现代化进程。社会变迁必然影响安庆回族文化变化，社会转型导致的必然结果是传统家庭和社会结构变迁，而回族家庭、经济、文化等层面的观念和结构的改变使回族文化也发生变迁。综观安庆回族文化发展，主要表现在以下几个方面：

1. 传统家庭解体。传统的回族家庭与主流社会的大家庭一样，在新的历史条件下纷纷解体，过去那种三世、四世同堂的家庭结构已明显减少或不复存在，代之而起的是三口之家的小家庭模式。在传统的大家庭中，老人与儿孙们共同居住，老人自然能受到儿孙们很好的照顾。但现在这种儿孙满堂、其乐融融的现象已很少见。儿孙们因工作或学习需要与老人分住，平日里很难见面，只有逢年过节时才有机会相聚共享天伦。安庆回族传统家庭的解体导致了代际关系的变化，人们亲孝意识淡薄，家庭的互助功能削弱，进而影响到兄弟、亲戚之间的关系。

2. 传统生产、生活方式解体。生产方式变迁是社会变革的必然结果。传统生产、生活方式的变迁对传统文化的冲击带来了文化的不适应。改革开放以来，随着所有制结构与产业结构的调整，以及回族传统商业文化的特质，为回族社会成员的流动提供了前所未有的机会，许多人都常年在外，成了"外乡人"，这也使传统的回族文化受到冲击。尤其在农村，过去那种日出而作、日落而息的田园生活已从人们的生活中悄然逝去。种植技术的更新、现代机械化作业大大地节约了劳动力，许多劳动力向城市转移，在农村的老年人面临新的耕作方式不知所措，其传统权威受到挑战。

3. 生育体制与生育观念变迁。传统的生育观认为多生多育是家庭和社会发展的基础和动力。随着经济发展和价值观念的改变，"少生、优生、优育"的现代生育观逐渐为人们所认同。在回族社会，许多青年人选择只生一个。因此，回族社会也面临着"独生子女"问题，一对夫妇如何承担四个或更多老人的赡养与照顾。一方面是在精力、体力和时间上不具有操作性，另一方面是在物质供养上也存在经济压力。这也是回族文化在现实层面上遭遇的难题之一。

小 结

本章主要对安庆回族文化进行历史透视分析。安庆作为皖江城市带的重要城市，其经济和文化发展推动皖江城市带的发展。而文化多样性又是安庆文化的一个重要特色，回族文化在其中扮演非常关键的角色。了解安庆回族的发展简史对深刻了解和研究回族文化具有基础性作用。安庆的独特地里位置是酝酿和发展安庆回族文化的物质基础。回族的居住格局具有小聚居的特点，并且选择雨水丰富、土壤肥沃之地作为聚居地，安庆回族大部分沿江而居。安庆回族曾于明末清初形成两次迁移高潮。安庆市是全省民族工作重点市，少数民族人口分布呈"大分散小聚居"的特点。2012年，安庆有少数民族成分54个，人口约2万余人，有5个民族村（场），1个回族自然村，1个回族社居委和4所民族小学。安庆回族文化随着环境和社会变迁，文化涵化呈碎片化特征，即老年群体秉承传统回族文化形态，中年群体则同时表现出回族文化传统（心理）和世俗文化（行动）的双重文化态度，而新生回民群体则有去传统化的特点。

第三章 安庆回族文化涵化基因

每一种文化都有其自身的文化因子。文化的传承与变异是不同学科竞相研究的主要课题之一。在学术史上，从进化学派、传播学派、美国历史学派、功能学派，到心理分析学派、民族文化心理学派、新进化论学派等，都从不同层面、不同角度探索过文化传承与变异机制。本章主要从生物学、文化人类学、社会学等学科视角对皖江城市带安庆回族文化涵化基因进行全面剖析。

第一节 传承基因

一、生物的遗传

文化的再现与传承载体之一是具体的人，人的生物机能是保证文化顺利传承的物质基础。文化生物机能的遗传主要靠DNA，DNA分子是以信息的形式存在于所有的生物体中，DNA分子的遗传和变异导致新物种诞生，促进生物从低级向高级进化，文化的传承就是以物质机能为载体而实现。人类生物遗传不只遗传生理的身体结构，同时也传承了接受文化传递的功能。人类以生物遗传的方式把存在的文化信息结构传承下来，使人类后代在生理机能方面就具有了能够接受人类文化信息的功能，这种文化传承结构称为文化基因。所以，人类的基因既包括生物基因，也包括文化基因，二者相互结合才能保证文化传承得以畅通进行。

很多研究证明文化存在着生物遗传的特征。我国学者早在1929年就发现汉族ABO血型南北人群的差异，但并没有进一步研究南北人群血型差异基础之上的群体文化差异以及与之对应的关系。中国科学院遗传与发育生物学研究所研究员袁义达和张诚的《中国姓氏：群体遗传和人口分布》一书以中国姓氏为研究对象，以姓氏为文化维度，指出汉族南北之间存在着遗传结构上的差异，这种差异以我国南方的武夷山和南岭为界，南北两地的汉族血缘相差甚远。于是，他们给出这样的结论：从生物遗传学的角度讲，我国的汉族只是文化上而非血缘上的完整群体。

　　随着社会交往关系不断扩大，族际通婚在中国社会转型期尤为普遍。族际通婚带来的结果是文化生物遗传基因的融合导致新的文化传承基因的形成。这种文化基因的融合可以在遗传学上找到答案："远缘杂交的品种不仅同时是有母本和父本的优良性状，还可以使这些优良性状稳定地遗传，并且还会额外产生母本和父本所不具备的更加优异的性状；杂交培育出来的新品种的另一优越性是会产生免疫抗体，以抵御病虫害及自然界中各种不利因素，使自身的优良性状长期保存下去，较少受外部不利因素的影响"[①]。任何优良品种一旦近亲繁殖都会产生基因遗传优良性状的退化现象，"近亲繁殖"在封闭状态中的文化表现尤为明显，它必然会因时代的发展而不断退化从而丧失优良性状的继承，只有采用生物体"远缘杂交"的方式，大胆引进、消化、吸收不同的文化基因，才能使文化永不停息地处于优良演进之中。安庆回族文化涵化有生物学遗传基因的基础，由于安庆回族的族际通婚现象越来越多，导致回族文化的生物遗传基因发生极大变化，新生代的安庆回民在文化态度和文化行为上发生突变。他们在对待汉族文化时，秉承一种宽和、包容的态度，从汉族文化中吸取文化营养更好地发展自己。安庆回族的族际通婚率提高是理性行为的表现，也是加速安庆回族文化涵化进程的重要原因。

二、文化的传承

　　文化的发展基于一定的文化积淀而进行，在历史长河中，文化经过时间的洗礼从而形成层层积淀的状态。文化正是经过积淀，获得了文化更新的动力。文化的传承积淀是文化不断创新发展的不息动力，它对于一个国家和民族的文化软实力提升以及后期发展，都发挥着不可替代的基础性作用。同样，安庆回族文化的发展也是通过文化的传承而不断前进。

　　回族文化在不断积淀的发展过程中生成。回族文化源远流长，不但在东方世界具有强大的文化辐射能力，而且对西方文化的发展也发挥着举足轻重的作用。回族文化的生命力从汉族文化和西方文化交流中获得。回族文化是中华文化的一个重要组成部分，从古代文明到"五四"新文化运动，中华文化都在历史实践中循序渐进，逐步完善，结绳记事，鸟迹始文，甲骨金文小篆隶书一路

---

① 熊宗仁. 传统——民族文化的遗传基因 [J]. 贵州民族研究（季刊），1995（4）.

演将下来，文字不断丰富，思想逐级提高。这是从文化的整体性来看的，文化的传承积淀除了在整体上体现外，还在个人层面上表现得淋漓尽致。

在个人层次上的文化传承与积淀，技术都扮演着重要角色，技术深刻地影响到人的文化积淀能力的提升。安庆回族文化的传承也受到技术的影响，人的文化积淀能力是人类文化不断发展的重要保证，在人类社会不断前进的进程中，文化的发展提供了人类社会进步的智力支持，人类文化也需要依靠人的文化积淀不断提高。因此，我们要重视技术在安庆回族文化积淀形成过程中的作用，从而更好地实现技术的应用与人的文化积淀能力和谐发展。

重视人的文化传承与积淀能力，实质上就是在人的生存与发展中也保持一种多样性，这对文化优质性状的继承与创新，有着非常重要的生物学意义。人的文化传承与积淀的普遍存在也是人类发展的必然结果。但是，技术的现代性特征越来越明显，技术及其工具获得了压倒性的增长。与此同时，技术及其手段趋同化的特点正在普遍化：技术及其手段的趋同化广泛存在于生活方式、消费领域、休闲生活以及思维习惯等方面。当这种技术统一模式潜入人的文化传承和积淀能力结构的时候，人也就慢慢失去了获取丰富多彩生活的契机，取而代之是僵化和单一的文化模式。对于文化的传承与积淀，应该结合当代科技发展的实际情况，综合论证文化传承与积淀所面临的困境。在多元文化发展的今天，应该重视技术进步、族际通婚、生活方式交叉性变迁等因素对皖江城市带安庆回族文化的传承与变异过程的影响。

文化的传承，需要人的社会化来完成，社会化主要功能：传递、选择、创造社会文化。作为一个客观过程，社会化承载着不同的功能。从文化角度看，人的社会化过程是文化延续和传递的过程；从社会结构角度看，学习、扮演社会角色是社会化的本质任务；从社会个体角度看，社会化是个体的个人属性和社会属性自我完善和发展的过程。本节从文化的角度来分析社会化的主要功能。

文化与社会化有着复杂的关系。文化传承功能就是社会化的功能之一，一个国家以及一个民族的文化在历史时间、空间上进行传递和延展就是文化的传承功能。美国社会学家 W. 奥格本（Ogburn, William Fielding）认为个人接受人类积累的文化遗产过程就是人的社会化，通过文化社会化使得社会文化的传递和社会生活的延续得以保证。这种观点反映了人的社会化在文化延续中的重要性。社会化理论认为"人类社会生活的一切方面，包括社会化、社会互动、社会群体、社会制度、社会变迁等，都可以归结为是各种文化现象"[1]。文化联系着社会生活和社会运行的各个方面，文化联系着具体的个人和复杂的社

---

[1] 杨春贵. 马克思主义哲学发展教程[M]. 北京：中共中央党校出版社，2003：98.

会。安庆回族文化的传承通过回民的社会化过程进行。安庆回民社会化的起点在回族社区进行，在这个过程中，他们形成对回族传统文化的初始认识，并且在心理和行为上习得回族文化的基本内涵。

安庆回族文化的传承是动态的，因而安庆回族文化具有传递性、变迁性。传递性分为纵向传递和横向传递。纵向传递指安庆回族文化的代际传递，呈现历史的时间性；横向传递指安庆回族文化在地理空间上的传递，具有地域分割特征。安庆回族文化纵向传递的过程就是安庆回民的社会化过程。安庆回族社区运行规范凝结并阐释于文化之中。通过社会化，安庆回族社区成员在文化上达成一致成为可能，基于文化上的认同进而使安庆回族社区的成员形成对社会共同体的认同，从而保证安庆回族社区稳定和发展。通过社会化，安庆回民学习回族传统文化，前人创造的知识成果获得了传递的途径。在回族文化的传递过程中，回民发挥吸收文化的能动性，结合自身的实际情况对文化实体进行选择性吸收。于是，安庆回族社区的回民对传统文化进行新的认识和创造，安庆回族文化的选择性传递蕴含着文化创新因子。

第二节　文化基因

文化基因是文化涵化得以完成的基本前提条件之一，安庆回族文化涵化需要安庆回族文化基因提供动力支持。安庆回族文化基因主要由三个部分组成，即文化的选择、传播和创造。这种文化基因构成，是安庆回族文化得以涵化的重要基础。

一、文化的选择

文化选择是安庆回族文化涵化基因的一个重要方面，正是文化选择的存在使安庆回族文化在多个层面上发生了涵化。

文化选择和自然选择有着某些共性。自然选择是指：作为一个过程，在自然选择的过程中有机体特性中先前存在的变异使得某些机体特征获得了更长的生命周期，甚至通过传承机制把这些变异的类型传给后代，后代在自己的特征方面，表现出了某些新的变化。从根本上来说，"不论是在生物学意义上还是在文化学意义上，自然选择能够影响任何可遗传有机体特性的分布"[1]。与生物的

---

[1] Cavalli-Sforza, L. L., &Feldman, M. W. Cultural transmission and evolution: A quantitative approach. Princeton: Princeton University Press. 1981, p66.

特性一样，作为生物体的个人的文化特性不同，这些文化特质可以传承，还可以通过社会因素影响有机体的社会生存能力。文化特质可以垂直地从父辈传到后代，也可以从除父辈之外的前辈中斜向地传给下一代，还可以在同代的成员间传播。所以，生育孩子是提高文化特性频率的重要条件，但却不是唯一的途径。

如何理解文化选择？对此有很多不同的回答。其中的一种学说认为"文化选择涉及文化复制品或模因（文化基因）群体，即观念从一个人的头脑中被有效地拷贝或复制到其他人的头脑中"[1]。按着道金斯的观点，文化选择发生于模因群体包含具有下列属性的变异：这些属性包括忠实（复制的精确性），高产（复制率），长久（模因在头脑中能够存在多长时间）。关于这种观点的两个重要假设是（1）拷贝或复制的文化传承过程对文化选择的完成非常重要；（2）模因群体是文化选择发生的环境，有机体被视为模因的传输工具或介质，而不是在具有文化特性的有机体群体中发生。有些学者认为文化选择包括有机体文化特性的变异，文化特性的传承会从一个有机体到另一个有机体进行，所以有机体下一代所显现出的文化特性间的竞争，文化特性所表现出的变异、传承和竞争既重要又真实。但是如果自然选择和文化选择之间存在相似性，那么这三个条件就通过文化选择构成了演进过程的基础。安庆回族文化的变异是一个非常复杂的过程。安庆回族文化有着自身特有的体系结构，在不同的文化结构上，其变异的路径不同。安庆回族文化的变异轨迹：从物质文化表层扩展到制度文化，形成中层文化，再到精神文化深层，最后文化的稳定性得到加强，形成安庆回族文化构建框架。

为了更好地厘清制度文化在安庆回族文化变异过程中的表现，有必要对制度文化进行系统分析。作为制度文化的核心内容，规则（Rule）表现为通过规定权利、义务、责任，或者是赋予某种事实状态以意义而具有约束力的准则、标准和规定。规则有着外在力量内在化的功能，因此，制度文化就是"存在于规范或规则的背景中，并为规范或规则而存在，这些规范或规则（以复杂的组合形式）各自对人在社会背景中的行为赋予意义，使之合法，加以管理甚至予以认可"[2]。制度文化作为安庆回族文化的一个组成部分，有着自身完整的结构体系。但安庆回族的制度文化也呈现出层级的特点。第一个层面是传统、习惯、经验与知识；第二个层面由理性设计和建构的制度文化所

---

[1] 里查德·道金斯著，卢允中等译. 自私的基因 [M]. 长春：吉林人民出版社，1999：89.
[2] ［英］麦考密克，魏因·贝格尔. 制度法论 [M]. 北京：中国政法大学出版社，1994：20.

组成；第三个层面包括机构、组织、设备等实施机制等。文化不会停留于此，还会继续向更高、更难以掌握的方向发展。

所谓精神文化是"指属于精神、思想、观念范畴的文化。是代表一定民族的特点反映其理论思维水平的思维方式、价值取向、伦理观念、心理状态、理想人格、审美情趣等精神成果的总和"①。所以，精神文化反映了安庆回族的精神性状的特点。安庆回族的精神文化体系所包含的思维方式、价值观念、行为准则，这些精神文化不仅具有强烈的历史传承性，而且又具有深刻的现实性和变异性。精神文化的发展是静态和动态的统一体，从精神文化静态的层面上看，精神文化是历史文化不断积淀的产物；从动态的层面上看，精神文化是从蒙昧走向文明的发展过程。

二、文化的传播

社会思想观念、生产技能和经验以及制度规范和其他文化特质从一个文化载体传到另一个文化载体，或者在空间中从一地传到另一地的过程就是文化传播。文化传播有很多种类型，其中最为常见的是直接传播和间接传播。文化人类学家 R. 林顿把文化传播过程分为三个阶段：①接触与显现阶段。一种或几种外来的文化元素在一个社会中显现出来，被人注意。②选择阶段。对于显现出来的文化元素进行批评、选择、决定采纳或拒绝。③采纳融合阶段。把决定采纳的文化元素融合于本民族文化之中。从地理空间看，文化传播是由文化中心区向四周扩散，根据传播途中信息递减的一般规律，离文化中心区越远的地方，越不能保持文化元素的原形。当一种文化元素传播到另一个地区以后，它已不是原来的形态和含义，在传播和采纳过程中已被修改过。因此，两地文化只有相似处，完全相同的文化十分少见。文化传播的方式有两种：一种是直接采借，把外来的文化元素或文化丛直接接纳过来；另一种是间接传播，即一种文化元素或文化丛传入一个地区，引起那里人们的思考，由此引发传入地的人创造一种新的文化，这种现象被称为"刺激性传播"。

安庆回族文化传播的主要媒介是人的迁移和流动。族际通婚带来他民族文化，与原有文化发生碰撞。经济上的往来、旅游以及其他人员的流动，也是安庆回族文化传播的重要媒介。随着安庆旅游业发展，尤其是民族文化旅游业的开发，大批游客进入安庆回民社区，这也是安庆回族文化涵化的一个重要途径。据2012年安庆民委的工作安排，漳湖、三益少数民族特色村寨正在申报审批

---

① 曾丽雅. 关于建构中华民族当代精神文化的思考 [J]. 江西社会科学, 2002 (10).

中，民族村寨将是民族文化旅游的重要载体。民族旅游经济的发展，提高了安庆回族文化与外界文化的交流水平。由于交通通讯技术发达，文化传播的媒介增多。大范围的文化传播正通过各种途径，以前所未有的规模和速度推动安庆回族文化涵化，也必然导致安庆回族文化异质性日益增强。通婚是文化传播的重要途径。以下通过案例分析通婚在安庆回族文化传播中的影响。

● **个案一**

时间：2012 年 8 月

地点：安庆皖河三溢回民农场

人物：回民 C，男，31 岁

认识 C 是在中午时分，他和几个朋友正在农场劳动。说明来意后，他很爽快地在路边和我们聊了起来。我们聊的主题是他的择偶过程。他说，他是 2011 年 12 月结的婚，但他媳妇是远在蚌埠的汉族姑娘。他 20 岁，父母就开始关心他的终身大事，由于他文化程度低（初中肄业）加上长相平平，虽然他主动追过很多女孩，但一直都没有女孩子和他谈恋爱。他开始以为在本村找个回族姑娘不会很难的。22 岁时，他主动追求本村的一个回族姑娘，却遭到拒绝。所以他把找对象扩展到漳湖镇回民村，因为在该村没有认识的回族女孩，只好通过媒人介绍。媒人介绍的回族女孩答应见面聊，当两人真正见面的时候，那个女孩却匆匆离去。后来从媒人那里得知，那个女孩是因为嫌弃他看上去太过于寒酸而拒绝和他接触。这次的遭遇给他打击虽然很大，但他不相信找不到媳妇，于是又把找对象扩展到更远的地方，超出了安庆的那几个回民社区。为了有机会认识更多的女孩，到广东东莞打工，进了一家台企电子厂。由于他乐观热情，所以在广东很快找到一个汉族女朋友（是河南的）。但相处一段时间后，他觉得两人在性格方面存在很大差异就分手了。经过第一次恋爱的失败后，他积极吸取教训，努力在下次找到理想的结婚人选。于是，在感情空白了 3 个月之后，他和蚌埠的一个汉族女孩相恋了，两年后，他们见了双方的家长。由于他是个高度涵化的回民，在结婚时没有为对方举行入教仪式，只要妻子不在家里吃猪肉即可。现在，他们的感情非常好。

从以上的案例中可见安庆回族青年的通婚圈在不断扩大。从文化的角度来看，通婚圈可以形成一个文化圈，如族内婚和族外婚；从地缘的角度来看，可以形成一个地理圈。本书所说的通婚圈就是地缘上的通婚圈，即婚姻在地理空间上所表现出来的距离远近。安庆回族老年一代的通婚圈比较小，仅限于附近的回族村落。但随着经济和交通的发展，安庆回族的通婚圈扩大。安庆回族的通婚圈主要通过经济媒介和社会网络完成扩展，这与西北传统回族社区所依赖的亲友网络不同。安庆回族通婚圈的扩展，则带来了更多的异质文化，不仅丰富了安庆回族文化的构成，同时也促进了安庆回族文化在时空上的传播，从而为安庆回族文化的涵化提供基础条件。

三、文化的创造

安庆回族文化发展需要继承、积淀，更需要创新。文化创新是安庆回族文化建设和文化体制改革的灵魂。所谓文化创新，就是对原有的文化价值观念、知识体系、思维方式和文化体制的解构活动。也就是创建一种既适应现代化又具有本民族特色的新型文化。

文化创造包含很多内容。其中，观念创新对安庆回族文化具有重要意义，观念和思维支配着安庆回民的行为活动，只有观念和思维获得更新，安庆回民的行为才有可能发生改变。要实现安庆回民文化观念上的创新，最重要的是解放思想，与时俱进，培养安庆回族的民族自信心和开放心态。安庆回民以宽和、开放的心态面对其他文化形态，吸收儒家"天人合一"和道家"顺其自然"的思想，学习以人为本、讲究诚信、重视教育、崇尚和谐、倡导德治的多元文化。但我们也应辩证地分析安庆回族文化，民族文化也有糟粕。在创新过程中，既要看到传统文化的丰富内涵和独特魅力，又要对其糟粕有清醒认识。安庆回族文化应当有自己鲜明的特点，有自己的原创，有文化精品。新的安庆回族文化应该既体现民族特色，又具有鲜明时代特征，追求民族性与时代性统一。安庆回族文化应该打破狭隘的地域和民族自我封闭的孤立状态，破除一切束缚人们思想发展的观念，允许并敢于对民族文化的表现形式及内容进行创新，努力创建既尊重传统，又与时俱进；既体现民族精神，又反映时代心声的新型安庆回族文化。

第三节　社会基因

一、生产方式

生产方式的转变推动文化变迁。什么是生产方式？马克思、恩格斯对此并没有下过直接的定义，斯大林曾给予明确的规定："……生产方式既包括社会生产力,也包括人们的生产关系,而体现着两者在物质资料生产过程中的统一"①。"生产方式一般是指由生产资料的性质和状况决定随劳动者之间形成的分工、协作的劳动方式和劳动交换关系;生产方式特殊,则是指在一定的生产资料所有制形式下的劳动者之间依据生产资料的性质和状况而形成的分工、协作的劳动方式和劳动交换关系"②。生产方式决定安庆回族文化的物质基础,同时也影响安庆回族文化的精神层面。

"文化"的意趣应该是"自然与社会的人化""人类实践与生活的文明化"。这正如马克思所指出的:"环境的改变和人的活动的一致,只能被看作是并合理地理解为革命的实践"③。马克思主义的"文化"内涵是"创造和实现人的价值的对象化活动"。把"创造"同"人的价值"关联起来,这在实际上确定了人在实践中的主体地位。安庆回族文化是人主体创造性活动的产物,也是反映安庆回族生产方式的最好方式,安庆回族人们在生产和社会活动中创造的文化体现了安庆回族文化的生产方式。

图 3-1 章湖镇回民村一户回民所购的多用途农用机械

安庆回族的生产方式是一项实践劳动,同时还承载安庆回族的文化价值意义。人的个性与本质生成的外在标志表现在生产力中。马克思对此论述道:"工业的历史和工业已经产生的对象性的存在,是一本打开了的关于人的本质力量的书"④。分析文化的发展变化,就要追溯生产方式的转变轨迹,这集中

---

① 斯大林. 辩证唯物主义和历史唯物主义 [M]. 北京:人民出版社,1964:6.
② 陈瑞铭. 生产方式范畴初探 [J]. 东岳论丛,1986 (3).
③ 马克思,恩格斯. 马克思恩格斯选集 [M]. 北京:人民出版社,1969:17.
④ 马克思,恩格斯. 马克思恩格斯全集(第 42 卷)[M]. 北京:人民出版社,1956:177.

体现在对劳动工具的选择上。每一种旧的劳动工具被新的劳动工具所取代，都意味着人的文化发展与部分生理及心理功能的解放。安庆回族对生产工具的选择过程也是对安庆回族社区存在和发展的社会结构的价值选择。随着生产经营不断扩大，在安庆回族生产系统中也会出现某些新的劳动手段，新的生产工具必然会被安庆回族社区逐步加以推广普及并最终淘汰旧的生产工具，从而满足更多安庆回民的需求。随着安庆回族生产方式的变革，安庆回族文化模式也相应发生改变，安庆回族文化涵化得以发生。

● 个案二

时间：2012年8月

地点：安庆南水回族社区的清真集市

人物：回民E，女，35岁

早上9点左右，我们是在安庆南水回族社区的清真集市上遇到回民E的，她当时在牛肉店里忙着整理牛肉。我们对她说明来意后，她很热情地邀请我们进屋说话。其实，屋里和她的牛肉摊子很近，只几步的距离，这样方便她同时兼顾里外的事情。从她的表述中，我们得知这里的回民集市一般都是在早上进行，过了12点后，集市就基本结束了。和其他汉族地区的集市不同，这里的消费群体大部分是回民，周围的回民。问起生意情况，她说情况一般，房屋都是租的，日子过得一般。她和丈夫现在几乎不做礼拜了，因为生意所致。每天都要在固定的时间开店，经营自己的商铺，养家糊口，没有时间去做礼拜。开始的时候不去做礼拜还有点不适应，时间久了就无所谓了，都是为了生计。

二、生活方式

英国人类学家爱德华·泰勒（Tylor Edward Bernatt）1871年的名著《原始文化》中对文化的定义更有影响力："文化，或文明，就其广泛的民族学意义来说，是包括全部知识、信仰、艺术、道德、法律、风俗以及作为社会成员的人所掌握和接受的任何其他的才能和习惯的复合体。人类社会中各种不同的文化现象，只要能够用普遍适用的原理来研究，就都可成为适合于研究人类思想和活动规律的对象"[①]。关于生活方式与文化的关系，美国人类学家R·林顿曾经这样说过："文化指的是任何社会的全部生活方式，而不仅仅是被社会公认为更高雅、更令人心旷神怡的部分生活方式。"按照这一说法，全

---

① 爱德华·泰勒著，连树声译．原始文化[M]．南宁：广西师范大学出版社，2005：19.

部生活方式的内容是文化结构的重要组成部分，同时，生活方式的变迁也是促进文化变迁的重要力量。安庆回族文化的涵化基因就包括了安庆回族生活方式的具体内容和变化。

安庆回族文化与回民生活方式紧密相连，安庆回族文化是安庆回民特定生活方式的积淀。安庆回族生活方式作为安庆回族文化的整体性呈现，并且随着社会经济变动而变迁，在安庆回族文化的内部分化出很多不同的生活方式。英国学者鲍尔德温等人在《文化研究导论》中说道："言及社会，我们指的是个人和集团之间的社会互动和关系模式。社会经常占据一块领土，能够再生产自身，同时共享一种文化。但是对于有些社会，特别是大规模的现代社会而言，更确切地说应是数种文化并存于这个社会之中，虽然并不总能达成和谐"[1]。安庆回族文社区里的回族文化内部有可能并存着数种不同的生活方式，而且因为不同生活方式的文化根基不同而导致相互冲突。

在安庆回族社区中，导致安庆回族生活方式的变迁因素有：一是生产方式是决定安庆回族生活方式转变的最基础因素；二是安庆回族生活方式还受到回族社区的社会经济、文化水平的影响，使一定社会、一定历史条件下的安庆回族的生活方式明显地带有时代文化熏陶和影响的痕迹。因此，现代文化对安庆回族生活方式的直接影响不可低估，因为生活方式是一定社会历史条件下安庆回族文化发展的外在表现形式。

由于文化本身带有阶级的烙印，所以生活于不同阶级与不同生活环境中的人，就可以对应着许多不同类型的生活方式。生活方式与阶级的对应关系，斯大林曾经有过经典的论述。斯大林说："历史上有五种基本类型的生产关系：原始公社制的、奴隶占有制的、封建制的、资本主义的、社会主义的。""生产力怎样，生产关系就必须怎样"，生产力和生产关系构成了生产方式，"社会的生产方式怎样，社会本身基本上也就怎样，社会的思想和理论、政治观点和政治设施也就怎样"[2]。但就安庆回族社区的经济、权力和社会地位状况而言，他们内部之间的各种地位和状况同质性强，没有明显的两极分化现象。由于安庆回族个体具有很强的独立性和广泛的私人空间，这导致他们在个人生活领域里具有充分的自主性。这种独特的生活方式使他们在文化层面上也表现了巨大的差异性，安庆回族生活方式的个体性特征导致安庆回族文化具有很强的伸缩性。

---

[1] E. Baldwin, B. Longhurst, G. Smith, S. McCracken M. Ogborn, Introducing Cultural Studies, New York: Totem Books, 1998, p. 6.
[2] 斯大林. 论辩证唯物主义与历史唯物主义 [M]. 北京：人民出版社，1964：645—649.

● 个案三

时间：2012 年 8 月

地点：安庆南水回族社区的清真集市

人物：回民 F，男，37 岁

为了更真实具体地呈现安庆回民生活形态，我们在下午 5 点左右再次走访了安庆南水回族社区的清真集市。下午的集市基本上是关门了，非常冷清，偶尔有几个路人在走着，但是可以看到卖包子和饼子的回民店还是开着的。于是，我们走进了一家还在经营的回民店。一进门，就看到店主一家人在吃饭，饭桌上放着两瓶啤酒，男主人一边喝酒，一边吃饭。我们说明来意后，他就给我们说开了。他说他从来不做礼拜，因为经商的原因，他必须起早贪黑地忙着，这需要很大的体力，他必须保证身体健康。斋月他是从来不做的，也没有这样的概念，他认为斋月会对身体有坏处，他坚持不了。

总的说来，安庆回族文化的发展与安庆回族社区生活方式的转变相互影响。安庆回族经济的发展促使安庆回族传统文化吸收了有生命力的文化素养。在此基础上，安庆回族文化的内容和结构得到丰富和发展，进而也丰富和发展了安庆回族的社会生活方式。同时，安庆回族生活方式的转变，也促进了安庆回族文化的发展。搞清二者之间的关系，有利于我们分析安庆回族生活方式结构的变化情况（包括生活活动条件、生活活动主体和生活活动形式，这三个组成部分相互关联形成了一个复杂的动态结构）。通过上面分析我们加深了对安庆回族生活条件的认识，因为生活条件是一定生活方式形成的客观前提，其内容包括了一定的地理区位、气候条件等自然环境和经济社会发展水平、基础设施、文化传统等社会条件。另外，我们也熟悉了解生活活动主体（文化的执行者）在生活方式结构中占有核心地位的变化情况，一般来说，"生活方式的主体分为个人、群体、社会三个主体，在不同的时间里，对生活方式的产生作用的主体是不同的。此外，我们也加深了对生活活动形式变化情况的分析"[1]。安庆回族生活活动形式作为生活条件和生活活动主体相互作用的结果，它的存在状况明显地表示一定的生活活动状态、模式及样式，使生活方式具有可见性和固定性。通过对生活方式指标体系的构建分析，有助于人们对安庆回族生活方式深刻理解，为安庆回族生活方式和文化变迁关系的深化研究提供前提。

---

[1] 吴焕文. 生活方式指标体系初探 [J]. 山东师范大学学报，2002（5）.

三、婚姻家庭

在论及安庆回族婚姻家庭与安庆回族文化涵化之前，先要弄清婚姻与家庭两个概念的联系与区别。

近代早期的哲学家格劳秀斯（Hugo Grotius）是第一位从契约论的角度界定婚姻。在他的论述中，建立统一而合伙的关系是婚姻的基础，虽然合伙有多种多样的形式，但婚姻是人类最自然的合伙形式。格劳秀斯对婚姻的理解是应该把婚姻看成是人们人类活动的自然结果，婚姻的诞生是双方同意的基础上以及相互协商的结果。

康德对婚姻的分析也很有启发意义。康德认为婚姻是男女为了终身占有对方的性功能而产生的结合体。康德基于自然主义，把婚姻界定为对人生理上的性欲的一种满足形式。但我们不能忽视，康德强调了婚姻的平等性，这种平等性主要体现为夫妇双方对人身和财产占有的平等性。

对婚姻做出科学界定的第一人是黑格尔（Hegel）。黑格尔说："婚姻是具有法的意义的伦理性的爱"[1]。对婚姻的这一界定在今天还具有现实的意义。在黑格尔的这个定义中我们读出了婚姻中最基本的要素和特性。家庭从婚姻开始，婚姻是家庭成立的标志。"每日都在重新生产自己生命的人们开始生产另外一些人，即增值。这就是夫妻之间的关系，父母和子女之间的关系，也就是家庭"[2]。

我们对婚姻家庭的理解，有利于对婚姻家庭在文化变异方面的研究。婚姻是指男女关系正常的社会形式，它在历史上不断发生变化，社会借助于婚姻形式来调节或裁判男女之间的性生活，并且确定夫妇和父母的权利与义务。家庭的概念应包括婚姻关系、家庭财产、居住方式等要素，它是夫妇关系、父母与子女关系正常的具有历史性的系统，它是一种小社会群体，有共同的日常生活和彼此道德责任。

自新中国建立以来，由于旧社会制度的废除，新社会制度的建立，安庆回族的婚姻家庭的结构和功能都发生了巨大变化，包办婚姻被废除，取而代之的是独立自主的婚姻家庭新型关系。自改革开放后，尤其是1990年代以来，市场机制的不断完善，导致了安庆回族婚姻家庭关系出现了一些新特点，从改革开放前后的对比角度来看，这种新特点在现实生活中表现为以下几个

---

[1] 黑格尔. 法哲学原理 [M]. 北京：商务印书馆，1961：177.
[2] 马克思，恩格斯. 马克思恩格斯选集（第1卷）[M]. 北京：人民出版社，1972：33.

方面：改革开放后婚姻家庭模式多样化（单亲家庭、丁克家庭出现）程度提高，婚姻不稳定性加剧，婚外情明显增加等。

首先，安庆回族家庭结构在改革开放以来发生了巨大变化。家庭的结构具有变动性，家庭结构随着生产力的发展而发生变化。美国社会学家摩尔根早在一百多年前就说过："家庭，是一个能动的要素；它从来不是静止不动的，而是随着社会从较低阶段向较高阶段的发展，从较低的形式进到较高的形式"[1]。安庆回族婚姻家庭结构、功能等方面随着社会发展而变化，婚姻家庭的变迁以适应更高级的社会形式。在当今安庆回族家庭结构的变化主要体现为：核心家庭。

其次，安庆回族家庭生育功能在改革开放后趋于式微。"生育"目前仍是安庆回族现有家庭的基本功能。生殖和抚育孩子，基本上在家庭中才能完成。由于我国实行严格的计划生育政策，使得安庆回族家庭生育子女的数量普遍减少。同时，由于安庆回族社区社会和经济的变化，安庆回族的生育观念也发生了很大的转变，婚姻家庭观念的现代性更强了，早婚、早育、多子多福、养儿防老、男嗣偏好等传统意识已式微。

最后，安庆回族婚姻家庭情感功能在改革开放后日趋加强。改革开放以来，随着安庆回族物质生活水平的提高，市场经济的加强，安庆回族的精神形状也发生了巨大的变化，表现为积极和消极的两个方面。快速的社会变化，社会流动和社会阶层分化，人们在复杂的局面下面临着角色转换、利益重组的难题，所以安庆回族家庭成员面临重新定位、角色调整，观念更新。在经济利益主导下，安庆回族在现代社会生活中所承受的竞争压力更大，不稳定性处处可见，人际关系更具工具理性，所以，婚姻家庭成为安庆回族寻找心灵慰藉的地方。安庆回族从家庭中获得心理压力的排解，家庭给其成员提供情感安全、心理稳定的功能。正如邓志伟所说的："当家庭变成一个日益与社会生活分离的个人生活场所时，情感满足与交流将在家庭诸多功能中居支配地位"[2]。因此，处于社会转型期的安庆回族家庭，在市场经济浪潮中，婚姻家庭的情感功能日趋强化。

婚姻家庭作为安庆回族文化的重要组成部分，其发展变化过程与安庆回族社会的变迁过程相一致。安庆回族婚姻家庭的变化过程既反映出安庆回族文化进程中的进步，又反映出这一进程所附带的消极功能。安庆回族婚姻家

---

[1] 马克思，恩格斯. 马克思恩格斯全集（第21卷）[M]. 北京：人民出版社，1965：41.
[2] 邓伟志，徐榕. 家庭社会学[M]. 北京：中国社会科学出版社，1996：84.

庭文化的进步特征可以从现代家庭关系趋向民主、平等得到反映，安庆回族夫妻通过婚姻与性的关系而享受到更多的亲密、愉悦和健康。从消极文化的功能方面来看，安庆回族婚姻不稳定性和家庭人为解体都会影响家庭和睦，对家人及亲属群体造成伤害。

四、意识形态

从线性关系分析，意识形态是文化的一个部分；而从离散关系分析，文化与意识形态呈现相互交叉。文化与意识形态相比，文化的内容更宽泛，外延更宽广。但在某些领域里，两者也有交叉和背离的地方。在分析意识形态转变与安庆回族文化变迁之间的关系之前，先分析意识形态的基本内涵。

"意识形态"这一概念最早提出者是法国大革命时的哲学家德斯图·德·特拉西（Desttut de Tracy），他用"意识形态"来指"观念科学"，其意义是指人类的观念在理性的基础上通过实践而成系统化。通过这种"观念科学"，人类获得可以解释世界和改造世界并且造福人类的智力支持，而且这种观念科学奠定全部科学赖以存在的基础。虽然特拉西赋予意识形态较为宽泛的意义范围，并且抽象特征很明显，"意识形态"在特拉西那里是价值中立的概念，没有褒贬取向。

对意识形态进行深刻分析的还是马克思和恩格斯。在《德意志意识形态》一文中，马克思、恩格斯指出："思想、观念、意识的生产最初是直接与人们的物质活动，与人们的物质交往，与现实生活的语言交织在一起的。观念、思维、人们的精神交往在这里还是人们物质关系的直接产物……表现在某一民族的政治、法律、道德、宗教、形而上学等的语言中的精神生产也是这样。人们是自己的观念、思想等等的生产者，但这里所说的人们是现实的、从事活动的人们，他们受着自己的生产力的一定发展以及与这种发展相适应的交往（直到它的最遥远的形式）的制约"[①]。"分工只是从物质劳动和精神劳动分离的时候起才开始成为真实的分工。从这时候起意识才能真实地这样想像：它是某种和现存实践的意识不同的东西；它不用想象某种真实的东西而能够真实地想象某种东西。从这时候起，意识才能够摆脱世界而去构造'纯粹的'理论、神学、哲学、道德等"[②]。

马克思、恩格斯对意识形态的理解：社会分工是独立意识形态产生发展

---

① 马克思，恩格斯. 马克思恩格斯选集（第1卷）[M]. 北京：人民出版社，1972：30.
② 马克思，恩格斯. 马克思恩格斯选集（第1卷）[M]. 北京：人民出版社，1972：36.

的物质基础，精神系统的独立化生产及其生产者思想家的文化推动作用都间接地促使了意识形态的产生和发展。此外，马克思、恩格斯也指出每个时代作为指导理论的意识形态总与特定的统治阶级的利益相关，因此，意识形态总是自觉地承担起对社会现状进行辩护的责任，为现存的统治秩序提供合法性和合理性的论证，使统治阶级的统治披上合法性的外表，从而达到麻痹人民群众思想的作用。马克思进一步探究意识形态文化和非意识形态文化性质组成情况，指出，统治阶级的意识形态生产和非意识形态精神生产（即一般知识形态的文化创造，包括科学活动和思想文化活动等）组成了精神生产的内容结构。马克思、恩格斯在《政治经济学批判序言》对意识形态文化和非意识形态文化进行了分类，"即一切法律的、政治的、宗教的、艺术的或哲学的文化形式都属于意识形态文化的具体形式，除此之外，非意识形态文化形式包括语言学、形式逻辑等"[①]。"统治阶级的意识形态生产往往表现为统治阶级为维护其阶级统治，把阶级意识扩大或幻化为普遍性和全民性的意识，一种真理和理想信念，思想体系，文化和价值观，即将意识形态通过在文化领域实现认同，上升为社会主导文化，转化为意识形态文化，来彰显其意识形态的合法性，其生成过程大体包括对传统的选择性继承过程、观念教化过程和文化传播过程三个部分"[②]。

改革开放后，随着社会转型力度加大，安庆回族意识形态领域在改革开放后也面临诸多问题和挑战。随着我国改革开放向纵深发展与深入，社会主义市场经济体制建立并不断完善，在这样的大背景下，经济成分、利益格局、分配方式多样化的特征日趋明显，所以导致不同的利益群体和阶层的出现。在社会变革加剧、全球化加强的大背景下，安庆回族部分人通过各种途径抓住优惠政策，抓住发展机遇，凭借我国社会转型初期政治和经济机制的不完善或政策的漏洞，以手中掌握的社会资源或先进科技为基础，迅速积累了大量的财富并且在社会中占据了优势地位。加上区域经济发展和国家经济发展机制的不平衡性，优势群体与弱势群体的收入差距越来越大，两极分化的特征越来越明显，弱势群体在经济上逐渐处于边缘地带。在安庆回族社区中，大家都是处于同一种经济条件之下，贫富差距不是很大，当然，也不乏极少数拥有大量财富的回族。但是不健全的市场经济体制下社会不公正现象在安庆回族社区存在蔓延，同时随着资本主义思想、文化在世界范围内的扩张，

---

① 马克思，恩格斯. 马克思恩格斯全集（第47卷）[M]. 北京：人民出版社，1979：533.
② 吴荣荃. 从传统到意识形态——文化的现实命运 [J]. 首都师范大学学报，1998（4）.

西方发达国家消极的意识形态（诸如极端个人主义、利己主义、享乐主义、拜金主义等）对安庆回族传统文化思想形成了严重威胁，使安庆部分回族的意识形态发生了翻天覆地的变化，西方发达国家的意识形态在这部分人的心智结构中生根发芽。一旦西方消极的意识形态形成安庆回族的主导思想，那么他们的社会价值取向和评价标准将趋于功利化、世俗化和多元化，在一定程度上消解了安庆回族传统文化在社会共识、文化认同等层面上发挥的作用。任何一种新的价值理论要想获得生命力，无论是本土的还是外来的，都只有从国家既有的传统文化上吸收积极文化素养加以阐释和升华，才能蓬勃发展。安庆回族传统文化的核心内容因为经历了时间的洗礼从而具有强大的社会凝聚功能，对现代文化有着强大的文化整合力。安庆回族社会意识形态都能或多或少地打上过去历史时代的思想烙印，具体表现在传统文化的历史继承性和发展惯性之中。化解安庆回族社会复杂矛盾，维护安庆回族社会和谐稳定，必须发扬安庆回族传统优秀文化的重要精神纽带作用。在经济全球化和市场经济的今天，多民族的文化交流加强、相互交融已成现实，西方强势文化的侵蚀在中西文化的碰触中不可能不夹带意识形态的灌输。民族文化、生活方式的认同表现为民族价值体系的认同，作为数百年甚至几千年文化长期积淀的结果，共同民族文化和生活习惯的形成对于共同的民族意识形态的构建有着非常重要的作用。作为安庆回族凝聚力强弱的重要标志，安庆回族文化认同程度象征着民族凝聚力的强弱程度、民族文化的认同已成为评判安庆回族凝聚力的重要标准。作为民族凝聚力的构成主体，核心文化为国家政治经济制度的建立和运行提供了合理的理论诠释和普遍的社会心理基础，安庆回族社区成员的教化塑造通过核心文化的洗礼而得以实现，这对巩固安庆回族文化意识形态起着重要的作用。

　　安庆回族文化与意识形态的关系无论是在结构上还是在内容上都复杂多样，二者的关系是理论问题、实践问题、文化问题、意识形态问题的综合体。安庆回族文化是安庆回族意识形态的基础和前提，而意识形态是文化的核心和枢纽，二者有着结构上的同一性，也有着功能上的冲突性。在社会实践层面上，要构建安庆回族社会发展的经验体系，文化研究必不可少。同样，构建安庆回族社会发展的政治观念和社会心理机制，意识形态研究也必不可少。在历史演变历程中，安庆回族传统文化到现代文化的演变，符合文化变迁和社会发展的自身发展规律，从传统的安庆回族意识形态到现代意识形态的更新和确立，既符合意识形态转变轨迹的本质要求，也受到社会经济、政治和社会心理机制的影响。

小　结

　　本章主要针对皖江城市带安庆回族文化涵化基因做出多学科的理论分析。对皖江城市带回族文化涵化基因进行发生学的分析，从而做到理论基础扎实、论证严谨、逻辑严密。

　　人的生物机能是保证文化顺利传承的物质基础。文化的生物机能的遗传主要靠 DNA，DNA 分子是以信息的形式存在于所有的生物体中，DNA 分子的遗传和变异导致新物种的诞生，促进生物从低级向高级演进，文化的传承就是以这样的物质机能为基础载体才得以实现的。文化的发展是基于一定的文化积淀而进行的，在历史的长河中，文化经过时间的洗礼从而形成层层积淀的状态。文化正是经过积淀，才获得了文化更新的动力。文化的传承积淀是文化不断创新发展的不竭动力，它对于一个国家和民族的文化软实力的提升以及后期发展，都发挥着不可替代的基础性作用。

　　文化基因要发挥文化的传承作用，必须要依赖于人的社会化来进行。人的社会化是一个复杂的过程，从文化的角度来看，人的社会化是指把个人社会化看成是人类文化遗产的传递和延续的过程，是人类的文化传承基因的传递在个人层面上的具体表现，即认为个人社会化的本质是人类文化遗产的传承与积淀的过程。在社会化过程中，文化经历了传递、创造与发展，从而实现文化有效传承。

　　社会基因包括：自然生态环境是人类赖以生存和发展的物质基础。在一定程度上，自然生态环境的制约人类社会的发展，自然生态环境对人类文化形成与发展的制约作用。人类文化是人类生产实践创造的，文化的价值和意义是人类社会属性赋予的，作为人类社会的实践成就与价值思维客观化的结果而呈现出来。生活方式作为一种文化的整体性出现，并且随着经济和社会的变迁，文化总体性内部也分化出很多不同的生活方式。随着社会条件的变迁，婚姻家庭的文化也在变迁之中，就安庆回族的实际情况而言，家庭生育功能式微、婚姻家庭情感功能日趋加强等都是婚姻家庭文化变迁的主要体现。意识形态与文化有着复杂的关系。如果从静态的、立体的层面来分析，二者的关系表现为以实践为核心和基础的对现实的不同程度、不同层次的认识结果之间的关系。从线性关系来分析，意识形态是文化的一个部分；而从离散关系来分析，文化与意识形态呈现相互交叉的关系特征。

第四章 安庆回族文化涵化内容分析

本章主要研究和分析皖江城市带安庆回族文化在各种文化生活中的涵化现象。通过问卷调查，收集到关于回族文化涵化的信息，然后对问卷数据进行整理，用SPSS统计软件进行分析，找出回族文化涵化的基本特征，并进行相关分析。本研究共发放问卷1000份，回收有效问卷是982份，其中城市问卷200份，农村问卷792分，有效回收率98.2%。在本章中，对回族文化的涵化分析主要从日常生活、宗教生活、婚姻家庭生活等三大维度去展开。在分析回族文化涵化的具体情况之前，我们有必要通过统计数据来对受访者的基本情况做简要分析。

1. 受访者的性别分布

表 4-1 性别分布

		频次	百分比
变量	男	488	49.7
	女	494	50.3
	总计	982	100.0

见表4-1，在383份有效问卷中。男性488人，占49.7%；女性494人，占50.3%。可见，男性比女性所占的比例低。

2. 受访者的婚姻分布

表 4-2 婚姻状况分布

		频次	百分比
变量	未婚	324	33.0
	已婚	658	67.0
	总计	982	100.0

如表 4-2 所示，受访者中未婚 324 人，占 33.0%；已婚 658 人，占 67.0%。

3. 受访者的文化程度分布

表 4-3　文化程度分布

		频次	百分比
变量	没有上过学	87	8.8
	小学	108	11.0
	初中	264	26.9
	高中	309	31.5
	大专	132	13.4
	本科及以上	82	8.4
	总计	982	100.0

文化程度分布见表 4-3。在 982 份有效问卷中，本科及以上的 82 人，占 8.4%；大专生 132 人，占 13.4%；高中生 309 人，占 31.5%；初中有 264 人，占 26.9%；没上过学的有 87 人，占 8.8%。在受访者中，低学历人群占绝大多数。

4. 受访者的月收入分布

对受访者的收入测量中，我们以月收入为测量指标。

表 4-4　月收入分布

		频次	百分比
变量	1000 元以下	326	33.2
	1001—2000 元	429	44.7
	2001—3000 元	171	14.4
	3000 元以上	56	5.7
	总计	982	100.0

在 982 份问卷中，从表 4-4 中，可以发现，月收入少于 1000 的有 319 人，所占有效比例为 33.2%；月收入 1001~2000 元的有 429 人，占 44.7%。所以，低收入（月收入 2000 以下）的占 77.9%；中高收入者仅有 56 人，只占有效比的 5.7%。

第一节 日常生活

一、服饰文化的涵化

对于服饰文化的涵化情况的测量，问卷主要从闲暇大部分时间穿的衣服、家里现在是否还保存有本民族的服饰、对回族衣服各个部分的文化含义了解程度、回族衣服形式和内容发生变化、回族衣服所采取的现代制衣工艺水平等几个问题来进行测量。测量内容包括了受访者的主观认识，也测量了回族服饰的客观变化情况。具体统计数据见下列表。

表 4-5 闲暇时的着装情况

		频次	百分比
变量	本民族的服饰	39	3.9
	本民族以外的服饰	512	52.1
	无所谓	451	44.0
	总计	982	100.0

从以上的数据分析中，可以发现，回民的日常穿着习惯已经发生很大变化。日常的服装穿着都受到汉族服饰的影响。闲暇时，穿戴本民族以外的服饰（主要是汉族服饰）占了52.1%，而秉持无所谓态度的人占了44.0%。相比之下，明确穿着回族衣服的人才占了3.9%。所以，回族服饰在日常生活中的外在体现弱化，这种回族服饰文化涵化暗含了回族文化深层次的变化正在发生。

表 4-6 本民族服饰保持情况

		频次	百分比
变量	是	393	40.0
	不是	589	60.0
	总计	982	100.0

而对回族服饰的保存情况来看，传统回族文化的保存情况很让人担忧。作为回族文化传承载体之一的服饰，在统计数据中的体现情况是：保有回族

服饰的比例为 40.0%，没有保存的比例高达 60.0%。保存本民族服饰，这是服饰文化传承的最基本要求。所以，60.0%的人失去了回族服饰的传承，无论在技术层面还是在心理层面上，回族服饰文化都面临汉族服饰文化涵化的挑战。

那么，保存民族服饰的情况是否和其他因素有关？本书选择了户口和婚姻状况这两个自变量来进行方差分层。结果见表 4-7。

表 4-7 主体间效应检验

因变量：工作之余的着装

变异来源		III 型平方和	自由度	均方	F	Sig.
假设		383.476	1	383.476	484.809	.000
误差		3.918	4.953	.791[a]		
户口	假设	.207	1	.207	.911	.344
	误差	11.997	52.729	.228[b]		
婚姻状况	假设	4.820	3	1.607	11.852	.036
	误差	.407	3	.136[c]		
户口 * 婚姻状况	假设	.407	3	.136	.476	.699
	误差	105.598	371	.285[d]		

a. .383 MS（婚姻状况）+.617 MS（ ）
b. .383 MS（户口 * 婚姻状况）+.617 MS（ ）
c. MS（户口 * 婚姻状况）
d. MS（ ）

从表 4-7 的数据分析中，可以知道，因素户口的 $F=0.911$，$P=0.344>0.01$，所以，按照 $a=0.05$ 的水准，认为不同的户口的工作之余的着装的总体均值间差异没有统计学意义。同理，因素婚姻状况的 $F=11.852$，$P=0.36>0.01$，所以，按照 $a=0.05$ 的水准，认为不同的婚姻状况的工作之余的着装的总体均值间差异没有统计学意义。所以，可以看出，户口和婚姻状况对皖江城市带的回民的日常着装是没有影响的，这也可以知道，作为自由生活的日常着装，是自我选择的体现。

接下来，我们继续分析回族文化在技术层面上的涵化情况。回族传统制衣技术和现代的制衣技术的运用情况，是测量这个问题的最好方法。新制衣技术的采用可以减少服装成本，也是适应新技术变革要求的必然结果。制衣技术影响到衣服的外在基本特征，而衣服的这些客观组成部分又反映了人们对衣着的审美心理。所以，从一定程度来说，制衣的现代工艺程度越高，也更能反映出人们审美观念的现代性。

表 4-8　回族衣服的制衣工艺水平

		频次	百分比
变量	保持传统工艺	241	24.9
	适当采取现代工艺	606	60.8
	大范围采取现代工艺	135	14.3
	总计	982	100.0

从表4-8中，可以发现，在回族衣服的制衣过程中对于工艺的采用情况出现了棒球型的特点：保持传统工艺占24.5%，适当采用现代工艺占了61.7%，大范围采用占13.8%。但涉及现代工艺的制作过程就占了75.5%。这说明回族的制衣文化受到现代制衣技术的涵化，同时也反映了安庆回族对衣着现代审美意识的提高。

制衣工艺和文化教育程度有关系。但为了更好地明白二者关系的程度，本书对其进行了相关分析。结果如表4-9。

表 4-9　相关性

		文化程度	回族衣服的制衣水平
文化程度	皮尔逊相关性	1	.123*
	显著性（双侧）		.018
	总数	982	370
回族衣服的制衣水平	皮尔逊相关性	.123*	1
	显著性（双侧）	.018	
	总计	982	370

*. 在0.05水平上显著相关（双侧）。

从表4-9的相关性分析中，文化程度和回族衣服的制衣水平的皮尔逊相关系数为0.123，在＝0.05水平上具有统计学意义，表明二者存在相关关系。所以，作为技术水平的衡量标准，教育程度对回族服装的工艺水平的提高有着明显的作用。仅仅从技术层面来分析其涵化情况是不完整的。为了挖掘回族服饰文化的内容变化，我们必须对回族服装的具体内容的变迁情况做分析。

表 4-10　回族衣服形式和内容的变化情况

		频次	百分比
变量	从来没有变化	115	11.7
	变化很小	572	62.8
	无所谓	295	44.0
	总计	982	100.0

由于制衣技术的变化，加上其他社会深层因素的作用，回族服饰的内容和形式都在发生涵化。正如表 4-10 所示，回族服饰内容和形式的恒定性所占比例为 11.7%，这是一个非常小的比例，而发生变化的比例占到了 88.3%。所以，无论回族服饰的内容和形式怎么变化，传统服饰文化的消失是个事实。

服饰是民族文化的体现方式和载体。日常生活中的穿着情况，最能体现安庆回族服饰的涵化。随着世俗文化和汉族文化的不断侵入，安庆回族传统服装的实际功效在不断地被减弱，60%的安庆回民没有保存传统回族服装，他们以前可能就没有传统回族服装，也许是曾经有但随着社会的变化逐渐地被淘汰。只从传统服装的保有量来分析安庆回族服饰文化的涵化情况不够充分，应该从他们的制衣技术的水平上来分析。技术是文化的一个重要组成部分，对现代化的制衣技术的采用情况直接决定传统的制衣工艺在今天安庆回族服饰文化体系中的地位。由于现代化的制衣技术具有高效、节能等优势，这使得安庆回族在制衣过程中大量采用现代化的制衣工艺（涉及现代工艺的制作过程就占了 75.5%），文化的传统技术被现代科学制衣工艺所取代。总而言之，在现代科学技术的影响下，安庆回族服装的变化成为主流。安庆回族传统服饰文化的涵化，其主要动力来自于世俗文化的影响和现代生产方式的推动，最后导致的文化涵化结果是：传统性在减少，现代性在增强。

二、饮食文化的涵化

饮食文化是回族文化体系中的一个重要部分，在分析回族饮食文化的涵化过程中，我们主要从日常生活中的肉食、主食、烹饪技术、茶叶、面馆、饮酒等指标来进行分析。

表 4-11 购买回族食物之外的其他菜肴的分布情况

		频次	百分比
变量	经常	256	26.1
	一般	222	22.6
	很少	245	25.0
	从来不	259	26.3
	总计	982	100.0

从 4-11 表中，可以知道，经常购买回族食物之外的菜肴的比例是 26.1%，一般购买的比例是 22.6%，二者的比例之和是 48.7%。可以预计，随着不同民族文化交融的加快，皖江城市带的兴起，更多回族传统食物之外的菜肴会越来越多地出现在回族人民的餐桌上。

表 4-12 回族饮食加入了现代烹饪技术的情况

		频次	百分比
变量	是	759	77.3
	否	223	22.7
	总计	982	100.0

回族饮食中，增加了现代烹饪技术的比例达到 77.3%，如表 4-12 所示。可以发现，随着现代烹饪技术的引入，回族饮食文化中的传统成分正在慢慢被现代的技术所取代，或者在现代技术的影响下发生新的变异。

此外，饮酒情况可以窥探到回族饮食文化的涵化程度。在纯洁传统的回族文化中，禁酒是必须的。但从统计数据分分析来，饮酒所占的比例相当大。

表 4-13 饮酒情况

		频次	百分比
变量	经常	410	41.8
	偶尔	320	32.6
	极少	252	25.6
	总计	982	100.0

经常喝酒的比例就占到了41.8%，偶尔的比例是32.6%。综合二者，回族喝酒的比例就达到了74.4%。酒文化是汉族文化的一个重要因子，所以受到此文化因子的影响，回族文化中的饮酒情况也开始逐渐多起来。此外，酒文化在日常生活、商业活动、人际交往等方面都发挥着重要的作用。

饮食文化是安庆回族文化体系中的一个重要分支，从中可以发现安庆回族文化的涵化情况。由于受到外来饮食文化（主要是汉文化）的影响，安庆回族的饮食文化发生涵化，吸收大量的汉族饮食文化，从而使其内在结构发生变化。安庆回族的饮食文化涵化是一种自然发生的过程，这包括饮食文化的技术部分，也包括其本身。和汉族饮食种类相比，回族的饮食种类不够多，由于安庆回族饮食市场的有限性使得安庆回族的饮食情况相对稳定。但随着安庆饮食市场的扩大，回族的传统佳肴以外的其他饮食品种开始进入他们的生活。在问卷分析中，经常购买回族食物之外菜肴的安庆回民占26.1%，一般性购买回族食物之外菜肴的回民占22.6%，二者的比例之和占48.7%。在安庆回族饮食中，增加了现代烹饪技术的比例达到77.3%。由于安庆回族交际半径的扩展，安庆回族拥有其他民族的朋友和同事逐渐增多，这必然导致各种形式的应酬次数增多。所以，长期和其他民族的朋友在一起吃饭，安庆回族就会慢慢地接受回族饮食之外的其他饮食文化，这些都是安庆回族饮食文化涵化的基本原因。

三、居住文化的涵化

住房，承载着一个民族的文化基因。不同的民族，其住房所表现出来的民族文化特色不同。但是随着现代化进程的加快，城市化的兴起，皖江城市带的回族住房文化也在发生着巨大的变化。为了更好地再现安庆回族住房文化涵化的具体映像，分别从建房动工日、房子架梁日、设置礼拜房等不同的维度对其进行统计分析。

表 4-14 建房动工日选择了主麻日的情况

		频次	百分比
变量	是	470	47.9
	否	512	52.1
	总计	982	100.0

表 4-15　房子架梁日贴古兰经在大梁上的情况

		频次	百分比
变量	是	431	43.9
	否	551	56.1
	总计	982	100.0

主麻日在回族住房文化中处于重要的地位，所以，房屋的奠基日选择主麻日进行，也是回族文化的要求。但从表 4-14 统计数据来看，选择主麻日进行房屋动工日的占 47.9%，不在此日期进行房屋动工的占 52.1%。这说明，回族文化中的某些固有因子在汉族文化的影响中出现涵化。同样，回族房屋的架梁也是有日子规定的，叫作架梁日。在架梁日，传统回族文化要求必须在大梁上贴上古兰经。而表 4-15 的数据显示，在架梁日进行古兰经的贴挂的比例只有 41.5%，低于不贴的比例 53%。在严格的回族文化中，主麻日和古兰经的贴挂都必须遵守。虽然统计数据显示，主麻日和古兰经贴挂都没有遭到大范围的涵化，但相比北方地区的回族文化来说，二者的涵化程度已经非常之高了。

同样，分析主麻日的选择在城乡之间的差异程度，具有非常重要的意义，因为这样可以看出城乡之间传统回族文化的涵化情况。本书采用了方差分析，以测量城乡房屋动工对主麻日选择的总体均值之间的差异。分析结果见表 4-16。

表 4-16　主体间效应检验

因变量：建房动工日是否选择了主麻日

变异来源	III 型平方和	自由度	均方	F	Sig.
校正模型	.166[a]	1	.166	.635	.426
	867.014	1	867.014	3322.214	.000
住处	.166	1	.166	.635	.426
误差	97.344	373	.261		
总计	970.000	375			
校正的总计	97.509	374			

a. R Squared=.002 (Adjusted R Squared=−.001)

在表 4-16 中，因素住处——城乡的 $F=0.635$，$P=0.426>0.01$。所以，按照 $\alpha=0.05$，认为城乡之间的房屋动工选择主麻日的总体均值间差异没有统计学意义。也就是说，主麻日的选择，城乡之间没有差别，这表示，对于皖江城市带回族文化的某些传统文化，在现代化的进程中，在城乡之间都同时发生了文化涵化。

表 4-17　设置礼拜房的情况

		频次	百分比
变量	有	104	10.6
	没有	878	89.4
	总计	982	100.0

礼拜房是回族房屋的一个重要组成部分。礼拜房的设置主要用于宗教活动的举行，而宗教是传统回族人民生活中的重要组成部分。所以，房屋的设置，必须考虑到宗教功能的设置。一般来说，在北方地区的回民房屋里，都会设置礼拜房。但对于处于皖江城市带的安庆来说，其回民住房更多地带有汉族住房的特点。表 4-17 所示，设置礼拜房的回民房屋的比例只有 10.6%，而没有设置的比例高达 88.5%。

那么礼拜房设置变化的因素是什么？我们必须通过 SPSS 的回归分析找出。在这个分析过程中，我们选择了文化程度、婚姻状况和住处来作为自变量。回归分析结果见表 4-18。

表 4-18　系数[a]

模型		非标准化系数 B	非标准化系数 标准误	标准化系数 Beta	t	Sig.
1	（常量）	2.202	.085		25.980	.000
	住处	−.083	.032	−.135	−2.572	.010
	文化程度	−.029	.014	−.115	−2.091	.037
	婚姻状况	−.046	.028	−.093	−1.663	.097

a. 因变量：设置礼拜房

从表 4-18 中，可以看出，住处、文化程度和婚姻状况的回归系数都是负数，分别为 −0.083、−0.029、−0.046。所以，回归方程为：礼拜房设置＝

2.202+（-0.083）×住处+文化程度×（-0.029）+婚姻状况×（-0.046）。从回归方程的建立中，发现皖江城市带回族文化中的住房文化的变化情况是呈现负相关的因果关系的，作为一种传统文化，礼拜房的设置在农村文化程度低的回族群体中保持得比较完整。

表 4-19　居住风格

		频次	百分比
变量	本民族的	78	7.9
	非本民族的	406	41.4
	综合采用	498	50.7
	总计	982	100.0

居住风格是一个民族文化的主要概貌，它综合了一个民族住房文化的各个文化因素。所以，我们从居住风格来考察安庆回族文化的涵化情况。

从表 4-19 可以知道，安庆回族的居住风格涵化程度特别高。居住风格保持本民族的比例只有 7.9%，非本民族的居住风格就占到了 41.4%，综合采用的比例也高达 50.7%。这么高的比例说明，汉族文化正在融入安庆回族文化之中。

图 4-1　安庆迎江区南水回族社区的回民居民楼

图 4-2　安庆望江县漳湖回民村的回民房子

居住风格在城乡和教育程度上是否会呈现总体均值的不一致性呢？这需要通过方差分析来进行检验。具体分析结果见表 4-20。

表 4-20　主体间效应检验

因变量：居住风格

变异来源		III 型平方和	自由度	均方	F	Sig.
假设		1228.598	1	1228.598	3527.193	.011
误差		.348	1	.348ª		
文化程度	假设	2.737	5	.547	.480	.780
	误差	5.704	5	1.141ᵇ		
住处	假设	.348	1	.348	.390	.553
	误差	6.048	6.773	.893ᶜ		
文化程度 * 住处	假设	5.704	5	1.141	2.969	.012
	误差	140.606	366	.384ᵈ		

a. MS（住处）
b. MS（文化程度 * 住处）
c. .672 MS（文化程度 * 住处）＋.328 MS（）
d. MS（）

表 4-20 的统计数据显示，因素文化程度的 $F=0.48$，$P=0.780>0.01$，按照 $a=0.05$ 水平，认为不同文化程度之间的居住风格的总体均值间没有统计学意义。以此类推，因素住处的 $F=0.39$，$P=0.553>0.01$，按照 $a=$

0.05 水平，认为城乡之间的居住风格的总体均值间没有统计学意义。

作为安庆回族文化体系中的一个组成部分，安庆回族的居住文化能体现安庆回族文化的涵化特征。据以上数据分析，安庆回族的居住文化吸收大量外来文化的养分，而回族传统文化的部分则在慢慢消失。安庆回族选择主麻日进行房屋动工日的占47.9%，不在此日期进行房屋动工的占52.1%。这表明传统的回族文化部分在世俗文化的影响下，其空间在不断缩小，取而代之的是汉族的住房文化。由于住房的第一要务是实用，安庆回族的住房设计、功能安排等都会优先考虑自身的实际需要，住房的功能考虑是影响安庆回族传统住房文化变迁的主要原因。那么，住房文化的变迁通过城镇化来完成。皖江城市带的城镇化水平在不断提高，这必然导致安庆回族在进行房屋建造的时候吸取现代化的建房流程和技术。所以，实地调查很容易找到很多回民居民楼极具现代化气息，房子的外形、内部构造和城市的商品房结构相似。在城镇化的影响下，安庆回族居住文化的现代性将会更加明显，而居住文化的传统部分将不断减弱。

第二节 宗教生活

对于有宗教信仰的民族来说，宗教在生活中具有非常重要的地位，承担着提供心灵慰藉、观念指导、精神动力、社会规范等功能。对安庆回族文化中的宗教文化涵化进行分析，必须从组成宗教文化的各个子因素进行研究。宗教是一个体系复杂的文化系统，包括信仰、仪式、经验等部分。对安庆回族的宗教生活的考察，也必须从各个方面进行分析。

一、伊斯兰教

伊斯兰教自公元7世纪初诞生于阿拉伯半岛，至今已有1300多年的历史，先后传播到世界各地，在和世界不同文明的交汇中形成了具有民族特色的宗教文化。大约在公元7世纪中叶，伊斯兰教传入中国，经过1000多年的传播发展，在和中华文化的持续对话中，伊斯兰教已具有了中国本土化和民族化的特色。目前，在我国，有很多民族都信仰伊斯兰教，比如回族、维吾尔、哈萨克、柯尔克孜、塔吉克、塔塔尔、乌孜别克、东乡、撒拉、保安等少数民族都信仰伊斯兰教，信徒约2000万人。作为精神和信仰体系，伊斯兰教在穆斯林的社会生活和精神文化领域占有重要地位。伊斯兰教是一种宗信仰、意识形态的结合体。通过教义和宗教仪式，对信徒进行道德文化和生活方式的教诲。无论是在宗教教义还是宗教仪式中，哲学思想教法、教规制度和伦理道德规范等都具有自成体系的特征。当然，伊斯兰教中国化后，在和其他文化的持续互动中，其内容和形式发生了很大的改变。为了更好地考察伊斯兰教在安庆回族文化中的汉化过程和特点，本节主要选择伊斯兰教的教义、教派、传承机制、礼仪等几个方面进行研究。

（一）教义

穆斯林信仰真主以及安拉自身属性最简明、最本质的概括是"万物非主，唯有真主"。在中国有些地区的穆斯林信仰的唯一的真主——安拉；穆斯林的基本信仰的第二个信条是信天仙。伊斯兰教认为天仙是安拉用光所造的一种人们所看不见的妙体；穆斯林的基本信仰的第三个信条是信经典，就是相信真主所降示给使者的一切天经。但《古兰经》作为信仰的唯一标准和规范，它就是真主安拉存在于世间的代表，就是穆斯林获得一切的源泉。

伊斯兰教的基本教义包括"六大正信"和"五功"。"信真主、信末日、信天使、信经典、信使者、信前定"是"六大正信"的组成部分，是穆斯林的主要信条。伊斯兰教的基本功课或宗教义务有五项：念、礼、斋、课、朝，简称五功。念功：主要是指念诵"作证词"（舍哈德）及一切赞念真主的经文，又称作"信仰表白"。礼功即是礼拜的意思，中国穆斯林又称之为拜功。拜功是世界各地穆斯林面向麦加"克尔白"天房诵经、祈祷、跪拜等一整套宗教仪规的总称。斋功即斋戒，中国新疆穆斯林因称"开斋节"为"肉孜节"，斋功一词中国穆斯林俗称"封斋"或"把斋"。课功："课"即"天课"，即通过交纳天课使所获财富用之有道。天课一般每年交纳一次。朝功："朝"即朝觐麦加"克尔白"天房，阿拉伯语将朝觐之人称为"哈吉"。朝觐是围绕"克尔白"进行的一系列宗教礼仪活动的总称。

上面对伊斯兰教的基本教义做了简单介绍，现在我们来分析这些教义在安庆回族文化中的基本映像。我们通过具体问题的设计，来测量这些教义的涵化情况。

受回族传统文化的传承和家庭整体文化的双重影响，是个人学会念经的重要原因。回族身份的先天决定，以及家庭文化的后天培养。如表 4-21 的统计数据所示，家庭影响所占的有效百分比为 32.6%，穆斯林的文化先天身份的影响所占的有效百分比为 44%。二者之和为 76.6%，这表明，念经作为宗教生活中的稳定成分，也是回族宗教文化传承情况的标准，念经的习得必须具备先天和后天的两个条件。当然，这还表明了作为回族文化的核心部分，宗教文化的传承较少地受到其他文化的影响，这也许是因为其他文化没有包含伊斯兰文化基因，也是由回族的宗教文化的特殊性（诸如特殊的场合和宗教人士的构成）所决定的。

表 4-21　学过念经者的学经原因

		频次	百分比	有效百分比
变量	受家里老人影响	118	12.0	32.6
	自己从事相关职业	18	1.8	5.0
	因为自己是穆斯林	159	16.2	44.0
	自己的兴趣	67	6.8	18.4
	总计	362	36.8	100.0
缺失值	系统缺失	620	63.2	
总计		982	100.0	

那么，在学经的原因中，不同年龄和受教育程度之间的总体均值是否存在差异？对于这个问题的回答，需要借助 SPSS 的方差分析。具体分析结果见表 4-22。

表 4-22　主体间效应检验

因变量：学过念经者的学经原因

变异来源		III 型平方和	自由度	均方	F	Sig.
	假设	476.872	1	476.872	377.721	.000
	误差	118.272	93.681	1.262^a		
文化程度	假设	12.150	5	2.430	2.238	.068
	误差	44.966	41.410	1.086^b		
年龄	假设	77.390	57	1.358	1.239	.247
	误差	40.392	36.851	1.096^c		
文化程度 * 年龄	假设	42.553	39	1.091	1.161	.322
	误差	36.667	39	.940^d		

a. .678 MS（年龄）＋ .261 MS（文化程度 * 年龄）＋ .061 MS（）
b. .965 MS（文化程度 * 年龄）＋ .035 MS（）
c. 1.033 MS（文化程度 * 年龄）－ .033 MS（）
d. MS（）

表 4-22 的统计数据显示，因素文化程度的 $F=2.238$，$P=0.068>0.01$，按照 $a=0.05$ 水平，认为不同文化程度之间的学经原因的总体均值间没有统计学意义。以此类推，因素年龄的 $F=1.239$，$P=0.247>0.01$，按照 $a=0.05$ 水平，认为不同年龄之间的学经原因的总体均值间没有统计学意义。从表 4-23 和表表 4-24 的统计分析结果来看，安庆回民学习古兰经的比例很少，只占 36.8%。学习古兰经的安庆回民群体主要受家庭影响。正因为这样，安庆回族的学经群体中，各种内在和外在的因素（诸如年龄、经济、文化等）对他们学经行为没有产生直接影响。

继续对学经原因进行相关分析，在此过程中，选择了文化程度、收入水平、婚姻状况作为变量。以研究这些变量和学经原因的相关程度如何。具体分析结果见表 4-23。

表 4-23 相关性

		文化程度	月收入	婚姻状况	学过念经者的学经原因
文化程度	皮尔逊相关性	1	.246**	-.356**	-.145
	显著性（双侧）		.000	.000	.086
	总计	982	982	982	362
月收入	皮尔逊相关性	.246**	1	-.154**	.064
	显著性（双侧）	.000		.004	.468
	总计	982	982	982	132
婚姻状况	皮尔逊相关性	-.356**	-.154**	1	-.107
	显著性（双侧）	.000	.004		.206
	总计	982	982	982	362
学过念经者的学经原因	皮尔逊相关性	-.145	.064	-.107	1
	显著性（双侧）	.086	.468	.206	
	总计	362	132	141	362

**. Correlation is significant at the 0.01 level (2-tailed)。

在表 4-23 中，文化程度和学经的原因的皮尔逊相关系数 $P=-0.145$；月收入和学经原因的皮尔逊相关系数 $P=0.0468$；婚姻状况和学经原因的皮尔逊相关系数 $P=-0.107$。对比这些相关系数，就可以知道，只有经济条件和学经原因有着正相关关系。这说明，随着经济条件的改善，皖江城市带的回民有着更好的条件去完成古兰经的学习。而忙于改善经济条件的回民群体则没有时间和精力去学经。在实地访谈中，那些忙于经商（一般是小商小贩）的安庆回民群体没有时间和精力去做礼拜和戒斋。

表 4-24 做礼拜的次数

		频次	百分比	有效百分比
变量	每天都做	105	10.7	11.2
	主麻才做	231	23.5	24.7
	宗教节日才做	243	24.8	26.0
	家中发生重大事件才做	80	8.1	8.5
	不做	277	28.2	29.6
	总计	936	95.3	100.0
缺失值	系统缺失	46	4.7	
总计		982	100.0	

在严格的回族宗教文化中，每天都要做礼拜。但从表 4-24 的统计数据来看，能坚持每天做礼拜的有效比例为 11.2%。选择性和间接性念经所占的有效比例为 59.2%，而明确不做礼拜的有效比例为 29.6%。可见宗教文化中的做礼拜规则在安庆地区具有灵活调整性特征，同时做礼拜在宗教生活中已出现弱化现象。因为城市化进程所带来的生活、生产、社会规则的变化，导致安庆回族宗教文化中的某些部分也做了相应的调整，以积极适应变化的文化环境，求得继续发展。这样的统计结果也和实地访问结果一致，安庆很多回民都习惯了市场规则的变化，他们遵循市场和社会的规则去提高自己的适应能力。那么，是哪些因素导致了做礼拜次数的变动？建立回归方程进行回归分析，就可以找出相关的因素了。具体分析见表 4-25。

表 4-25 系数[a]

模型		非标准化系数		标准化系数	t	Sig.
		B	标准误	Beta		
1	（常量）	4.454	.475		9.383	.000
	性别	.131	.143	.047	.917	.360
	年龄	-.028	.005	-.337	-5.595	.000
	文化程度	-.079	.069	-.071	-1.148	.252

a. 因变量：做礼拜的次数

在表 4-25 中，性别的回归系数是 0.131，年龄的回归系数是 −0.028，文化程度的回归系数是 −0.079。相应的 P 分别为 0.360，0.00，0.252。所以，做礼拜次数的回归方程是：礼拜次数＝性别×0.131＋年龄×（−0.028）＋文化程度×（−0.079）。即幼年—成年—老年，做礼拜次数对应年龄是两头大、中间小。随着文化程度的提高，也存在这样的负相关关系，这说明，皖江城市带回族文化的涵化正在发生着，其中教育的影响非常大。

把斋在伊斯兰教中是很重要的一个组成部分，《古兰经》明文规定成年穆斯林男女每年必须封斋一个月，无缘无故地不履行就是犯罪。因特殊情况如有繁重工作者也可免除，但在夜晚必须说明心愿。安庆地区回族的把斋情况，调查数据如表 4-26 所示。

表 4-26 把斋情况

		频次	百分比	有效百分比
变量	每年都把斋	308	31.3	32.2
	把斋但不能坚持	148	15.1	15.5
	不把斋	500	50.9	52.3
	总计	956	97.4	100.0
缺失值	系统缺失	26	2.6	
总计		982	100.0	

在安庆回族群体中，能坚持每年都把斋的有效百分比为 32.2%，间歇性把斋的有效百分比为 15.5%，明确不把斋的有效百分比为 52.3%。从比例的对比情况可以发现，安庆地区的回族把斋情况没有宗教的纯粹性和制度性，而更多的具有个人随意性。在世俗生活的影响下，安庆回族把斋在宗教生活中的地位逐渐削弱。

把斋情况，皖江城市带回族文化涵化在城市和农村之间、在不同的经济条件之间是否有着总体均值的差异？下面通过方差分析，对这个问题进行研究。

通过表 4-27 的方差分析的组间效应检验，因素月收入的 $F=1.642$，$P=0.347>0.05$，按照 $a=0.05$ 水平，可以认为不同月收入回民的把斋情况的总体均值间差异没有统计学意义。因素城乡之间的 $F=4.836$，$P=0.062>0.05$，按照 $a=0.05$ 水平，可以认为城乡之间回民的把斋情况的总体均值间差异没有统计学意义。这说明，在安庆回族社区中，无论是城市回族社区还是农村回族社区，地域差异对于安庆回族的把斋情况没有影响，汉族文化对安庆回族的把斋行为的影响超越地域性限制。同时，统计结果也说明，对于皖江城市带回族宗教文化的某些具体方面的涵化，很难看出它们涵化程度的差异。

表 4-27 主体间效应检验

因变量：把斋情况

变异来源		III 型平方和	自由度	均方	F	Sig.
假设		781.519	1	781.519	180.089	.047
误差		4.340	1	4.340ª		
月收入	假设	4.767	3	1.589	1.642	.347
	误差	2.904	3	.968ᵇ		
住处	假设	4.340	1	4.340	4.836	.062
	误差	6.642	7.401	.897ᶜ		
月收入 * 住处	假设	2.904	3	.968	1.215	.304
	误差	263.586	331	.796ᵈ		

a. MS（住处）
b. MS（月收入 * 住处）
c. .589 MS（月收入 * 住处）+ .411 MS（）
d. MS（）

表 4-28 向清真寺缴纳费德尔钱的情况

		频次	百分比	有效百分比
变量	严格遵守	262	26.6	30.2
	宗教节日才交	249	25.3	28.7
	家中有重大事件才交	102	10.4	11.8
	寺里有重大事件才交	131	13.3	15.1
	从来没交过	123	12.5	14.2
	总计	867	88.3	100.0
缺失值	系统缺失	115	11.7	
总计		982	100.0	

在表 4-28 的统计结果中，安庆回族的菲德尔钱的缴纳情况，严格遵守的占 30.2%，从来不缴的占 14.2%，而其他随意性的行为占到 40.5%。这说

明，随着世俗文化的入侵和市场经济的强大，安庆回族的宗教行为的稳定性慢慢地动摇，具有世俗性的特征。所以，皖江城市带回族文化宗教文化的涵化正向着世俗化的方向发展。

（二）伊斯兰教传承机制

每种文化都具有一定的传承机制，宗教文化也一样，伊斯兰教的传承通过经堂、家庭教育这两个内外机制来实现。经堂教育承担着对伊斯兰文化的正统性、制度性的传承，也是伊斯兰文化进行规模化、系统化教育的重要载体。当然，家庭是人社会化的最开始，也是人习得最基本社会知识和技能的场所。家庭教育的长期性和潜移默化的特殊性，使得家庭教育在对伊斯兰文化的传承上担负着重要的初始社会化的功能。经堂教育和家庭教育共同缔造伊斯兰文化的传承机制。

1. 经堂教育

公元 7 世纪以来，经堂教育随着伊斯兰教传入中国而逐步发展，到明末清初已初具规模。向穆斯林传授伊斯兰教理，培养穆斯林宗教人才，提高穆斯林的素质是经堂教育的宗旨。经堂教育一般分为大学、中学、小学。穆斯林儿童和少年在经堂小学完成伊斯兰教知识的启蒙教育，这些启蒙教育使得让他们掌握伊斯兰教的一些基本知识，对《古兰经》中部分常用的章节学习。从小没有受过系统经堂教育的成年人是中学教育的对象，《亥贴》是中学学习的主要内容。专门的高级宗教人才的培养在大学里完成，他们毕业以后多被聘去讲经或任开学阿訇。大学学制是弹性制，无定制，以学成为准。

基础课和专业课两部分构成了经堂教育的全部课程。法学、修辞学、逻辑学及波斯语文法是基础课的主要内容。而认主学、教法学、圣训学、哲学、《古兰经》注等则是专业课的主要内容。一般而言，经堂教育的大学课本中有 13 读本，是各地经堂教学中必读的——"13 本经"：《连五本》《遭五·米素巴哈》《满俩》《白亚尼》《凯俩目》《伟噶业》《呼托步》《古力斯坦》《艾尔白欧》《米尔萨德》《艾筛尔图·来麦尔特》《亥挖伊·米那哈基》《古兰经》经注[①]。

受到阿拉伯穆斯林国家教育改良的影响。我国的伊斯兰教教育逐步走向规范化、制度化。比如，"1925 年，马松亭、唐柯三创办成达师范。1927 年，达浦生、哈德成创办上海伊斯兰师范。1928 年，周级三创办四川万县伊斯兰师范。1929 年，云南回族促进会创办昆明明德中学。此后中国伊斯兰教教育进入了一个新时期。新中国成立后，1955 年中国伊斯兰教经学院成立，至今

---

① 铁国玺. 浅论中国伊斯兰教教育 [J]. 回族研究，2002 (1).

发展到全国的 10 座经学院及大量的阿拉伯文学校、学院。至此，中国伊斯兰教教育完成了由传统向现代转化的进程，但与此同时，大量的传统教育形式仍将广泛和长期存在"[1]。

经堂教育在进行上述内容教育的同时，也表现出以下几个特点：

（1）经堂教育与现行政策的一致性。宗教教育和社会主义相适应是我国宗教政策的基本内容，为了贯彻这一政策，经堂教育秉承爱国爱教，热爱社会主义祖国、拥护社会主义制度，保持正确的政治方向，并在与社会主义社会相适应。

（2）思想品德与全面素质培养有机结合。宗教一直在寻求思想境界的突破，寻求道德关怀的终极价值。当然，宗教教育也担负着培养社会化基本生存和发展技能的功能，在经院教育中思想品德教育至关重要，树立学生坚定的信念，培养高尚的道德情操以及具有完美的宗教修养。同时，适应时代发展完善教学内容和教学方法，兼顾培养学生的全面素质。

（3）经堂教育的实用主义特点。经堂教育的宗教内容和形式，来源于经堂教育千百年来形成的优良传统和特殊的教学模式。经堂教育中的严谨学风和循序渐进的教学方式都是经堂教育最宝贵的财富。学制、入学没学历、学习年限等问题都在经堂教育中得到解决，并将阿拉伯语作为一门重要课程开设，并注重听说读写译的实用效果。同时引进了先进的教学方法、教学设备和教学理念，实现经堂教育与现代教育有机结合。培养的人才兼备了伊斯兰文化和大众文化特色。由于安庆地区不存在经堂教育，所以，本书对此不再予以研究。

2. 家庭教育

为了考察安庆地区伊斯兰文化的家庭传承情况，选择以获取伊斯兰教信息为测量工具。分析清真寺和家庭教育在宗教文化传承功能上的差异。

表 4-29 孩子获取伊斯兰教信息源于

		频次	百分比
变量	父母的宗教教育	696	70.9
	清真寺的宗教教育	231	23.5
	其他	55	5.6
	总计	982	100.0

---

[1] 铁国玺. 浅论中国伊斯兰教教育 [J]. 回族研究，2002（1）.

从表 4-29 的统计数据可以发现，父母的宗教教育所占有效百分百为 70.9%，家庭在孩子的初始社会化过程中扮演着非常重要的角色。家庭在提供最初的伊斯兰教教育比清真寺有优势，因为家庭是孩子的出生地，父母提供了最初的宗教文化，虽然不是系统的文化教育，但却是最纯粹也是最开始的。如上表统计结果所示，家庭提供宗教信息来源的有效比例达到了 70.9%，这样的数据也支持了社会化的理论。无论什么类型的文化，家庭永远是习得的第一场所，宗教文化习得也不例外。而数据中显示清真寺提供宗教信息来源所占的有效比为 23.5%，应该这样解释：在那些宗教活动不太制度化的家庭中，都存在着宗教文化弱化的特点。在这类家庭成长起来的孩子，由于在家庭里进行的宗教文化的初始教育不够成功，在清真寺接受宗教文化的继续教育成为必然。所以，无论是清真寺制度化的文化传承，还是家庭分散式的文化传承，安庆地区伊斯兰文化的传承遭遇现代性的强烈冲击，清真寺的文化传承功能逐渐被家庭教育所取代。而家庭的宗教文化传承功能带有不完整性和简单化，这种宗教文化传承机制表明回族文化在不断发生涵化。

城乡之间和孩子对伊斯兰教信息获取来源的相关关系具体分析结果见表 4-30。

表 4-30 相关性

		住处	孩子对伊斯兰教信息获取来源
住处	皮尔逊相关性	1	−.105*
	显著性（双侧）		.042
	总计	982	971
孩子对伊斯兰教的信仰来源	皮尔逊相关性	−.105*	1
	显著性（双侧）	.042	
	总计	971	982

*. 在 0.05 水平上显著相关（双侧）。

在表 4-30 中，皖江城市带回族文化的涵化在城乡之间呈现了不同的差别。宗教信息获取来源和城乡呈现负相关关系，皮尔逊相关系数 $r=-0.105$，$P=0.042<0.05$。这也表明，安庆回族城乡社区在家庭的宗教教育和清真寺的宗教教育存在差异。同时，汉族文化对上述两个社区的辐射力量也是不同的。

表 4-31 对长辈传授宗教教育的态度

		频次	百分比	有效百分百
变量	完全接受	318	32.4	32.7
	部分接受	643	65.5	66.2
	完全不接受	11	1.0	1.1
	总计	972	99.0	100.0
缺失值	系统缺失	10	1.0	
总计		982	100.0	

如表 4-31 统计结果所示，此外，新一代回族人却以反射性的思想有选择地接受家长传授的宗教知识。由于新一代回族人在学校里接受了完整的非宗教知识的教育，以无神论和科学性、实践性为特征的现代科学文化对其宗教信仰和知识结构形成冲击，并且在和没有宗教信仰的其他族群同辈群体的持续接触之中，非宗教的批判性思维也逐渐习得了。所以，他们都表现为以选择性的态度和家长就宗教知识传承问题进行对话，其有效百分比就达到了 66.2%。更深一点思考，一旦对宗教知识持选择性吸收的态度后，其对宗教的纯洁感情和无条件遵从的宗教文化态度就会有所改变。以这样的发展势头，并且结合当前大众教育的普及来思考，安庆回族文化中的宗教文化涵化程度将会更高。

作为传统文化传承的一种机制，长辈对晚辈进行宗教教育的传承具有灵活性，晚辈对此会有很多选择。现在，必须研究造成晚辈对长辈的宗教教育差异性对待的原因有哪些，这需要从回归分析中去寻找。具体分析结果见表 4-32。

表 4-32 系数[a]

Model		非标准化系数 B	标准误	标准化系数 Beta	t	Sig.
1	（常量）	1.793	.166		10.777	.000
	文化程度	.062	.025	.157	2.519	.012
	年龄	−.006	.002	−.214	−3.456	.001
	性别	.049	.049	.050	.997	.319
	住处（城乡）	−.070	.050	−.071	−1.397	.163

a. 因变量：对长辈传承的宗教教育态度。

通过表 4-32 的回归分析结果中，可以找出各种因素的影响效力。在表 4-32 中，文化程度的回归系数是 0.062，年龄的回归系数 B 是 -0.006，性别的回归系数 B 是 0.49，住处（城乡）的回归系数 B 是 -0.70。它们的 P 值分别为 0.012、0.001、0.319。所以回归方程是：对长辈传承的宗教教育态度＝文化程度 $\times$ 0.062＋年龄 $\times$（-0.006）＋性别 $\times$ 0.49＋住处（城乡）$\times$（-0.70）。即随着城市化进程加快，受教育程度提高，安庆回族下一代对长辈传承的宗教教育态度是消极应对。

（三）生命历程中的宗教礼仪

作为宗教的基本构成要素之一的宗教礼仪，表达宗教意识，承担着构建信徒之间互动关系的规范化行动方式的功能。它按照一定的教义和规范，具体化为各种宗教崇拜活动。宗教的神圣性和规范性借助于宗教仪式的符号化象征手段，神圣性加上庄严的仪式，营造严肃的宗教氛围，在信徒的心理层面形成特殊的宗教情感和宗教信仰。宗教仪式在宗教文化的传承中发挥着重要的作用，以至于很多宗教学者把宗教仪式等同为宗教生活。法国的宗教社会学家涂尔干把宗教礼仪看成是宗教体系中的基本范畴之一。在他看来，宗教现象可归纳为两大基本范畴，一是宗教的信念，二是宗教的礼仪。前者是宗教的观念形态，是一种信徒心目中看不见的东西；而后者则是宗教信仰的表现方式，在实际生活中通过具体的行为方式表现出来。

和宗教信仰的观念形态相比，宗教仪礼象征性的活动方式是一种显而易见的行为方式。宗教意识通过其高度符号化、规范化和理想化的象征方式表达出来。宗教礼仪的象征意义具有三种不同层次，即物象礼仪、示象礼仪和意象礼仪。三者所强调的重点不同，各有不同层次的宗教意义、宗教效应、历史地位和社会功能。

在安庆地区伊斯兰教宗教仪式的实地考察中，虽然没有发现明显的宗教礼仪类型特征的存在，但并不代表不能对其分析。对这个问题的研究，应该结合当地大的社会环境和实际情况来进行分析。作为宗教礼仪的浓缩，宗教节日的举办情况就是其最好的表现。所以，我们选择了它来作为我们对安庆地区宗教礼仪的举办情况研究的测量工具。

从表 4-33 中的统计数据来看，虽然从数据表面来看，固定地在宗教节日里举行相应的宗教仪式的有效百分比最高，达到 45.1%，这似乎说明安庆地区宗教仪式的制度性比较高。但横向地和西北回族聚居地区的情况相比较又相当低。此外，宗教节日的举办情况是"一般"的有效百分比也达到了 39.3%，这表明，那种没有规则性、宗教性程度不高的宗教节日举办情况在安庆回族社区里正在向着世俗性节日蜕变，或者说，世俗性的东西更多地融入伊斯兰教宗教节日的活动内容中，淡化了宗教礼仪的纯宗教象征意义。

表 4-33 所在区域宗教节日举办情况

		频次	百分比
变量	很固定	443	45.1
	一般	386	39.3
	偶尔	117	11.9
	没有	36	3.7
	总计	982	100.0

那么，皖江城市带的回族，城乡之间和宗教节日举办情况的关联度需要从相关分析入手来研究。具体分析结果如表 4-34。

表 4-34 相关性

		住处	所在区域宗教节日举办情况
住处	皮尔逊相关性	1	−.081
	显著性（双侧）		.115
	总计	982	967
所在区域宗教节日举办情况	皮尔逊相关性	−.081	1
	显著性（双侧）	.115	
	总计	967	982

在表 4-34 中，住处（城乡）和宗教节日的举办情况的皮尔逊相关系数为 −0.081，这说明，二者之间是负相关的弱关系。安庆回族文化涵化不分地区，某些部分文化涵化是全区域性的。

二、佛教、道教对宗教生活的影响

历史来看，伊斯兰教中国化过程一直都伴随着和其他宗教持续对话。不同宗教文化的双向互动，构成了一幅宗教文化交融的文化发展视图。其中，佛教和道教对伊斯兰教的影响巨大，伊斯兰教从佛教和道教文化中吸收了很多的文化营养。

1. 佛教对宗教生活的影响

回族伊斯兰教在中国化和本土化的过程中，所表现出来的对佛教文化的态度可以归纳为两大类：吸收和批判。吸收表现为：(1) 回族伊斯兰教逐渐用"寺"来称呼宗教活动场所"麦斯吉德"（Masjid）。此外，伊斯兰教的一些清真寺是基于佛教寺院改建而成，保留一些佛教建筑文化特点。这是在宗教建筑文化上对佛教文化的吸收。(2) 在宗教语言上。一些佛教用语被用于回族穆斯林的语言文化中，伊斯兰教通过对表达格式进行改造、引申和借用来表达伊斯兰教方面的事物与思想。(3) 回族仿照汉明帝感梦遣使求法的故事来宣传伊斯兰教传入中国的历史和追述民族的来源，于是演绎出唐太宗感梦遣使求回的故事。安庆佛教历史悠久，迎江寺、三祖寺都是安庆佛事活动的主要场所。生活在安庆地区的回民或多或少的受佛教的影响。两种宗教活动在同一场域里共存表明不是完全对立，而是有一定的交流与互动。

而回族伊斯兰教对佛教的批判态度则表明了一定的排斥倾向，二者在一些宗教问题上存在着明显的差异。王岱舆在阐释伊斯兰教时，对佛教中与伊斯兰教相对立的地方进行了批判，具体表现在：(1) 本体论的差别。回族伊斯兰教是一神教，信奉真主——一神论。据此来批判佛教的"空""无"思想，因为这些思想否定了真主的存在，否定了世界上一切事物的真实存在。(2) 人性论的分歧。回族伊斯兰教等级关系存在于造物主与人之间的，并且表现为主仆之分。并且人际社会中也存在这一等级关系。佛教中的不杀生观念和行为是回族伊斯兰教批判的对象。而在家庭婚姻方面，伊斯兰教批判佛教徒离家修行的行为，以此肯定并提倡正常的婚姻关系。(3) 伦理观的差别。回族伊斯兰教秉持一神忠诚论并以此批判佛教对于现实生活中消极态度——逃避现实社会中的责任和义务。

2. 道教对宗教生活的影响

伊斯兰教在本土化的过程中，对本土宗教文化的有效部分进行借鉴。所以，伊斯兰教文化就吸收了道教中的某些内容。比如"真理""正确的生活方式""自然法则"，或更广泛地说，"宇宙规律"在伊斯兰教中的伊玛尼（阿拉伯语，信仰）中都得到了明显的体现。作为伊斯兰教的实践表现，伊玛尼虽然作为神的旨意的具体化身，但其实践情况却取决于人的实际行动。于是，这就和道教的基本观念相联系起来。如果人能在实际生活中克服私欲，以超凡的思想为基础，那么他就能真正进入天国，获得神的厚爱。阿拉的先知和全能之神等抽象概念就在道教的具体生活中建立了某种紧密的亲和性。

在汉文化中，老人长寿文化占据很重要的地位。在汉族的生活中，对年老者举办大寿庆典活动非常普遍，晚辈在大寿活动中对年迈者致以身体健康和长寿祝愿。在汉族房屋的对联或者客厅上的显著位置，人们总是裱贴上写有"寿"和"喜"大字的大红纸。相反，回族对长寿的追求很多都表现在具体的实践日常生活中，而不是通过庆典仪式来表现。这种现象在安庆地区的回族文化生活的实际调查中有所体现，很多回族居民没有对年老者进行隆重的长寿庆典。受道教文化的影响，对长寿文化的习得，也多少在回族生活中出现，比如，许多回族的房屋中悬挂着书有中国大字"寿"的卷轴。

此外，道教对伊斯兰教思想产生了很大影响。道教认为，通过人的修身养性，从而达到升仙的境地，生命得到永恒。虽然道教的本体论的个人主义超越论和伊斯兰教中的阿拉的全能全智性的绝对控制格格不入，但是民间伊斯兰教的习俗诸如"吹睹阿"（写有经文或祈祷词的纸片）却在本质上与道教的自救性质的永恒论有着相同的地方，"吹睹阿"指的是由下级教职人员和普通信徒实行的替病人治病以及行奇迹（阿文，karama）等现象。

在问卷调查中，特意设计了怎么看待佛教和道教的态度一问。数据统计如表 4-35 表所示。

表 4-35　对佛教和道教的态度

		频次	百分比	有效百分百
变量	完全反对	74	7.6	7.6
	一般反对	77	7.8	7.9
	中立	746	76.0	76.6
	赞同	77	7.8	7.9
	总计	974	99.2	100.0
缺失值	系统缺失	8	.8	
总计		982	100.0	

在表 4-35 的统计分析结果中，对道教和佛教的完全反对和一般反对态度的累积百分比只有 15.5%，而秉持中立的态度的有效百分比达到了 76.6%。对于宗教间的矛盾和统一关系，多数人秉持中立的态度，说明随着文化世俗化进程的不断推进、城市化进程的加快，安庆回族文化涵化的程度越来越高。至少在安庆地区，凸显伊斯兰教的文化宽容态度和积极的文化对话姿态。此外，表中还透出一个值得深思的问题：对佛教和道教持赞同态度的有效百分

比是 7.9%，比完全反对（7.6%）还高，和一般反对的有效比例一样（7.9%）。两种文化的极端态度（完全反对和完全赞同）成两极分化特征，体现一种回族文化样态：带有原教旨主义印记的回族文化和没有文化自我认同的回族文化。总体来看，安庆回族文化中的宗教文化涵化现象已经非常明显。

如何解释皖江城市带中佛教、道教对伊斯兰教的影响？或者说，皖江城市带回民对待佛教、道教的态度和哪些因素相关，相关程度如何？要回答这些问题，必须采用相关分析，具体分析结果见表 4-36。

表 4-36 相关性

		对佛教和道教的态度	性别	文化程度	住处	月收入
对佛教和道教的态度	皮尔逊相关性	1	-.029	.087	-.072	-.046
	显著性（双侧）		.578	.089	.160	.391
	总计	982	982	982	981	972
性别	皮尔逊相关性	-.029	1	-.190**	-.019	-.229**
	显著性（双侧）	.578		.000	.710	.000
	总计	372	982	982	382	348
文化程度	皮尔逊相关性	.087	-.190**	1	.097	.246**
	显著性（双侧）	.089	.000		.057	.000
	总计	380	383	383	382	348
住处	皮尔逊相关性	-.072	-.019	.097	1	.170**
	显著性（双侧）	.160	.710	.057		.002
	总计	972	982	982	982	963
月收入	皮尔逊相关性	-.046	-.229**	.246**	.170**	1
	显著性（双侧）	.391	.000	.000	.002	
	总计	982	921	921	963	963

**. 在 0.01 水平上显著相关（双侧）。

从表 4-36 的分析数据中可以发现，性别对佛教、道教的态度的皮尔逊相关系数是 -0.029，文化程度的皮尔逊相关系数是 0.087，住处（城乡）的皮尔逊相关系数是 -0.072，月收入（经济条件）的皮尔逊相关系数是 -0.046。只有文化程度和文化涵化呈现正相关的关系，其他几个变量呈现负相关的关系。从这些相关系数的特征就可以知道，安庆回族文化中对其他文化态度的涵化，在不同的因素变量上呈现不同的相关性，因为在不同的维度上，文化涵化的基本机制不同。

第三节　婚姻家庭生活

　　从文化的角度来看，婚姻家庭也是文化的一个部分。爱情是婚姻的基础，婚姻是家庭生活的基本形态。婚姻和家庭都会涉及一定的伦理规范，经济基础和爱情观念都会影响到婚姻的质量，而家庭的人口数量和性别结构也会对家庭结构造成影响。在现代社会的转型中，传统的婚姻和家庭观念都会发生改变，本小节主要基于问卷统计数据对安庆地区回族婚姻家庭生活的基本情况进行统计分析，并对其文化涵化特点进行研究。

　　为了更科学地对安庆地区回族婚姻家庭生活进行研究，我们在这里有必要对婚姻家庭的基本概念和内涵进行分析，对有关思想家诸如康德、黑格尔马克思等关于婚姻家庭的经典论述，以此来作为我们研究的理论基础。基于自然主义的观点，康德对婚姻的界定是：婚姻是两个不同性别的人为了终身占有对方的性功能而产生的结合体。在这个定义中，我们发现康德把婚姻看成是追求性欲满足的一种形式。而黑格尔从伦理学的角度，对婚姻的界定是："婚姻是具有法的意义的伦理性的爱"[1]。从黑格尔对婚姻的界定可以看出婚姻中最基本的要素和特性：爱情是婚姻的基础；伦理规范是婚姻有效保存的基本条件。基于以上分析，同时结合其他学者对婚姻概念的界定，本书认为：以男女之爱为基本前提，并且基于一定正式的礼节，男女之爱以法和道德为基本保证条件而形成的夫妻关系。从文化人类学的角度来看，婚姻是人类社会的一种社会制度性安排。对于家庭的权威概念，必须从马克思和恩格斯的相关文献中去寻找。马克思、恩格斯说："每日都在重新生产自己生命的人们开始生产另外一些人，即增殖。这就是夫妻之间的关系，父母和子女之间的关系，也就是家庭"[2]。综合以上分析，可以知道：婚姻是家庭的基础，家庭是基于血缘关系和初级群体组建而成，家庭是社会有序运行的基本单元。

---

[1]　黑格尔. 法哲学原理[M]. 北京：商务印书馆，1961：177.
[2]　马克思，恩格斯. 马克思恩格斯选集（第一卷）[M]. 北京：人民出版社，1972：33.

一、族内婚与族际通婚

婚姻有很多种,这是由于分类的标准不同。如果按照婚姻目的来分,就有:政治婚姻,经济婚姻,生活婚姻。如果按照法学的观点来分,就有:初婚与再婚,单婚与重婚,要式婚与事实婚。而根据泛标准来分,就有:影子婚姻,空壳婚姻,失衡婚姻,施恩婚姻等。本书主要从民族学和社会学的角度来对安庆地区的回族婚姻进行研究,主要分析这两类婚姻:族内婚姻和族外婚姻。

表 4-37 配偶的民族

		频次	百分比	有效百分比
变量	回族	643	65.5	75.1
	其他民族	213	21.7	24.9
	总计	856	87.2	100.0
缺失值	系统缺失	126	12.8	
总计		982	100.0	

从表 4-37 的统计数据可以知道,配偶是回族的有效百分比是 75.1%,其他民族的有效百分比是 24.9%,二者的差距较大。所以,在安庆地区,回族的婚姻还是族内婚为主,族际婚为辅。这也说明,宗教对安庆回族的族际通婚的约束力较强。

而接着对表 4-37 中的"其他民族"(除了回族)选项的数据进行统计分析,得出表 4-38。

表 4-38 配偶的民族情况

		频次	百分比
变量	其他民族	775	79.1
	汉族	205	20.9
	总计	982	100.0

在表 4-38 的分析中知道,安庆地区的回族族际通婚的比例达到了 24.9%,而在这个比例中,回汉通婚的有效百分比是 20.9%,而回族和其他

民族（非回族和非汉族）通婚的有效百分比达到 79.1%。这是一个值得深思的问题，回族和其他民族（非回族和非汉族）通婚的比例要高出回汉通婚的比例，这说明，安庆地区存在回汉以外的其他少数民族，表明回族与其他少数民族交往密切。这是促进安庆回族文化涵化的重要力量，也是安庆回族文化具有包容性和灵动性的主要因素。现在，我们再对回族婚姻的类型进行深度分析。

表 4-39 婚姻情况

		频次	百分比	有效百分比
变量	回回婚	585	59.5	69.3
	教内婚	34	3.4	4.0
	表亲婚	10	1.0	1.2
	其他	215	21.9	25.5
	总计	844	85.9	100.0
缺失值	系统缺失	138	14.1	
总计		982	100.0	

回族的婚姻形式，从古至今，主要有教内婚、表亲婚、交换婚、招养婚、回汉婚等。前面的统计数据（见表 4-39）已经显示族内婚是回族婚姻的主要形式，而具体到族内婚的具体类型时，回回婚的有效百分比最高，达到 69.3%，教内婚占 4%，表亲婚占 1.2%。这样的族内婚姻类型的比例结构显示，由于回回婚的婚姻条件要求宽松，只要双方是穆斯林即可，男女双方在保证大前提满足的情况下灵活处理其他条件，这符合当今婚姻自由化和多元化的特点。教内婚由于有着严格的教派要求，不是同一个教派，是不能进行婚配的。但由于教派分化在安庆地区很弱，所以教内婚的比例就很小。表亲婚是回族族内婚的一种，一般都是兄弟的子女与姊妹的子女间通婚。回族认为这种婚姻是亲上加亲，是基础牢靠的婚姻。但从优生学的角度来看，这是一种不符合优生的落后习俗，在文化和经济发达地区，这种婚姻在逐渐消亡，从表中的数据可见一斑。

作为回族家庭婚姻文化的一个重要组成部分，回族婚姻类型的变化原因分析显得非常重要。对于这个问题的研究，必须采用回归分析的方法，建立回归分析，找出各个因素影响效力的大小。具体分析结果见表 4-40。

表 4-40 系数ª

模型		非标准化系数		标准化系数	t	Sig.
		B	标准误	Beta		
1	(常量)	1.775	.464		3.822	.000
	年龄	−.012	.006	−.140	−2.099	.037
	文化程度	.181	.073	.163	2.490	.013
	月收入	.032	.090	.021	.356	.722

a. 因变量：婚姻类型

通过表 4-40 的回归分析，年龄的回归系数 B=−0.012，文化程度的回归系数 B=0.181，月收入的回归系数 B=0.032。三者对应的 P 分别为 0.037＜0.05，0.013＜0.05，0.772＞0.05。可见，婚姻类型的涵化和文化程度呈正相关，和年龄成负相关。虽然经济条件（月收入）和婚姻类型呈现正相关性，但却不显著。婚姻类型的回归方程是：婚姻类型=年龄×（−0.012）+文化程度×0.181+月收入×0.032。

此外，我们在实地调查中，也发现安庆回族社区的回民婚姻观念和流程也发生了极大的变化。下面就"尼卡哈"（nikah）与结婚证在安庆地区的回民的婚姻生活中的变化情况做个案例分析。

●个案四

时间：2012 年 9 月

地点：安庆望江县漳湖镇回民村

人物：回民 A，女，已婚，28 岁

回民 A 已经结婚 3 年了。25 岁那年，她在一次回家过年的火车上认识了现在的丈夫（是三益回民农场人）。当时她感冒了，他就一路上照顾她，于是好感就是从那时产生的。他们就像其他自由恋爱的年轻人一样，从恋爱到结婚。但她说他们在结婚的仪式上没有经过"尼卡哈"，只是领取了结婚证后就摆酒席了。

"尼卡哈"是阿拉伯语的音译，意思是"结婚"的意思。根据伊斯兰教的教规，年轻的穆斯林男女的婚姻是否合法，要根据"尼卡哈"进行判断。因为这是相当于结婚证，只有念了"尼卡哈"的穆斯林的年轻男女才获得教律上的认可，才具有合法性，才可以做合法性的夫妻。根据"尼卡哈"的流程设计，一对年轻穆斯林男女在当着父母、亲人、朋友的面在阿訇的面前听着阿訇念"尼卡哈"（用阿拉伯文念），中文大体意思是："万能的主啊！感谢你的恩典，让你协助他们两人的婚姻完美。"阿訇念完经文后，接着用汉语或者阿拉伯文（这根据结婚的男女是否懂阿拉伯文的情况来定）首先问女方"是否愿意嫁给男方？"女人回答"愿意"，然后问男方"是否自愿娶女方为妻？"男方回答"我愿意接受这桩婚事"。最后，结婚双方的父母、证婚人、新人给阿訇说"色俩目"后仪式就结束了。一对新人的婚姻的合法性就这样获得了。但是根据我国《婚姻法》规定，就算念了"尼卡哈"的年轻回族男女的婚姻也不具有法律上的合法性，只有到民政局去领结婚证婚姻才具有最终的法律效力。

她说，2009年双方谈论婚事的时候，在摆酒席和领结婚证、念"尼卡哈"等三项事宜上发生了分歧。男方认为摆酒席让附近的乡亲父老知道就行了，但女方坚持认为，婚姻必须具有合法性，所以念"尼卡哈"和到民政局去领结婚证必须选择一个作为前提条件。经过一段时间的协商，男方做了妥协，最后双方的结婚方案是：先领证，后摆酒席。而至于女方家提出的"尼卡哈"，也被否决了，因为双方都对此认识很模糊，只是知道有这个情况存在。

● **个案五**

时间：2012年9月

地点：安庆望江漳湖回民村

人物：回民J，女，30岁

我们是在早上再安庆望江漳湖回民村的农田里遇到回民J的，当时她正在田里忙着干农活。我们向她解释来意后，她很高兴地停下了手中的农活，跟我们攀谈起来。她说，她的娘家在遥远的大西北，而不是在安徽本地。我们对她的通婚半径如此之大非常感兴趣，她说其实这没有什么，她的婚姻观念里没有地域的差异，只有心理是否一致。她和她现在的对象的接触是在广东打工的时候认识的，由于性格、想法、做人做事都非常默契，所以他们就在一起了。他们恋爱两年，然后就去看双方家长，家长们都不说什么，就说婚姻自由，他们选择即可。后来的结婚、办酒席，等等，都是按照汉族的形式来办的，没有举行回族婚姻仪式。

通过这些案例给我们带来的启发有：首先，伊斯兰教的传统回族婚姻文化在安庆地区遭受到很大的涵化，亦即是说，其涵化水平很高。因为有些伊斯兰文化的传统部分,在其他回族社区是居于重要位置的,但在安庆回族社区却被置于可有可无的位置上。其次,回族文化的某些部分被汉文化取代了,这也是导致安庆回族文化涵化的原因之一。比如念"尼卡哈"和领结婚证都是具有给予婚姻合法性的功能,但"尼卡哈"的功能却被《婚姻法》取代了,从而导致其功能在现代社会中不断弱化。

二、家庭规模与类型

回族是一个非常注重家庭的民族。回族家庭在具备一般家庭特点的同时,也具备了本民族的家庭特色。需要从家庭结构、家庭人数、家庭关系等问题来进行实证分析。

表 4-41 家庭结构

		频次	百分比	有效百分比
变量	夫妻两人加孩子	459	46.7	47.4
	父母和兄弟姐妹	128	13.1	13.2
	父母妻子(丈夫)和孩子	177	18.0	18.3
	父母兄弟姐妹妻子(丈夫)和孩子	90	9.1	9.3
	其他	115	11.7	11.9
	总计	969	98.7	100.0
缺失值	系统缺失	13	1.3	
	总计	982	100.0	

表 4-41 的统计数据表明,安庆回族的核心家庭占 47.4%,主干家庭占 18.3%,联合家庭占 9.3%。所以,在安庆回族的家庭中,以核心家庭为主。这主要是因为安庆回族社区所处的社会大背景和汉族社区是一样的:都面临着各种经济和生活压力,这使得家庭子女数减少了。所以安庆回族所面临的经济压力和社会环境和汉族一样。此外,安庆回族社区的主干家庭所在的比例也高,这是过渡阶段,主干家庭往往存在于那些独生子女的家庭,父母可以照顾孙辈,减轻年轻父母的负担。

分析各种变量之间的家庭结构总体均值间是否存在差异性,这对于研究皖江城市带回族文化的涵化情况非常重要,这个研究步骤需要通过方差分析来完成。具体分析结果见表 4-42。

表 4-42　主体间效应检验

因变量：家庭结构

变异来源		III 型平方和	自由度	均方	F	Sig.
假设		933.224	1	933.224	573.020	.014
误差		1.986	1.219	1.629^a		
文化程度	假设	40.286	5	8.057	5.978	.033
	误差	7.070	5.246	1.348^b		
户口	假设	1.573	1	1.573	1.046	.328
	误差	17.286	11.489	1.505^c		
文化程度 * 户口	假设	5.152	4	1.288	.650	.627
	误差	726.785	367	1.980^d		

a. .937 MS（户口）－ .043 MS（文化程度 * 户口）＋ .106 MS（）
b. .914 MS（文化程度 * 户口）＋ .086 MS（）
c. .687 MS（文化程度 * 户口）＋ .313 MS（）
d. MS（）

在表 4-42 中，因素文化程度的 $F=5.978$，$P=0.033<0.05$，所以，可以认为，文化程度的家庭结构的总体均值之间的差异有着统计学意义。也就是说，安庆回族不同的文化程度，其家庭结构也大致相同。而在因素户口（城乡）的 $F=1.046$，$P=0.328>0.05$，可以认为，户口的家庭结构的总体均值之间的差异没有着统计学意义。在安庆回族家庭结构中，教育程度和户口对其有影响力可以忽略不计。所以，在安庆回族社区中，回族家庭结构同样受到来自社会形塑从而呈现相似的结构特征。

表 4-43　父母的居住情况

		频次	百分比	有效百分比
变量	独立居住	254	25.8	29.5
	与我同住	433	44.1	50.3
	与兄弟同住	169	17.2	19.6
	在养老院住	5	.5	.6
	总计	861	87.7	100.0
缺失值	系统缺失	121	12.3	
总计		982	100.0	

安庆回族子女成立家庭后，就是子女独立门户和成为户主。那么，对年老父母的安置就成了一个重要问题。有三种选择：和子女居住；独立居住；安置在养老院。综上所述，父母和子女合住的有效比占69.9%，这和主干家庭的类型的广泛存在有因果关系。而在养老院居住的比例只有0.6%，这说明安庆回族社区中社会养老在回族养老的比例很低。养老问题是个社会问题，回族也不能避免。数据透露的信息是社会功能的养老对回族传统养老方式的影响微弱，安庆回族还是以家庭养老为主。

那么，皖江城市带中城乡之间是否存在着父母居住情况的差异？或者说，父母居住情况的差异是否和城乡差异存在相关且其相关程度如何？对此问题，必须采用相关分析进行研究。具体研究结果见表4-44。

表4-44 相关性

		住处	父母居住情况
住处	皮尔逊相关性	1	−.331**
	显著性（双侧）		.000
	总计	982	982
父母居住情况	皮尔逊相关性	−.331**	1
	显著性（双侧）	.000	
	总计	982	982

**. 在0.01水平上显著相关（双侧）。

在表4-44中，住处（城乡）和父母居住情况的皮尔逊相关系数是−0.331，$P=0.000<0.01$，所以，皖江城市带回族家庭文化中的父母居住情况和城乡之间存在负相关关系，这也说明，父母居住情况在城乡间有差异但差异不明显，表明皖江城市带回族文化在这个部分涵化现象有着城乡一致性。

表4-45 兄弟姐妹的数量

		频次	百分比	有效百分比
变量	1	123	12.5	12.8
	2	323	32.9	33.7
	3	210	21.4	21.9
	4	303	30.8	31.6
	总计	959	97.7	100.0
缺失值	系统缺失	23	2.3	
总计		982	100.0	

孩子数量是家庭规模大小的重要因素。孩子数量为 2~4 个较为普遍，这和国家对少数民族计划生育政策有关，国家允许少数民族生育两个孩子，加之重男轻女观念存在，导致了孩子数量的增多。孩子数量为 2 个的占 33.7%，3 个的占 21.9%，4 个的占 31.6%。孩子数量的情况反映了回族传统的家庭观念的持续影响，但对男孩偏好隐含汉族文化的宗族传承对回族家庭生育文化的影响。这样的统计结果和我们的实地访问所掌握的结果是一致的，为了追求传宗接代，安庆很多回族（尤其是回族农村社区）直到生了男孩才停止生育，导致了孩子数量的增多，3~4 个孩子的家庭比重是 42.5%。

三、家族文化传承与变迁

家庭是家族的基本构成单位，家族文化的传承载体是家庭。家族文化的传承面临的是长辈所教导的文化在晚辈身上的吸收情况，以及传统文化对现代文化所秉持的文化态度，传统文化和现代文化所发挥的功能大小，文化之间的交流途径和方式，传统文化和现代文化的协调等。为了更好地研究安庆地区的回族文化传承和涵化，选取从家规的执行、传统和现代文化在家族文化的组成两个维度进行实证分析。

表 4-46　传统族规家规的执行情况

		频次	百分比	有效百分比
变量	严格执行	208	21.1	21.6
	变通执行	318	32.4	33.1
	偶尔执行	240	24.5	25.1
	从来不执行	195	19.8	20.3
	总计	961	97.9	100.0
缺失值	系统缺失	21	2.1	
总计		982	100.0	

在表 4-46 的统计分析结果中，可以看出浓缩家族文化的家规在安庆回族执行情况如下：严格执行的占 21.6%，灵活变通执行的占 33.1%，偶尔执行的占 25.1%，从来不执行的占 20.3%。各数据之间相差不大，完全执行的比例不是最高，和从来不执行的比例很接近。这两极之间的相近数据表明，家族文化的制度性传承和无明确传统文化发展方向之间都相对规模地存在于安

庆地区的回族文化中，也表明了安庆地区回族文化的两种发展情况：民族文化传承和变迁。兼顾文化的民族性和现代性的比例最高，这代表了安庆地区回族家庭文化的发展主流，在民族文化和其他文化之间平衡发展。极端的民族文化态度会丧失生产和生活在本地区发展机会，而极端的世俗化文化态度会遭到传统文化的批判，二者兼顾是安庆回族人的理性选择。偶尔执行的比例居第二位，这表明，安庆地区的回族家族文化世俗化的程度不断提高，传统的家族文化在关键领域才发挥作用。

接着分析族规和家规的执行情况在城乡和文化程度中的变化，分析结果见表 4-47。

表 4-47 主体间效应检验

因变量：传统族规家规的执行情况

变异来源		III 型平方和	自由度	均方	F	Sig.
假设		1102.345	1	1102.345	5078.118	.000
误差		.393	1.813	.217[a]		
文化程度	假设	7.155	5	1.431	1.147	.447
	误差	5.827	4.671	1.247[b]		
户口	假设	.169	1	.169	.140	.718
	误差	9.321	7.715	1.208[c]		
文化程度 * 户口	假设	5.049	4	1.262	1.160	.328
	误差	396.151	364	1.088[d]		

a. .940 MS（户口）－.043 MS（文化程度 * 户口）＋.104 MS（ ）
b. .914 MS（文化程度 * 户口）＋.086 MS（ ）
c. .689 MS（文化程度 * 户口）＋.311 MS（ ）
d. MS（ ）

在表 4-47 的方差分析中，因素文化程度的 $F=1.147$，$P=0.447>0.05$，在 $a=0.05$ 水平上，可以认为文化程度的族规和家规的执行情况的总体均值之间的差异是没有统计学意义的，也就是说，在皖江城市带回族文化中，对于族规和家规的执行情况在文化程度这个维度上差异很小。因素户口（城乡）的 $F=0.140$，$P=0.718>0.05$，在水平 $a=0.05$ 水平上，可以认为户口的族规和家规的执行情况的总体均值之间的差异是没有统计学意义的，这可以看成皖江城市的农村和城市的回族文化对于族规和家规的执行都有着共同的特点。

表 4-48 传统和现代知识在现在的家族文化体系中的比例情况

		频次	百分比	有效百分比
变量	传统占大多数	154	15.7	15.9
	现代占大多数	623	63.4	64.5
	二者比重相当	189	19.3	19.6
	总计	966	98.4	100.0
缺失值	系统缺失	16	1.6	
总计		982	100.0	

表 4-48 数据所揭示的安庆回族文化,其涵化原因在前表中得到了很好的解释。在安庆回族家族文化体系中,传统文化占 15.9%,现代性的优势地位所占的比例为 64.5%。各数据分布极值化,现代性的知识在家族文化体系中对传统知识形成了压倒优势。这么高的比例也表明,安庆地区的家族文化正在以积极的开放姿态吸收现代知识以提高其生命力,而现代性的知识具有明显的功效性,那种面向社会,面向市场的文化在影响着回族家庭文化的发挥。而传统和现代知识并存于回族家族文化体系中,这是汉族文化进入回族家族文化体系中的阶段性表现。

表 4-49 传统和现代在家族文化中的作用比较

		频次	百分比	有效百分比
变量	传统	170	17.2	17.8
	现代	624	63.4	65.5
	二者作用区别不大	159	16.4	16.7
	总计	953	97.0	100.0
缺失值	系统缺失	29	3.0	
总计		982	100.0	

根据涂尔干的功能分析论,应该从功能的角度来分析结果导出的原因。表 4-49 的统计数据也显示现代知识在家族文化中处于优势地位,这一结果是因为现代知识具有非常巨大的功效,暂且不说这些功效是物质的还是精神的,但其都是使得行动者处于一个变优的处境。认为现代知识的作用最大的有效百分比是 65.5%,远远高于传统知识的 17.8%。由于伊斯兰文化很多因子与

现代社会经济、生活的关系较为疏远，其关注一个缥缈的神灵，对现实生活和经济关注不够，加上缺乏相应的科学基础，这使得其在现代社会中的作用不明显。而以科学和理性为基础的现代知识，借助理性工具和最优化的制度安排，使其在物质生活和精神生活都获取了巨大的进步。而市场经济发达的皖江城市带，市场机制的持续发展和世俗观念的逐渐深入，使得安庆地区的回族改变传统文化来接受现代文化。回族家族文化传承和变迁过程中的文化涵化顺势而成。

鉴于现代文化的优势，那么在家族文化传承和变迁中怎样协调传统文化和现代文化之间的关系就变成了一个非常棘手的问题。现代社会中，文化的隔绝状态不存在，文化的交流发展其实就是在不断的选择和比较中进行。伊斯兰文化能发展至今关键在于她与其他文化进行积极的交流与互动，在文化涵化中不断实现自我完善。

表 4-50　家族文化如何应对现代文化挑战

		频次	百分比
变量	吸收一切积极的现代文化成分，没有主次之分	350	35.6
	适当吸收，以保持本民族文化的时代性	624	63.6
	割断文化对话，保持本民族文化的纯洁性	8	0.8
	总计	982	100.0

文化态度本身包含文化选择的问题。表 4-50 的统计数据显示，"吸收一切积极的现代文化成分，没有主次之分"的态度占 35.6%；"适当吸收，以保持本民族文化的时代性"的态度占 63.6%；而极端的文化封闭态度——"割断文化对话，保持本民族文化的纯洁性"的占 0.8%。以实用主义为基本原则，吸收一切有实际功效的现代文化来构建自己的文化体系，并且抛弃文化优劣等级之分，这种文化发展态度按照常理来说，是汉族文化的发展态度。而其在回族文化的发展态度所占的比例很高，足以表明这种实用主义的文化态度抛弃了文化的民族界限，超民族国家界限。这种开放的文化发展态度在安庆地区的回族中占有如此之高的比例，深刻地说明了回族文化涵化程度之深。在关注民族文化的传统性的时候，也关注了民族文化的时代性，与时代脱节的文化是没有生命力的，安庆地区的回族深刻认识到了这点。他们知道应从其他民族文化中适当吸收合理文化养分，以保持本民族文化的时代性，从而具有更广泛的适用和发展空间。

接着分析各种因素对家族文化挑战态度方面的影响，采用了回归分析的方法，通过建立回归方差，使得各种变量对其产生的影响具备量化特征。本过程的分析，采用文化程度、月收入、和性别作为自变量，应对方法作为因变量。具体分析结果见表 4-51。

表 4-51　系数[a]

模型		非标准化系数		标准化系数	t	Sig.
		B	标准误	Beta		
1	（常量）	1.530	.130		11.767	.000
	文化程度	−.026	.022	−.066	−1.173	.242
	月收入	.102	.033	.175	3.065	.002
	性别	.012	.054	.013	.230	.818

a. 因变量：家族文化如何应对现代文化挑战

在表 4-51 的回归分析中，文化程度的回归系数 B=−0.026，月收入的回归系数 B=0.102，性别的回归系数 B=0.012。三种的 P 值分别为 0.242，0.002，0.818。所以，经济条件（月收入）对家族文化在应对现代文化所采取的措施上的影响效力最大，其次是性别，但是文化程度却发挥着负相关的作用。回归方程是：家族文化如何应对现代文化挑战＝文化程度×（−0.026）＋月收入×0.102＋性别×0.012。

小　结

本章主要从实证分析的角度，以结构访问问卷为数据收集工具，借助 SPSS 统计软件对统计数据进行安庆地区回族文化涵化分析。本研究共发放问卷 1000 份，回收有效问卷是 982 份，其中城市问卷 200 份，农村问卷 792 分，有效回收率 98.2%。日常生活、宗教生活、婚姻家庭生活等三大维度构成了对回族文化涵化分析的主要方面。

工作之外，回民的日常穿着习惯已经发生很大变化。日常的服装穿着都受到汉族服饰的影响。闲暇时，穿戴本民族以外的服饰（主要是汉族服饰）占了 52.1%，而秉持无所谓态度的人占了 44.0%；设置礼拜房的回民房屋的比例只有 10.4%，而没有设置的比例达到 88.5%；能坚持每天做礼拜的有效比例为 11.2%。选择性和间接性的念经所占的有效比例为 58.8%，而明确不做礼拜的有效比例为 29.6%；清真寺提供的信仰来源所占的有效百分比为 23.5%，家庭提供的信仰来源的有效比例达到了 70.9%；固定地在宗教节日里举行相应的宗教仪式的有效百分比是最高的，达到 45.1%；对道教和佛教的完全反对和一般反对态度的累积百分比只有 15.5%，而秉持中立的态度的有效百分比达到了 76.6%；配偶是回族的有效百分比是 75.1%，其他民族的有效百分比是 24.9%，二者的差距还是相当大的。所以，在安庆地区，回族的婚姻还是族内婚为主，族际婚为辅。这也说明，宗教对婚姻的有效性还是比较高的；回回婚的有效百分比是最高的，达到 69.3%，教内婚为 4%，表亲婚为 1.2%；核心家庭所占的有效百分比是 47.4%，主干家庭的有效百分比是 18%，联合家庭所占的百分比是 9.1%；孩子数量为 2 个的有效百分比是 33.7%，3 个孩子的是 21.9%，4 个为 31.6%；家族严格执行所占的有效百分比是 21.6%，灵活变通执行的是 33.1%，偶尔执行的是 25.1%，从来不执行的是 20.3%；在家族的文化系统中，传统文化所占的有效百分比是 15.9%，现代性的优势地位所占的比例为 64.5%，二者相对比例为 19.6%。

从上文的统计数据可以得知，安庆地区回族文化的涵化映像——衣食住行、宗教生活、婚姻家庭生活等具体方面，文化涵化的程度都非常明显。这也表明，文化之间的融合在安庆地区是很普遍的现象，也表明社会的世俗化、皖江城市带的兴起是安庆回族文化涵化的主要因素。

第五章 安庆回族文化涵化分析

皖江城市带回族文化涵化是一个非常复杂的过程，既是历史的，也是现实的。对其进行科学性和系统性研究和考察，必须要具备理论上和实践上的充分准备。前文对安庆回族文化的传承与变异机制进行了理论和实证相结合的系统分析，从生物和文化的角度分析了文化的传承积淀，从人的社会化的角度分析了文化传承基因的作用，分析了文化变异和社会环境的相互关系等等。从文化传承和变异的一般机制把握了安庆回族文化涵化的基本规律，这为安庆回族文化涵化映像的实证分析提供了理论上的指导，从衣食住行、宗教生活、婚姻家庭生活等三个大维度进行了详细的数据分析，从而完成了对其进行定量分析的研究。这样，我们从理论和数据上都对安庆回族文化涵化的基本原理和大致情况有了深刻的理解。前文的工作，为本章研究皖江城市带安庆回族文化涵化的内在机制及其功能提供了诸多便利。本章主要对涵化理论与方法研究进行论述，对文化变异与涵化进行相关分析，然后分析安庆回族文化涵化的过程及策略和动力机制，最后分析其涵化的功能。

第一节 涵化机制

作为一种普遍存在的历史现象，文化涵化从古至今，一直都在全世界范围内各个文化区域发生着。在西方文化中，古埃及与波斯文明交融产生了古希腊文化，于是，希腊文化的"泛希腊化"论在亚历山大王朝结束以后很长的一段时间里，被大力推崇。而在东方文化圈，百家争鸣的文化交融格局在春秋时期轰轰烈烈进行，"书同文，车同轨"的文化统一政策在秦朝上演等等，这些都是文化涵化的历史见证。由于世界文化体系的多元化存在，各个文化得以产生和发展的条件又各不相同。所以，在某一历史阶段内的文化涵化的发生路径烙上了时间和地域的特征，这导致了不同学者在研究文化涵化的过程中提出了不同的研究假设，不同的研究视角得出不同的研究理论。本小节主要对安庆回族文化涵化机制进行研究，主要包括安庆回族文化涵化所采用的策略，涵化所经过的阶段，涵化态度的变化，涵化得以发生的动力系统等。

一、散杂居民族文化涵化

（一）散杂居民族文化涵化种类

依据促使变化发生的不同条件，可把涵化分为两种类型：非强制涵化，强制涵化。非强制涵化指不以军事或政治统治为目的，不同文化间在交流过程中发生的变化。此类型是文化因素的自由"借入"和改变，持续相互交流所产生的现象。由自由文化接触而发生的涵化而导致新文化因素有可能取代固有文化因素，原来的社会结构和生活方式由此而发生根本转变；也可能在二者的持续混合过程中与现存的文化结合起来。

强制涵化是涵化的第二种类型。强制涵化是指以军事征服或政治控制等手段把某一文化强行灌输给另一文化的过程，如在大规模的侵略战争中，在征服地改变当地政体和生活方式，用有别于当地人的政治文化观念实施教育，以更好地维系统治。当然，并不是所有的遭受军事侵略或被统治的一方都被迫改变了自己的文化模式。相反的情况也时有发生，比如蒙古军进驻中原，满清入关后受汉族文化影响，"入侵者"逐渐失去了自身的文化特征，融合于"被统治的"汉民族文化传统之中。

（二）散杂居民族文化涵化层次

涵化不同层次的区分有助于人们更深刻地理解这一问题。作为研究拉美文化的美国著名人类学家，理查德·N. 亚当斯（Richard N. Adams）早在50年代在探讨危地马拉印第安人的涵化时，将涵化按照类型学划分成群体涵化（生态、文化、社会和体制）和个体涵化（个人的行为特征）两个类型。前者从群体角度分析在不同文化的接触中，经济基础、社会结构和政治组织等社会宏观层面上的文化变化；后者从个体角度分析了个人行为、思想观念以及生活态度等微观层面上的文化变化。

"涵化"和"心理涵化"的区分在此基础上被提出来。"涵化"主要指在不同的文化接触中所发生的群体层次的变化，而 T. D. 格里夫斯（T. D. Greaves）把"心理涵化"界定为"由于与其他文化相接触或参与到自身文化或民族的涵化过程中所产生的个人体验的变化"[①]。

---

① T. D. 格里夫斯. 三民族团体中的心理涵化 [J]. 西南人类学杂志，1967（23）.

基于此，人类学家斯平德勒夫妇（George. D. Spindler）发现了不同的人格模式："土著取向群体在心理上依赖和屈服于超自然力量，在压力下表现出平静和忍耐性，中间过渡群体则显示出因涵化而产生的人格解体和冲突。他们有些人力求过一种有条不紊的生活方式，以周围白人的目标作为目标；有些人放弃一切，成天无所事事；还有些人就只会造成破坏性的骚动……"他们在实地田野考察中发现两个已经涵化了的群体否认他们的印第安认同，他们认同的是相邻的白人群体的文化。在心理上，他们的情感是开放并且是成就取向的，这和原来的民族心理差别很大。他们所采取一种有节制的但敢作敢为的方法面对困境。他们的研究结果认为：已涵化的梅诺米尼人，特别是那些因为涵化而变成佼佼者、已经成为美国中产阶级的一部分。

所以综合人类学家关于文化涵化的研究，依据促使变化发生的不同条件，可把涵化分为两种类型：非强制涵化，强制涵化。在文化的涵化过程中，不仅一种文化体系受到巨大冲击，并且构成该文化体系的个人也受到了巨大影响。所以越来越多的人类学家开始从心理学的角度考察和解释个人对涵化不同的反应，以便推出在文化接触与文化变迁中人的心理反应规律。

（三）散杂居民族文化涵化研究方法

1. 关于涵化对象的研究方法

虽然在实际研究过程中，个案属于某一群体。但不同的涵化对象在涵化过程中的反应和结果不同。贝里（Berry）等人在1987年将涵化群体分为五类："移民、土著移民、少数民族、难民、旅居者"。其中"少数民族"是指第二代以及二代以后的移民；"土著居民"则相反，是指欧洲殖民化以前就生活在本土的居民；"移民"和"难民"都是指第一代到达异邦的人；"旅居者"指出于某种目的暂居他国，最终还返回故土的临时移民。

人类学家的研究表明，在文化涵化的过程中，那些自愿参与涵化进程的人群所承受的心理压力和障碍比那些被迫的人群（如难民和土著居民）要小。这两种群体的心理压力差异来自二者对文化接触和文化变化的态度不同。以此类推，永久定居的人群所遇到的困难要比暂居人群和缺乏社会支持和社会保障的人（如旅居者）要少。

2. 涵化过程的研究

下图可表明涵化的过程：在A和B两种文化模式中，两者的文化社会地位不同。A代表统治者，B代表接受者，虽然两者相互影响，但A对B的影响要大。在A群体文化与B群体文化的持续接触中，产生的结果之一是B群体转化成为一个涵化了的 B'群体；同样，B 个人也会产生相应的变化（受 A 群体和 B 群体的双重影响）而成为一个涵化了的 B'个人。

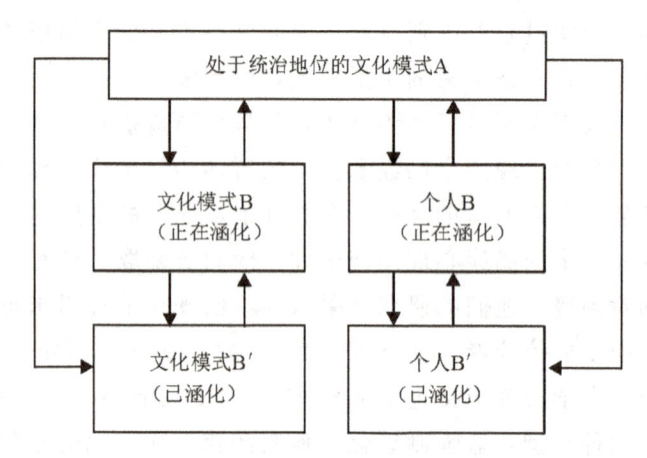

```
                    ┌──────────────────────────┐
          ┌────────▶│   处于统治地位的文化模式A   │◀────────┐
          │         └──────────────────────────┘         │
          │              │              │                │
          │              ▼              ▼                │
          │      ┌────────────┐  ┌────────────┐          │
          │      │  文化模式B   │  │   个人B     │          │
          │      │ （正在涵化） │  │ （正在涵化） │          │
          │      └────────────┘  └────────────┘          │
          │              │              │                │
          │              ▼              ▼                │
          │      ┌────────────┐  ┌────────────┐          │
          └──────│  文化模式B'  │  │   个人B'    │──────────┘
                 │ （已涵化）   │  │ （已涵化）   │
                 └────────────┘  └────────────┘
```

图 5-1　A—B 文化涵化过程示意图

在研究涵化过程时，A 群体与 B 群体各自的特征都有着十分重要的意义。那么群体 A 与 B 的哪些特征值得去研究？首先是涵化的目的，A 与 B 群体为什么要发生接触，其文化接触的群体目标是什么；其次是文化涵化时间跨度，A 与 B 群体文化接触进行的时间，这种接触的频率；再次是文化永久性，统治文化群体是定居、停留，还是偶尔路过。

此外，文化模式 B 中个人的具体情况如年龄、性别、家庭地位、个人能力等因素还需要注意，并且分析它们在涵化过程中所起的作用。为了使研究更具有真实性和科学性，采用微观层次上的研究方法对涵化群体中的个人的文化涵化过程进行研究，因而微观层次上的个体涵化也是涵化研究中重要的一方面。

3. 涵化结果的研究

两种处在不同地位的文化持续接触后发生文化涵化，其涵化结果可以从社会文化体系和个体两个维度分析。

(1) 在社会文化体系中，文化涵化可带来三种结果：第一种结果是两种文化完全融合，原来二者文化的各自因素都消失。美国人类学家 M. 赫斯柯维茨在专门研究加勒比地区涵化的过程中，结合其研究成果将此过程称为"不同信仰的结合（syncretism）"。通过此种方式重新解释新的文化要素以便与原有文化相融合过程。他以基督教传入新大陆的黑人社会以及非洲诸神灵与天主教中诸神灵之间的联系来说明这一过程。他指出，非欧洲居民在处理他们原有的宗教信仰和宗教活动和天主教的文化关系的时候，一般会采取两种选择方法：一是完全地保持原有宗教，拒绝任何外来宗教的加入；二是从形式上接受外来文化的部分要素，对其进行重新改造并使之适用于原有的文化传统。但他们往往选择后一种方式，因为白人的统治地位禁止他们举行传统的宗教仪式。第二种结果是两种文化模式持续接触后，原来的文化传统和生活方式既没有被保持下来，新的文化要素的影响也没有产生，而是形成了一种与旧有文化不同的全新的文化模式。美国著名人类学家 M. 米德（M. Mead）在 1930 年代对平原印第安人的文化变迁研究中对此进行了早期探讨。米德的研究指出，印第安人在与白人社会的接触中，白人设置的各种压力政策，使得印第安人不得不放弃原有的宗教信仰，改信长老会教义。但印第安人的需求未能在这种新的信仰里得到满足，为了寻求新的满足，他们转向了兴奋崇拜（即以使用兴奋剂办圣事为中心的宗教崇拜），因为幻觉剂能满足印第安人的宗教需求。兴奋崇拜摒弃了传统的印第安宗教，但是仍然没有接受白人的长老会教义，而是形成了一种全新的宗教崇拜形式，在这种新的文化模式里，以前的文化因素都不存在。第三种结果是两种文化在持续接触中，各自的文化成分在新的文化体系中都保存着。

（2）涵化对个人的影响

引起社会的分化和个人的危机是涵化的一个结果。旧的社会秩序和文化规范准则会因为社会变革而丧失作用，而新的规范系统又没有建立起来，个人因此而失去规范约束而发生自我危机。他们在新的环境中觉得到处充满敌意和动荡，从而因自己身份认识的混乱而感到迷惘和恐惧。这些构成了涵化的消极因素，使得被涵化群体的个人在精神健康方面出现问题（如感到焦虑、疑惑、压抑、有边缘感和异化感等），这些心理上的疾患往往还会导致身体上的不适。

贝里等人类学家对此问题进研究，他们试图在涵化与心理健康之间进行因果分析。他们的研究发现，涵化在个体心理适应上的消极面必然发生，但消极因素并不是不可避免。个人如果在涵化过程中调适得较好，还可以增加个人的机遇，促进身心健康。关于涵化结果的分析，可从以下几个方面入手。（1）政治上，是否会因涵化而丧失文化主权，是否以前毫无关系的个人或群体涉入了日常生活；（2）经济上，生存基础及财产分配方式有无改变。是否引入了如采矿业、林业、娱乐业、旅游业、制造业等新的经济活动；（3）文化上，语言的变化、宗教活动和影响力的变化、服饰、教育、交通等对个人的影响；（4）人口上，总人口规模变化、城市化水平、性别比例变化、年龄结构变化。

4. 涵化研究的变量选择

指标变量的选择和制作是涵化研究方法的一个重要组成部分。涵化研究变量的选择灵活多样，会因不同的研究对象而不同。比如在研究回族文化涵化进程时，可以从下列指标进行研究。（1）受教育程度，接受汉族正规教育的程度；（2）就业与薪酬，有多少人开始进入工薪阶层而放弃传统的经济活动；（3）城市化水平，移居到新兴大城市的人口，拥有城市的休闲生活方式；（4）传播媒介，传播新文化的途径选择：是面对面的交流与互动还是通过网络、电视、报纸、广播等媒介获取；（5）政治参与，参加到投票、选举或社区事务的管理；（5）日常生活，服饰、饮食、住房、习惯等的变化；（6）宗教生活，人们是否改变了自己的宗教信仰而信奉新的宗教，是否经常参加宗教活动；（7）社会关系，社交圈的大小，与其他族群通婚、一起娱乐、工作和生活。

（四）文化变迁与散杂居民族文化涵化

1. 散杂居民族文化涵化是文化变迁的一种类型

通过文化涵化的研究可以使我们对文化的性质有很深刻的掌握，同时也了解到文化变迁的过程、特点、结果、稳定性。所以，作为文化变迁的一个重要组成部分，文化涵化的研究是分析整体性文化变迁的一个主要内容。据此，台湾人类学家宋光宇指出："文化涵化对于文化变迁的重要性，不仅只是采借新的文化特质，而且是让相互接触的文化双方或一方发生重大的变迁"[①]。因此，作为文化变化的一种类型，文化涵化研究是文化变迁研究体系中不可或缺的一部分。

作为一种历史现象，文化是一个非静止均衡的实体。文化内部子文化系统的创新，文化系统之间的接触，生态自然环境的改变都会影响文化内部结构及文化特质间的力量对比。特别在现代，由于科技发展，经济文化生活联系密切，各民族文化交流与互动频繁，其文化间的共同特质日益增多，因而文化涵化现象更是普遍。所以人类学家林顿指出，"现今世界九成以上的文化特质都是在文化接触过程中因文化采借而产生的文化涵化中出现的"[②]。

文化变迁在西方近代文化史上是经常被使用的一个概念，不同的学者对其进行了卓有成效的研究。由于文化变迁与社会变迁密切相关，有些社会学家和人类学家则惯用社会文化变迁一词。还有些学者称作文化变异或文化转

[①] 宋光宇. 人类学导论 [M]. 台湾：桂冠图书公司，1983：489.
[②] 宋光宇. 人类学导论 [M]. 台湾：桂冠图书公司，1983：452.

变。"文化变迁"的研究最初由进化论学派人类学家研究"文化演进"逐渐发展来[①]。19世纪末20世纪初，由于反进化思潮的兴起，开始使用"文化变迁"一词。对文化变迁的研究，形成了不同的学派。

传播学派批判了进化论关于人类文化在时间上的演化过程的单一观点，文化在地理空间上的分布却被忽视。因此文化的地理、空间与地方性变迁成了传播学派的研究重点。传播学派并不否认文化变迁的历史性，倾向于从传播的角度重构一部庞大的人类文化史成了他们的研究路径。传播学派认为，文化变迁引起于人类的创造力能力和独立发明的能力的有限性。由于文化的传播导致了人类文化之共性的产生。他们坚持认为文化中心向四周扩散传播是各项文化所具有的特质。

历史特殊论学派，弗朗兹·博厄斯是主要代表。该学派明确反对单一进化模式，某一特定文化的历史是该学派的主要研究内容。该学派认为每个文化模式都有自己特殊的发展过程和历史结果，就算外表彼此相同的文化现象，其来源与作用可能有根本的不同。各民族的社会环境和地理环境决定其特性，没有普遍绝对的评判标准去衡量文化，因此每一民族、每一民族文化的独特发展历史就成了研究的重点。重新构建每个社会特有的文化史是探索文化发展规律的最佳办法。文化内部的发展和外部的力量影响到文化历史的发展与结果。

将每一种文化都作为在功能上相互联系的系统是以马林诺斯基和拉德克利夫为代表的文化功能学派对待文化变迁的主要观点。该学派努力找出作为整个人类社会的功能的一般法则。功能学派分析了文化的历史作用，但它把研究的重点放在探索每一种文化现象对于社会成员以及作为整体社会的功能和作用上，分析方法是功能分析法，因此去探究日常生活的文化事项。社会文化的功能、结构的研究虽然是功能学派的研究中心，在研究文化现象的过程中仍然把重点放在探寻文化现象的功能的变化、消失与替代。

文化涵化作为文化变迁的一种类型，多种因素在影响文化涵化的结果，也即多因一果。这些多因素包括社会所处的自然环境、社会经济、文化背景、社会需要等。这些因素或多或少、自觉或不自觉地影响到每个民族文化的涵化过程和结果。如果某一强大的文化对弱小的文化形成压倒性优势，那么弱小文化就会变成强大文化的一个部分，后者只能作为一种亚文化出现。如果文化涵化程度相当高，后者完全同化于前者，这种文化涵化是单向涵化。纵

---

① 司马云杰. 文化社会学 [M]. 北京：中国社会科学出版社，2001.

观文化的涵化结果，双向的文化涵化是主流，也就是两种文化在持续接触过程中，双方都采借对方的文化组成部分，从而使文化共性日渐增加。因为近几十年来的人类学研究结果已经证实此现象的存在：即使是弱小的文化与强大的文化接触当中也有可能产生双向的涵化。例如，美洲印第安人的传统文化和美国的主流文化形成两极分化的格局，印第安人在吸收美国文化中许多的生产技术、生产工具甚至生活方式，促进了印第安人文化的涵化。虽然美国主流文化处于优势地位，但是，在与印第安文化接触中美国文化也接受了许多印第安文化特质和因素，从而使得美国主流文化的涵化呈现多元性的特征。美国著名人类学家比尔斯（A. R. Beals）研究了美国文化中的印第安人文化特质，探究了二者的文化互动情况和结果。他的研究结果认为印第安人的文化和美国文化甚至西方文化都存在相互吸收的情况。印第安人播种了很多外来物种包括家种作物如爱尔兰土豆、玉米、大豆、南瓜、甘薯，200多种植物和药草，许多种类的棉花等等。"而且美洲印第安人的音乐对世界最新音乐创作，如不正常音程、任意音阶、冲突节奏、催眠调，都做出了贡献。这些借用来的东西与我们的文化整合得如此完整，以至于几乎没人知道它的起源"[1]。

2. 安庆回族文化涵化

民族文化是一个民族在成长和发展历程中所积累下来的文化形态。民族文化象征一个民族的发展历史和实践的创造性，反映该民族发展的水平。从内涵看，民族文化是共同生存于同一环境下的人们在持续的生产和社会生活中，在各个领域里所继承和创造的心理和行为方式。从外延看，人们衣、食、住、行、婚姻、丧葬、节庆、娱乐、礼仪等物质生活和精神生活是民族文化的外在表现。一个民族对事物的好恶、美丑、有用与否、提倡和禁忌的心理和行为都会体现在具体的日常生活和生产中，诸如服饰的样式、饮食的种类、住房的形式、生产活动的方式、婚丧的仪式都是民族文化的载体。

作为反映民族居住格局特征的一种概念，无论"散居""杂居""散杂居"还是"聚居"，它既反映了民族的居住形式，又体现了民族的分布方式。我国各民族的居住形式，一般可分为"聚居形式""散居形式""杂居形式"三种，但三者都是相对概念。其中，"散居形式"是相对于"聚居形式"而言的，"聚"有"聚集"之义，还可代表"村落"的意思；"散"则是"分散"的意思，也有"聚落"之义；而"杂居形式"则介于聚居与散居之间，是相对于

---

[1] A. R. Boals with G. &L. S Pindler. Culture in Process, Holf Rinehart & Winston. 1973：298.

"聚居形式"和"散居形式"而称的一种居住形式。按照民族居住的上述三种形式，民族就可以划分为"聚居民族""散居民族"、杂居民族"三类。顾名思义，"聚居民族"就是一个民族集中居住在某一地理区域内，并在该区域内的总人口中占有一定数量比例，在此区域内是否有别的民族不影响该民族的居住格局；"散居民族"则是指某一民族的成员广泛分布于该区域内，呈零星状态分布居住；"杂居民族"是指两个或两个以上的民族共同混合居住在某一非民族自治区域内。

目前，我国少数民族"散杂居"从地理空间分布的特征来判断，具有以下三种形态：城市散杂居少数民族的"散杂居"，农村散杂居少数民族的"散杂居"，民族乡散杂居少数民族的"散杂居"。从民族自治区域的行政区域的划分来进行对比研究，可以发现散杂居少数民族包括三种类型：一是指没有固定分布于实行民族区域自治的少数民族，比如京族、土族、阿昌族、鄂温克、高山族、乌孜别克族等13个少数民族基本上都属于散杂居少数民族；二是指已经实行民族区域自治但不居住在自治地方的少数民族；三是指在少数民族自治地方内的非自治少数民族，如恩施土家族苗族自治州是自治地方，除了苗族和土家族外，该区域内长期生活着白族、回族、侗族等少数民族，于是这些少数民族在恩施州内就属于散杂居少数民族。

由于受到其他民族文化的影响，安庆回族文化在族际交往过程中，吸收了部分外族文化，尤其是汉族文化。这些外族文化因子在安庆回族文化体系中生根发芽，成为他们日常生活中的一个部分。在实际调查中，很多回族居民都表示不同宗教信仰的人能够居住在一起并且保持畅通的交往，尊重对方信仰习俗。回民表示周围的汉族能够了解和尊重他们的风俗习惯，因而他们与汉族相处比较融洽。所以，安庆回族居民都与回族邻里建立了良好的关系，并且和汉族形成了较为亲密的朋友关系。从交往的适应程度来看，处于多民族散杂居的环境里回族文化表现出很强的适应性，这种文化适应性的前提是让回族居民在对汉族文化进行内化。在此过程中，汉族也必须在尊重回族的宗教信仰和利益的前提下进行族际互动。

各民族间的社会交往互动就是族际交往，又被称为族际交流、族际互动、民族社会交往等。个人交往、个人与群体、群体之间的交往是其基本内涵，它反映了不同民族之间的民族关系状态。研究安庆回族跨文化交往及文化互动，对加强安庆民族团结、构建和谐社会具有积极的现实意义。族际交往必然涉及交往的方式，安庆回族跨文化交往的方式主要有以下几种：

（1）邻里互助。安庆回汉农村社区里最为常见的交往方式是邻里互助形式。主要表现为，当某一方遇到困难的时候，另一方就会伸出援助之手。族际交往使得回汉之间的联系较为紧密，在日常生活中，加深双方的理解和交流。如果没有持续的日常生活接触，邻里互助就不会实现。在调查中发现，小群体的邻里互助都是带有人情帮助的意味，从来不求经济回报，但个人的声誉得到提高。当然大群体的邻里互助带有市场经济的原则，涉及一定的切身利益必须要回馈，回馈的方式很多，有礼金、礼物馈赠，还有回赠人情等等。

（2）经济交往。作为族际交往的重要组成部分，经济交往在安庆回族跨文化交往中扮演着重要角色。从事日常小商品买卖的回民，比如卖牛肉的回族老板，卖饼子和做烧烤生意的老板，他们都知道市场经济中良好声誉的重要性，为了使自己生意更好，于是在提升产品质量的同时，也极力搞好人际关系。

（3）学校教育。学校里回族同学和其他民族同学之间交往也是一个重要的族际交往方式，并且教育的交往方式可以从心智上使得安庆回族学生能更理性、更科学、更全面地认识到多民族关系的处理方式和方法。同学交往建立的关系一般很稳固，因为经济利益涉及得比较少，更多的是兴趣和志向方面的因素在影响同学关系的建立。在安庆的民族学校里，回汉同学之间的关系比较融洽，汉族学生比较尊重回族学生的宗教信仰和礼仪，并且双方都能比较全面地了解对方的民族文化。而回族学生拥有某些可以玩乐的东西的时候，也会和汉族学生分享。在学习互助上，汉族学生给予回族学生很多帮助。汉族学生一般都能够在家长的指导下，了解回族同学的一些礼仪、礼俗和禁忌，在日常交往中做到相互尊重。于是，安庆回汉民族之间的文化互动在学校教育中得到了良好的实践，加深了彼此的文化尊重和理解。

二、涵化特点

文化涵化的特点会表现在文化涵化的过程和结果之中，了解文化涵化的特点是深度研究文化涵化过程和策略的基本条件。此外，在对涵化的动力机制进行研究的过程中，也必须要建立在了解文化涵化的特点之上。因此，安庆回族文化涵化特点的研究为后面的涵化动力、涵化模式研究奠定了基础。在安庆回族文化的涵化过程的实证调研中，发现了安庆回族文化涵化具有地域性特征。同时，问卷调查的统计分析也表明了安庆回族文化涵化在具备一般性文化涵化特征的同时，地方性、民族性的特点也非常明显。总体上来说，安庆地区回族文化涵化呈现以单向涵化为主，部分文化出现双向涵化的双重特点，这说明，回族文化涵化已经深入到了具体的生活之中。另外一个显著特征是文化涵化的不均衡性，这个特征主要表现在城乡文化涵化程度不同、不同时代的人群涵化程度不同、宗教生活和世俗生活的涵化程度不同、不同阶层的人涵化程度不同等几个方面。在城乡区域、代际文化背景、生活领域、社会阶层等都有着不同的特点。由于受世俗化进程的影响，加之皖江城市带城市化进程的推进，安庆地区民族文化外在表象的弱化非常明显。市场经济的强劲发展，使得生产和生活领域都呈现了镜像化的特点，传统回族文化在世俗化和市场经济的双重作用下，纷纷改头换面。无论是服饰、饮食、居住格局还是社会交往，回族文化的边界模糊。

（一）以单向涵化为主，部分文化出现双向涵化

两种文化在接触的过程中，会发生文化外借的情况。但是，由于处于文化对话过程中的双方，总会有一方在文化力量上占有优势。文化地位的悬殊导致了文化吸引力的存在。文化力量薄弱的一方总是扮演着被动的角色，以补充文化养分的姿态参与到文化涵化的过程中去。而文化力量强大的一方，居于文化的正统地位，向力量弱小文化释放新文化成分的信号。形成了两个结果：一是弱小文化在文化涵化过程结束后，成了主流文化的一个部分；二是弱小文化虽然没有并入主流文化的体系中去，还保持着自己的文化独立性，但其文化的特质具备了主流文化的因素。所以，无论结果如何，二者都表现出一个共同的文化涵化特点：主流文化依靠强大的文化力量，使得弱小文化只能吸收主流文化的养分，以主流文化为涵化主体的单向文化涵化特点形成。当然，就算再强大的文化模式也存在不足。要克服或者更新落后的文化部分，就必须从其他文化中吸收营养以获取生命力。从这个角度来看，力量悬殊的文化对话中的回汉双方，也会部分呈现双向涵化的特点。

表 5-1　一年购买回族服饰的数量

		频次	百分比
	0 件	678	69
	1 件	196	20
变量	2 件	79	8
	3 件及以上	29	3
	总计	982	100.0

从表 5-1 的统计数据可以知道，1 年之内不买回族衣服的有效百分比达到了 69%，而买 1 件的占 20%。买 2 件的则只占 8%，买 3 件以上的仅占 3%。

民族服饰购买数量上的改变,表明回族服饰文化发生巨大变迁。服饰是一个民族文化的重要表现,透过民族服饰的变化,可以发现民族文化的其他方面的涵化。安庆地区人们购买回族服饰极少,足以证实汉族服饰文化的强大覆盖力。服饰从来不是作为一个可有可无的物质存在于社会之中,它包含了更多的社会意义,不同的场合决定了不同的衣着样式。在社会生活中,存在着种类繁多的生活和生产场域,这些场域对应着相应的服饰文化。汉族服饰文化的多样性和易变性很好地适应了当代社会生活需求。从表中数据结果看,安庆地区大部分回民改穿汉族服饰,汉族文化对回族文化形成了压倒性优势。二者在文化涵化过程中,形成以单向文化涵化为主的特点。

购买回族服饰在城乡之间、不同的经济条件上是否存在总体均值差异,为了研究这个问题,进行方差分析很重要。见表 5-2。

表 5-2 主体间效应检验

因变量:一年购买回族衣服的数量

变异来源		III 型平方和	自由度	均方	F	Sig.
	假设	366.175	1	366.175	76.617	.072
	误差	4.779	1	4.779[a]		
月收入	假设	2.824	3	.941	1.786	.323
	误差	1.581	3	.527[b]		
住处	假设	4.779	1	4.779	8.708	.014
	误差	5.628	10.254	.549[c]		
月收入 * 住处	假设	1.581	3	.527	.914	.435
	误差	193.800	336	.577[d]		

a. MS(住处)
b. MS(月收入 * 住处)
c. .561 MS(月收入 * 住处) + .439 MS( )
d. MS( )

从表 5-2 的方差分析结果中,月收入的 $F=1.786$,$P=0.323$。在 $a=0.05$ 的水平之上,说明月收入在 1 年内购买回族数量的总体均值差之间没有统计学意义。而住处(城乡)的 $F=8.708$,$P=0.014<0.05$。在 $a=0.05$ 的水平之下上,表明住处(城乡)在 1 年内购买回族的数量的总体均值差之间有统计学意义。

为了更好、更深入地证实这个论点,仅仅从回族服装的购买数量上来说明不够。要分析服饰文化内容和形式的变化情况。

表 5-3　回族服饰变化情况

		频次	百分比
变量	从来没有变化	69	7.0
	变化很小	540	55.0
	变化很大	373	38.0
	总计	982	100.0

民族服饰具有相对稳定性，但从数据统计结果看，安庆地区回族文化的涵化程度之高。服饰内容和形式的对比是历史性的，也就是说，把不同时期的衣服进行内容和形式上的对比，如果存在差别，就说明回族服饰文化已经发生涵化。值得注意的是，文化涵化存在着大小之差。服饰内容和形式发生"很小"变动的占55%，"变化很大"的占38%。二者的累加百分比达到91%，而"从没有发生变化"的只占7%。数据对比说明服饰文化发生变化的比例高。安庆地区回族服饰的内容和形式都积极地吸收了汉族文化的某些特质，从而改变回族服饰原来的某些结构，同时具备了某些新的文化特质。从文化因素的移植比例来看，虽然统计数据没有表明到底是哪些汉族服饰文化被吸收到了回族服饰的文化体系中并且进行整合，但汉族服饰文化确实对回族服饰文化形成了巨大的优势，这种文化优势使得二者在文化涵化的过程中形成了单向涵化，即回族文化借取汉族文化。

在安庆地区回族文化的涵化过程中，除了表现出单向涵化为主的特征外，还存在部分文化双向涵化。双向涵化的文化特征是进行文化对话的双方，都彼此吸收了对方的文化因素。或者说，在一个文化载体上，都表现出了双方文化成分，二者的文化成分共同构成了一个完整的文化实体。

表 5-4　房子的装潢特色

		频次	有效百分百
变量	本民族	64	6.6
	现代	660	67.2
	传统和现代都有	258	26.2
	总计	984	100.0

房屋装潢是一个融合多元文化成分的系统工程。所以，如果回族的传统文化和现代文化都共同存在其中，这就表明回族文化和汉族文化都进行着双向的涵化。表5-4所显示的统计数据表明，部分双向涵化的选项"传统和现代都有"的有效百分比占25.2%，比"现代"（67.1%）选项的比例要低很多，比例上的差异表明安庆地区回族文化存在着部分的双向涵化特征。从纵向分析会发现，文化的传统性和现代性这两个特征完全不同的文化也在进行持续的对话中，二者的涵化有效百分比达到26.2%。

房屋装潢是否和个人的某些基本情况如收入、性别、城乡（户口）、文化程度有关系？或者说，这些关系的强度如何。具体分析结果见表5-5。

表5-5 相关性

		文化程度	户口	月收入	性别	房子的装潢特色
文化程度	皮尔逊相关性	1	.236**	.246**	−.190**	−.048
	显著性（双侧）		.000	.000	.000	.350
	总计	383	383	348	383	377
户口	皮尔逊相关性	.236**	1	.153**	−.010	−.106*
	显著性（双侧）	.000		.004	.852	.039
	总计	982	982	972	982	927
月收入	皮尔逊相关性	.246**	.153**	1	−.229**	.116*
	显著性（双侧）	.000	.004		.000	.032
	总计	952	952	952	952	962
性别	皮尔逊相关性	−.190**	−.010	−.229**	1	.016
	显著性（双侧）	.000	.852	.000		.762
	总计	918	918	972	982	912
房子的装潢特色	皮尔逊相关性	−.048	−.106*	.116*	.016	1
	显著性（双侧）	.350	.039	.032	.762	
	总计	958	958	928	928	928

**. 在0.01水平上显著相关（双侧）.
*. 在0.05水平上显著相关（双侧）.

在表5-5中，文化程度的皮尔逊相关系数是−0.048，户口（城乡）的皮尔逊相关系数是−0.106，月收入（经济条件）的皮尔逊相关系数是0.116，性别皮尔逊相关系数是0.016。由此可知，房屋装潢和经济条件和性别成正相关性。

对文化双向涵化的进一步解读,还应该从婚姻构成上来分析。族际通婚往往会导致外来文化的加入,行为方式、价值观念等方面的文化都会发生变化。族际通婚不仅是促进文化涵化结果产生的因素,还是文化双向涵化特征的具体表现。

表 5-6 父母的民族情况分布

		频次	有效百分百
变量	全部是回族	831	84.6
	父亲回族,母亲不是	48	4.9
	母亲回族,父亲不是	66	6.7
	父母都不是回族	37	3.8
	总计	982	100.0

父母双方的民族差别有两种类型:父亲是回族,母亲不是;母亲是回族,父亲不是。而在我们的问卷中,也搜集到了作为汉族文化代表的"父母都不是回族"的选项。虽然这个选项的有效百分比只有3.8%,但包含的内容却非常丰富,因为前表的数据内容是和此项有着紧密的逻辑关系。所以前表所显示的选项"传统和现代都有"的有效百分比达到25.2%,这个结果表明,在安庆地区,汉族房屋文化也吸收了部分的回族传统文化。此外,虽然表5-6所检测的是父母民族成分的问题,但其暗含着很深的文化涵化特征。因为婚姻不仅仅是一种生物学上的人类性别结合,更多的是在这种性别结合的过程中所伴随的文化交融的现象。因为来自不同的民族的性别结合,代表了两种不同民族文化的对话。在日常的生活中,常常看到族际通婚所发生的文化误解的现象,这是文化双向涵化不畅通所导致的结果。统计数据所显示的族际通婚的有效百分比达到14.2%。表明回汉民族文化双向涵化的基本事实。但具体到是哪方面的文化发生了双向涵化,本问卷没有对此问题进一步研究,这也是本书研究的一个不足。

从表5-7中的统计数据可以看出,在安庆地区回族文化的双向涵化中,其他民族对回族的文化保有很强烈的好奇心,并且部分还有着学习的动机。在对回族文化的态度上,"喜欢,并且学习"的占13.1%,"喜欢,但没有学习"的占38.9%,"一般"的占21.8%,而中立态度的"不喜欢,也不排斥"占19.5%,不接触也不学习的态度——"不喜欢并且十分排斥"的占1.6%,

对此无法判断其态度的占 5.1%。剔除后面两项的百分比，得出的和回族文化进行互动的达到 94.2%。这个百分比表现的是，在安庆地区，其他民族对回族文化的态度非常友好，但是，其他民族向回族文化借用文化资源所占比重不多，比例不高。因为第一个选项——"喜欢，并且学习"只占 13.1%，这个数据就表明汉族文化借取回族文化成分非常少。其他民族学习回族文化是基于生活需要和个人兴趣使然。

表 5-7　其他民族对回族民族文化的态度

		频次	百分比
变量	喜欢，并且学习	129	13.1
	喜欢，但没学习	149	38.9
	一般	214	21.8
	不喜欢，也不排斥	191	19.5
	不喜欢，并且十分排斥	16	1.6
	不是很清楚	50	5.1
	总计	380	100

（二）不均衡性和碎片性

文化涵化的过程复杂，涵化结果多样，文化涵化的特征多元化。文化涵化的单向特征表明涵化的不均衡性。文化涵化的不均衡性则从文化的具体方面对其进行分析。对安庆地区回族文化涵化进行田野调查和问卷调查后，通过数据统计分析，认为安庆地区回族文化涵化的不均衡性主要表现在以下几个方面。

1. 城乡文化涵化程度不同

作为一种地理空间分割的方法，城乡概念不仅仅具有地理区位之差的基本含义，更多的是体现了一种文化性状差别的文化多元的格局。因为，城乡所依赖的文化内驱力的基础不同，城乡文化的涵化程度也表现不同。

从表中的数据可以发现，在一个选项里，城乡的制衣工艺水平存在着差别。因为回族服装的制作过程是否采用新的现代性的制作工艺，本身就表明了文化涵化的结果。认为"保持传统工艺"的农村占 26.1%，城镇占 73.9%；认为"适当采取现代工艺"的农村占 50.0%，城镇占 50.0%；认为"大范围采取现代工艺"的农村占 75.5%，城镇占 24.5%。剔除第一个选项，因为该选项没有体现出文化涵化结果。而在第二个选项，虽然所表示的文化涵化程度不是很高,但已经把文化涵化的结果表示出来:城乡文化涵化程度水平都很高。而在第三个选项里,农村地区的文化涵化程度(75.5%)比城镇(24.5%)的要高。这个结果看似与日常生活的判断相矛盾,常理认为城镇是一个现代文化要素占多数的地方,理应在民族服装的制衣过程中加入更多的现代工艺,城市本身就是现代生产力的代表。但这种观念忽视了一个原因——民族服饰所蕴含的民族文化因素的稳定性。民族服饰要体现民族文化特点和采取什么样的制衣方式不存在必然联系。农村地区大范围地采用现代制衣工艺进行服装生产,这和城市化进程、皖江城市带的兴起有关。城市化不仅是城市面积扩大,也不仅是城市人口规模扩大,而是新生产力的发展。城市化的进程为农村获取新生产力提供机会,因此,数据统计所显示农村地区文化涵化(大面积采取现代生产工艺)程度要比城市高。

表 5-8 住处 * 回族服饰的制衣水平交叉制表

住处			回族衣服的制衣水平		
			保持传统工艺	适当采取现代工艺	大范围采取现代工艺
	农村	计数	24	112	40
		住处	13.6%	63.6%	22.7%
		回族衣服的制衣水平	26.1%	50.0%	75.5%
	城镇	计数	68	112	13
		住处	35.2%	58.0%	6.7%
		回族衣服的制衣水平	73.9%	50.0%	24.5%

表 5-9 住处 * 做礼拜的次数交叉制表

住处			做礼拜的次数				
			每天都做	主麻日才做	宗教节日才做	家中发生重大事件才做	不做
	农村	计数	4	29	62	13	66
		住处	2.3%	16.7%	35.6%	7.5%	37.9%
		做礼拜次数	9.8%	32.2%	65.3%	41.9%	61.7%
	城镇	计数	37	61	33	18	41
		住处	19.5%	32.1%	17.4%	9.5%	21.6%
		做礼拜次数	90.2%	67.8%	34.7%	58.1%	38.3%

从上表中，安庆地区城乡之间做礼拜的情况存在着巨大差异。不同选项之间存在明显差异，统一选项在城乡之间的比例分布也不尽相同。城乡之间做礼拜次数不同，表明安庆地区回族这方面文化在城乡之间呈现不均衡性。显示"每天都做"的在农村占9.8%，城镇占90.2%，二者之间存在巨大差异，表明农村在城市化和市场经济等新因素的综合作用下，传统文化根基容易受到新文化浪潮的入侵从而发生文化涵化。传统农村社会较少有新文化因素的进入，一旦社会改革转型，已经处于文化饱和状态的城市会出现文化四溢的现象，文化处于不饱和状态的农村就成为城市文化的流入地。农村地区比较严格遵从传统文化的现象很少。显示"主麻日才做"和"家中发生大事才做"的数据中，城镇所占的比重都比农村高，显示"宗教节日才做"的数据中农村高于城市。

2. 涵化程度的代际性

文化的习得是不同时代的人根据现实生活的需要有选择性地攫取。不同时代的人文化涵化程度会有差异，这种文化主体所呈现出来的文化涵化代际不均衡性也表明文化涵化的历史性。

表 5-10 代际 * 和配偶认识的途径交叉制表

			和配偶认识的途径	
			自由恋爱	媒人介绍
代际	老年	计数	15	51
		代际	22.7%	77.3%
		和配偶认识的途径	8.6%	32.3%
	中年	计数	124	94
		代际	56.9%	43.1%
		和配偶认识的途径	70.9%	59.5%
	青年	计数	36	13
		代际	73.5%	26.5%
		和配偶认识的途径	20.6%	8.2%

上表数据表明，在安庆地区回族婚姻恋爱方式上，代际存在明显差异。随着社会发展，恋爱婚姻观念变化，人们在恋爱方式上有更多的自由权。选择"自由恋爱"的中年人占70.9%，青年人（在本问卷中，把未成年人也包

括在青年人这个群体里）占 20.6%，老年人只占 8.6%。就从数据而言，老年群体因为受着社会保守思想的影响，恋爱丧失了自我选择的权利（在那个特殊的时代）。生活在改革开放新时代里的中青年，则享受着社会思想观念开化所带来的恋爱自由幸福。汉族中自我选择的恋爱观正在不断影响着回民。

恋爱是婚姻的前奏，恋爱的方式很大程度上决定了婚姻的形式和性质。二者存在正相关关系。依据下表数据继续探讨安庆地区回族婚姻文化涵化在代际的不均衡性发展。

表 5-11　代际 * 婚姻状况的交叉制表

			婚姻状况			
			回回婚	教内婚	表亲婚	其他
代际	老年	计数	55	3	1	6
		代际	84.6%	4.6%	1.5%	9.2%
		婚姻状况	24.1%	23.1%	25.0%	7.1%
	中年	计数	151	8	2	54
		代际	70.2%	3.7%	.9%	25.1%
		婚姻状况	66.2%	61.5%	50.0%	64.3%
	青年	计数	22	2	1	24
		代际	44.9%	4.1%	2.0%	49.0%
		婚姻状况	9.6%	15.4%	25.0%	28.6%

回族是一个比较重视传统婚姻纯洁性的民族，并且把宗教的教义融入婚姻形式和内容中去。日常生活中，常见的回族婚姻种类有：回回婚姻；教内婚姻；表亲婚姻等。由于现在不允许近亲结婚，表亲婚在近些年里很少见。教内婚姻的宗教纯洁性很高，要求必须是回族宗教教派中的同一教派成员才能结婚。教内婚姻是回族婚姻文化中最为传统和纯洁的部分。如果这部分婚姻在现实生活中所占的比例呈现下降趋势，表明回族文化正在发生涵化。要着重探究不同选项之间在代际间的比例分布差别，才能看出文化涵化的代际不均衡性。选"回回婚"的老年占 24.1%；中年占 66.2%；青年只占 9.6%。老年的比例比中年的少 42.1 个百分比，这是因为老年在"表亲婚"和"教内婚"中所占的比例较多。同时，其他选项中，老、中、青的比例在安庆回族群体中都存在不均衡性。

那么皖江城市带回民的婚姻类型和个人基本情况是否存在关系,并且二者的关系强度如何。见表5-12的相关分析。

表5-12 相关性

		年龄	文化程度	月收入	婚姻状况
年龄	皮尔逊相关性	1	-.554**	-.314**	-.246**
	显著性（双侧）		.000	.000	.000
	总计	982	982	348	967
文化程度	皮尔逊相关性	-.554**	1	.246**	.260**
	显著性（双侧）	.000		.000	.000
	总计	982	982	928	967
月收入	皮尔逊相关性	-.314**	.246**	1	.115*
	显著性（双侧）	.000	.000		.042
	总计	928	928	928	917
婚姻状况	Pearson Correlation	-.246**	.260**	.115*	1
	Sig. (2-tailed)	.000	.000	.042	
	N	928	928	917	928

**. 在0.01水平上显著相关（双侧）.
*. 在0.05水平上显著相关（双侧）.

在表5-12中的相关分析中,年龄和回族婚姻类型的皮尔逊相关系数是-0.246,在0.01水平上显著性相关,但是,二者是负相关。文化程度和婚姻类型的皮尔逊相关系数是0.260,在0.01水平上显著性相关。这说明,文化程度越高,婚姻类型越趋于现代型。月收入（经济）婚姻类型的皮尔逊相关系数是0.115,在0.05水平上显著性相关。所以,各种因素（比如教育、经济等现代化发展）使皖江城市带回民的婚姻类型向现代型转换。

继续探究安庆地区回族文化在其他指标上的代际不均衡性涵化特点。宗教文化是回族文化的重要组成部分,也是最能体现回族文化独特性的重要方面。回民对其他宗教的态度表明了其宗教意识程度的高低,也显示宗教文化对话的开放性程度。在安庆地区所进行的问卷调查中,发现回族宗教与其他宗教对话状态是一种宽容并且主动的态度。具体见表5-13。

表 5-13 代际 * 对佛教和道教态度交叉制表

			对佛教和道教的态度			
			完全反对	一般反对	中立	赞同
代际	老年	计数	7	5	45	9
		代际	10.6%	7.6%	68.2%	13.6%
		对佛教和道教态度	24.1%	16.7%	15.5%	30.0%
	中年	计数	18	20	163	16
		代际	8.3%	9.2%	75.1%	7.4%
		对佛教和道教态度	62.1%	66.7%	56.0%	53.3%
	青年	计数	4	5	83	5
		代际	4.1%	5.2%	85.6%	5.2%
		对佛教和道教态度	13.8%	16.7%	28.5%	16.7%

在思考关于伊斯兰教与佛教和道教的共同存在关系的时候，思考者受自身文化传统基因影响外，还受社会文化环境的影响。社会文化环境源源不断地向其输送文化资源，从而使其保持文化结构体系的新旧更替。代际就表明了在不同历史阶段里，文化主体所表现出来的文化涵化的历史性差异。横向比较，中年在每个选项中都占据了最大的比例；纵向比较，代际呈现中间大、两头小的特点。答案设置呈现了程度梯级递增的特征，能把文化涵化的结果在对待其他宗教文化的态度上表现出来。如果没有文化涵化结果的作用，宗教态度就不会呈现本身的变化。无论从横向还是纵向来看，安庆地区回族文化的代际不均衡性非常明显。

需要注意的是，皖江城市带文化涵化的不均衡还表现在不同的个人身上。对于佛教和道教的态度，不同的回民会在这个问题上表现出不同的结果。那么是哪些因素？其影响效力如何？具体结果见表 5-14 的回归分析。

回族文化的不均衡性涵化，在个人的层面上表现得非常明显。在表 5-14 中，在对佛教和道教的态度上，文化程度这个因素的回归系数 B＝0.075，婚姻状况的回归系数 B＝0.042，年龄的回归系数 B＝0.000，月收入的回归系数 B＝－0.64。从这些回归系数的特征可以看出，文化程度的贡献力量是最大的，是最能影响到文化态度的变量，因为文化教育的过程本身就是一种文化交流和文化态度转变的过程。其次，婚姻状况的影响力第二，这说明，不同的婚姻状况，会直接影响到对其他宗教的态度上，因为回族是一个婚姻和宗

130 ※ 皖江城市带回族文化涵化研究——以几个回族传统社区为例

教紧密相连的民族。

对佛教和道教的态度的回归方程＝文化程度×0.075＋年龄×0.000＋婚姻状况×0.042＋月收入×（－0.064）。

表 5-14 系数ª

模型		非标准化系数		标准化系数	t	Sig.
		B	标准误	Beta		
1	（常量）	2.672	.263		10.158	.000
	文化程度	.075	.036	.139	2.081	.038
	年龄	.000	.003	－.013	－.182	.855
	婚姻状况	.042	.069	.038	.620	.536
	月收入	－.064	.046	－.079	－1.395	.164

a. 因变量：对佛教和道教的态度

3. 宗教生活和世俗生活的涵化程度不同

对于具有宗教信仰的民族来说，宗教生活和世俗生活一直都是他们的两大生活范畴，也可说，是它们架构起了回族生活的基本框架。历史已经证明，宗教生活和世俗生活的和谐相处，这是回族民族的生存和发展智慧的体现。但二者之间的文化对话问题所引发的一系列矛盾，就是自身文化体系内部变异的结果。至于哪种生活对回族的生存和发展产生决定性的作用，这已经超出了本书的研究范围。但至少我们看到，宗教生活和世俗生活确实已经发生了涵化，但我们需要更进一步地指出，作为构成回族文化体系的几大部件，宗教生活和世俗生活涵化程度的不同所导致的文化结果是什么。为了更好地分析这个问题，探究二者的文化涵化程度的差异状况就具有了基础性的作用。

为了更好地对这问题进行量化研究，我们需要借助 SPSS 统计软件来对问卷中的测量指标进行新测量维度的产生。要新产生宗教生活和世俗生活这两个大的维度，必须进行概念化操作。基于这样的安排，本书在问卷中选择了属于宗教生活内容的几个具体的测量指标合成一个新的测量维度，而对于世俗生活的新维度的产生，也采取同样的方法。比如，我们在对世俗生活的涵化进行考察的时候，需要选择几个比较具有代表性的指标来进行测量。我们选择了交友状况来对其进行分析，如果被访问者具有较多的汉族朋友，就说明他的交际圈很广，并且他的生产和生活都具有很大的世俗性。如果被访者没有多少个汉族朋友，或者说根本就没有，就可以说明其生活圈子只限于本民族内，所接触的也都是本民族的人和事，那么，他就丧失了接触汉族文化的机会，因为文化就体现在日常的人和事中。既然连接触汉族文化的机会都没有，那么回族文化的涵化就不会发生。对于安庆地区回族文化中的宗教文化的涵化分析，也是采取同样的分析方法。但只是在考察宗教生活中的文化涵化情况的时候，采取什么样的测量指标，这是能否做到科学和客观研究的前提。

表 5-15 拥有汉族朋友的数量

		频次	有效百分比
变量	有，全部都是	36	5.7
	有，绝大多数都是汉族朋友	703	71.6
	有，只有几个	219	20.3
	有，就一个	4	0.4
	没有，都是回族	20	2.0
	总计	982	100.0

在问卷调查所统计的982份访问者里，安庆地区回民的交际状况很汉化——拥有很多的汉族朋友。因为在一个以汉族人口为主的地方，社会中的各个领域都有汉族人的存在。所以，回族要进行有效和有序的生产和生活，必然要和汉族发生各种各样的联系。从上表中可以知道，有很多汉族的朋友的占71.6%；全部是汉族朋友的占5.7%；只有几个少数汉族朋友的占20.3%；没有汉族朋友的占1.8%。综合分析，汉族朋友众多的有效比达到78.3%。这个比例已经说明，安庆地区回族居民的人际关系是多元的，交往领域是广阔的，日常生活的世俗性涵化程度很高。

那么，分析不同文化程度、不同经济条件和城乡之间的回民们的汉族朋友数量的相关性，对了解各种不同回民的朋友关系显得非常重要。具体分析结果见表 5-16。

表 5-16 相关性

		文化程度	户口	月收入	拥有汉族朋友的情况
文化程度	皮尔逊相关性	1	.236**	.246**	-.223**
	显著性（双侧）		.000	.000	.000
	总计	982	982	976	980

续表

		文化程度	户口	月收入	拥有汉族朋友的情况
户口	皮尔逊相关性	.236**	1	.153**	−.069
	显著性（双侧）	.000		.004	.177
	总计	982	982	348	382
月收入	皮尔逊相关性	.246**	.153**	1	−.179**
	显著性（双侧）	.000	.004		.001
	总计	976	976	348	347
拥有汉族朋友的情况	皮尔逊相关性	−.223**	−.069	−.179**	1
	显著性（双侧）	.000	.177	.001	
	总计	980	980	948	980

**. 在 0.01 水平上显著相关（双侧）.

在表 5-16 中的相关性分析中，文化程度、户口和月收入的皮尔逊相关系数分别是 −.223、−.069、−.179。可见，回族文化中，无论什么样的文化和经济条件，只要能在心理上拉近距离，都可以成为好朋友。

作为世俗生活的一个重要组成部分，婚姻仪式承载了太多的文化涵化结果。婚姻仪式不仅仅是传统婚姻文化的传承，也是现代文化的现实作用的结果。随着传统文化现代文化交融情况的加速，我们会发现，婚姻仪式和内容总会每隔一段时日就会增加或者更换一些新的内容。这种婚姻内容的变动性，其实就是文化涵化的结果的反应。由于汉族婚姻文化和回族婚姻无论是在形式上，还是在内容，甚至心理上都存在着巨大的差异。如果我们的问卷能测量到汉族婚姻文化和回族婚姻文化相互融入的特点，那么就说明二者存在着文化涵化的情况。我们暂且不探究回汉婚姻仪式相杂的原因是什么，不探究到底是回汉通婚所导致的对婚姻仪式所采取的一种兼顾双方的措施，还是回族传统婚姻观念的改变所导致对汉族婚姻文化的采用结果。无论是哪种原因，只要我们能测量出二者如果存在相互兼容的结果，那么就能证明，安庆地区回族文化中的婚姻文化确实越来越世俗化了。

一个人的朋友构成和数量多少，肯定和自身某些条件有关系。那么，这种关系的强度如何呢？从相关分析中，或许可以找出皖江城市带回民文化的某些特质。具体分析见表 5-17。

表 5-17 相关性

		文化程度	婚姻状况	月收入	住处	拥有汉族朋友的情况
文化程度	皮尔逊相关性	1	−.356**	.246**	.097	−.223**
	显著性（双侧）		.000	.000	.057	.000
	总计	383	383	348	382	382
婚姻状况	皮尔逊相关性	−.356**	1	−.154**	.192**	.215**
	显著性（双侧）	.000		.004	.000	.000
	总计	383	383	348	382	382
月收入	皮尔逊相关性	.246**	−.154**	1	.170**	−.179**
	显著性（双侧）	.000	.004		.002	.001
	总计	348	348	348	347	347
住处	皮尔逊相关性	.097	.192**	.170**	1	−.057
	显著性（双侧）	.057	.000	.002		.267
	总计	382	382	347	382	381
拥有汉族朋友的情况	皮尔逊相关性	−.223**	.215**	−.179**	−.057	1
	显著性（双侧）	.000	.000	.001	.267	
	总计	382	382	347	381	382

**. 在 0.01 水平上显著相关（双侧）.

在表 5-17 的相关分析数据中，不同的因素与有多少汉族朋友存在着不同的相关程度。文化程度的相关系数是−0.223，婚姻状况的是 0.215，月收入的是−0.179，这三者都在 0.01 水平上显著相关。住处（城乡）的相关系数是−0.57，在 0.05 水平上显著相关。除了婚姻状况和朋友数量之间存在着正相关性外，其他几个因素都是存在着负相关性。这是因为婚姻关系的确立，家庭的责任更大，在各个方面都非常注重朋友的作用。

在表 5-18 中回族婚姻文化没有受到汉族婚姻文化涵化的占 20.1%，而其他选项都证明回族婚姻文化吸取了汉族婚姻文化因素，只是其他三项所表示的文化涵化程度高低不同。其中，"简略的回族结婚仪式"占 47.4%，和传统的回族结婚仪式相比较，现在的结婚仪式无论在形式上还是在内容上都简略得多。虽然在本质上，简化的回族婚姻文化还是属于回族文化范畴，但回族婚姻文化的内部已经发生变异——数量上和结构上的变化。这就是当地社会经济文化对回族文化涵化的结果。表示文化涵化程度较高的选项——"回汉相杂的结婚仪式",其所占有效百分比为 26.5%,采取此项结婚仪式的那部分回民,在遵守回族婚姻文化的基本前提下,吸收了汉族婚姻文化的部分内容并和本民族的传统文化相结合。这种类型的婚姻仪式处在两种文化系统的交叉地带,两种文化就有接触的机会,发生文化的涵化现象就自然而成。表示回族婚姻文化涵化程度最高的选项——"完全的汉族结婚仪式"有效百分比也达到了 6.0%,这表明他们都经历了很长且程度很深的文化涵化过程。

表 5-18 婚姻仪式的情况

		频次	百分比
变量	严格的回族结婚仪式	197	20.1
	简略的回族结婚仪式	465	47.4
	汉回相杂的结婚仪式	261	26.5
	完全的汉族结婚仪式	59	6.0
	总计	335	100.0

婚姻类型和经济条件、城乡、文化程度有什么样的因果关系?这需要从回归分析入手,建立回归方程来解答。具体分析结果见表 5-19。

表 5-19 系数[a]

模型		非标准化系数		标准化系数	t	Sig.
		B	标准误	Beta		
1	(常量)	.346	.287		1.203	.230
	文化程度	.233	.063	.210	3.678	.000
	月收入	.032	.088	.021	.365	.715
	住处	.458	.146	.174	3.130	.002

a. 因变量:婚姻类型

在表 5-19 中的回归分析中,文化程度的回归系数 B=0.233,月收入的回归系数 B=0.032,住处(城乡)的回归系数 B=0.458。那么,婚姻类型的回归方程是:婚姻类型=文化程度×0.233+月收入×0.032+住处×0.458。可见,婚姻类型和文化程度有着较强的相关性,因为受教育越高,就能接触到更新的思想,文化的涵化也就更容易发生。

现在,我们再来探究安庆地区回族宗教生活的涵化情况。由于宗教生活的范畴太大，我们不能对其进行全方位的研究，只能选择一两个属于宗教生活领域的具体指标来对其进行实证分析。

表 5-20 对长辈传承的宗教教育态度

		频次	有效百分百
变量	完全接受	301	30.7
	部分接受	671	68.3
	完全不接受	10	1.0
	总计	982	100.0

回族宗教的传承路径很多，除了家庭教育，还有经堂教育；有非正式化的教育，也有制度性的国家教育。随着社会世俗化进程的加快，回族宗教传承机制受到挑战。经堂教育正在面临现代化教育体系的严重挑战，同时，随着孩子在正规学校里接受的现代化知识增多。孩子的独立思考和个性在不断增强，作为晚辈的回族年轻人，在面对长辈们向其传承回族传统文化的时候，会对传承的内容加以分析，有选择性地吸收。在面临传统宗教教育内容的时候，安庆回民以怎样的方式来接受，不同的接受方式代表其传统文化吸收不同，以及他在本民族文化和其他文化的对话中的倾向与选择。如果二者兼收并蓄，那么汉族文化和回族文化的接触条件具备，就会发生文化涵化。实际情况要从实证分析中找寻答案。表示"完全接受"的占30.7%，"部分接受"的占68.3%，"完全不接受"的占1.0%。安庆地区回族在宗教教育传承上具有较为完整的纯洁性，在涉及回族宗教核心内容时不容怀疑。综上所述，宗教生活中的文化涵化程度不及世俗生活中的文化涵化程度，二者的文化不均衡性涵化特点非常明显。

对于传统文化的传承，是哪些因素导致了传承效果的变化呢？并且这些因素的影响力多大？通过回归方程的建立，可以看出各个因素的因果作用的大小了。具体分析见表 5-21。

在表 5-21 的回归分析中，文化程度的相关系数 B＝0.062，年龄的相关系数 B＝－0.005，婚姻状况的相关系数 B＝－0.64，月收入（经济）程度的相关系数 B＝－0.038。对长辈传承的宗教教育的态度的回归方程＝文化程度×0.062＋年龄×（－0.005）＋婚姻状况×（－0.064）＋月收入×（－0.038）。在这个回归方程中，文化程度对长辈的宗教教育的态度的影响是正相关的，这说明，随着教育程度的提高，人的知识结构和基本素养会随之优化，这部分回民在对长辈的宗教教育的态度是一种不断灵活变化的态度。

表 5-21　系数[a]

模型		非标准化系数		标准化系数	t	Sig.
		B	标准误	Beta		
1	(Constant)	1.921	.181		10.623	.000
	文化程度	.062	.025	.157	2.474	.014
	年龄	−.005	.002	−.179	−2.640	.009
	婚姻状况	−.064	.047	−.078	−1.357	.176
	月收入	−.038	.032	−.064	−1.182	.238

a. 因变量：对长辈传承的宗教教育的态度

4. 不同阶层的人涵化程度不同

当人作为一个个体存在的时候，他所表现的各种文化姿态具有强烈的个人色彩，并且这种文化形态的个人表现往往就和他的个人具体情况有着强烈的正相关关系。但是，当人作为一个集团或者作为一个阶层里的成员来看待的时候，其个人的文化行为就能体现其所处的阶层的整体文化的特征。所以，当我们从阶层这个角度来探究安庆地区回族文化的涵化特点的时候，是在从一个比较宏大的视觉来分析回族文化的群体性涵化情况。我们直接的分析对象是个人，而我们的分析最终目的是寻求阶层层面上文化涵化的特点，如果这样进行研究，就会出现区位的错误。为了调和二者的关系，我们的实证研究对象是个人，研究结论的分析也是个人。只是，我们在这里把个人看成是作为阶层的一个成员，而不是个体性的成员，其文化涵化状况多少都表现出了其所处的阶层的文化涵化情况。

需要注意的是，阶层的划分是进行不同阶层的人的文化涵化程度研究的前提。对于阶层划分，马克思、韦伯等都提出了不同的划分方法。在本书里，我们借助韦伯的"三元划分方法"中的经济变量作为划分安庆地区回民阶层的变量。结合我们的研究情况和安庆地区回民的经济收入的实际状况，我们选择了月收入来作为测量指标。不同的月收入情况对应着不同的阶层划分：月收入少于 999 元的被归于贫困阶层；月收入 1000~2000 元的是温饱阶层；月收入 2001~2999 的是小康阶层；月收入 3000 以上的是富裕阶层。如按照现在中国经济发展情况和 CPI 飙升的实际情况，月收入 3000 不能被归于富裕阶层。但鉴于安庆地区回族经济发展的实际情况，我们的指标划分是地方性的，只代表本地方的经济收入情况。虽然，安庆地区的回民不足以形成一个阶层，但这里的阶层是不具有民族界限的，而是超越了民族界限作为一个社会属性而存在。

基于以上研究假设和研究指标的确定，我们先从概貌上分析安庆地区回民经济收入的总体性情况，为后面的深度研究提供基础。

表 5-22 阶层划分

		频次	有效百分百
变量	富裕阶层	57	5.8
	小康阶层	151	15.5
	温饱阶层	442	44.9
	贫困阶层	332	33.8
	总计	982	100.0

根据表 5-22 的统计数据显示，"富裕阶层"选项的占 5.8%；"小康阶层"的占 15.5%；"温饱阶层"的占 44.9%；"贫困阶层"的占 33.8%。对比分析得知，温饱阶层的比例最大，其次是贫困阶层，二者之和达到 78.7%，这说明，安庆地区回族经济收入情况不容乐观，因为温饱和贫困之间移动性很大，一旦经济条件发生改变，贫困者有可能步入温饱者行列，反之亦然。但温饱者进入小康之列，困难也重重，因为改善经济条件非常之难。所以，对于安庆地区的回民来说，要实现经济的向上移动，要面临很多的问题和困境。在搞清楚安庆地区回民的大体经济收入和阶层划分情况后，为后面对处于各阶层的回民个体文化涵化情况的深度研究提供基础。

服饰是文化的一个重要组成部分，某一段历史阶段里，服饰不仅客观地再现相应民族的生活生产文化的情况，还再现了民族心理认识活动的情况。由于服饰文化是一种客观存在的文化实体，所以，其外在服饰各个部分都代表一定的文化含义，并且这种文化具有一定的稳定性。但随着认识主体主观认识结构和内容的变化，人们对民族服饰的各个部分所代表的文化含义的认识是变化的，并且了解认识的程度也有高低之分。这种对文化认识的水平差异，实际上反映的是，由于受到其他文化的影响，或者是由于吸收了其他民族的文化从而改变了自身文化的部分性质，导致对本民族某些文化认识的模糊性。下表就是基于这样的论述，对安庆地区处于不同社会阶层的回民对回族衣服个部分文化含义的了解程度的统计分析。

表 5-23　阶层划分 * 对回族衣服各部分文化含义的了解程度交叉制表

			对回族衣服各部分文化含义的了解程度			
			很了解	中等了解	一般了解	完全不了解
阶层划分	富裕阶层	计数	2	4	10	0
		阶层划分	12.5%	25.0%	62.5%	.0%
		对回族服饰各部分文化含义的了解程度	5.4%	3.5%	4.9%	.%0
	小康阶层	计数	1	21	32	4
		阶层划分	1.7%	36.2%	55.2%	6.9%
		对回族服饰各部分文化含义的了解程度	2.7%	18.4%	15.6%	14.8%
	温饱阶层	计数	16	45	84	8
		阶层划分	10.5%	29.4%	54.9%	5.2%
		对回族服饰各部分文化含义的了解程度	43.2%	39.5%	41.0%	29.6%
	贫困阶层	计数	16	36	512	4
		阶层划分	13.2%	29.8%	47.1%	9.9%
		对回族服饰各部分文化含义的了解程度	43.2%	31.6%	27.8%	44.4%

从上表的统计数据可以看出，安庆地区处于各个社会阶层的回民对回族服饰的各个部分的文化含义的理解程度存在巨大的差异。在"很了解"这个选项，富裕阶层的占5.4%，小康阶层的占2.7%，温饱阶层的占43.2%，贫困阶层的占43.2%。这种对民族穿越服饰文化含义了解程度的两极分化特点，深刻地揭示了不同阶层的人文化涵化程度不同这一结果。如何解释随着经济条件的提高，回民对传统文化（传统服饰为代表）的了解程度反而降低了，也即是如何解释二者的负相关性。这是因为经济条件好的回民，一旦融入汉族生活的深处，那么他的思维方式和生活作风都会烙上汉族文化的印记。正是在观念和实际生活中吸收了汉族文化，才导致其对本民族文化了解程度的降低。而经济收入少的回民，日常生活和社会关系大部分限于本民族文化圈子里，丧失了接触其他文化的机会。没有文化的接触，文化涵化就不会发生。同样，在"中等了解"这个选项里，富裕阶层的占3.5%，小康阶层的占18.4%，温饱阶层的占39.5%，贫困阶层的占31.6%；在"一般了解"这个选项里，富裕阶层的占4.9%，小康阶层的占15.6%，温饱阶层的占

41.0%,贫困阶层的占 27.8%;在"完全不了解"这个选项里,富裕阶层的占 0.0%,小康阶层的占 14.8%,温饱阶层的占 29.6%,贫困阶层的占 44.4%。这几个选项,虽然各个阶层的比例不同,但之间的比例差异却具有趋同的特点:经济收入高的阶层,对回族服饰各个部分的文化含义的了解程度不及经济收入不太乐观的阶层。但有个现象值得注意,那就是在"完全不了解"这选项里,经济条件差的两个阶层(贫困和温饱阶层)所占的比例最高,而经济条件好的两个阶层(富裕阶层和小康阶层)所占的比例较小,甚至富裕阶层不存在完全不了解的情况。这种结果需要从文化资本这个角度来分析,因为对文化的了解需要以一定的知识为基础。经济条件不佳的阶层,其文化资本也不容乐观,从而影响到他们对传统服饰各个部分的文化含义的了解。

虽然在上面的阶层文化涵化的分析中得知不同的阶层的回民的文化涵化程度是不同的,但我们还是要把此问题的分析进行深度剖析。在一个人的社会阶层地位中,有很多因素对其有着重要影响。在考察皖江城市带回民文化涵化的过程中,那些不会念古兰经的回民,是基于什么样的因素才不会呢?这需要从回归分析入手。具体分析结果见表 5-24。

表 5-24　系数[a]

模型		非标准化系数		标准化系数	t	Sig.
		B	标准误	Beta		
1	(常量)	.909	.145		6.248	.000
	年龄	.008	.002	.270	4.251	.000
	文化程度	.042	.026	.103	1.635	.103
	住处	.088	.053	.087	1.641	.102

a. 因变量:没有学过古兰经经文

在表 5-24 中,年龄的相关系数 B=0.008,文化程度的相关系数 B=0.042,住处(城乡)的相关系数 B=0.088,那么没有学过古兰经经文回归方程=年龄×0.008+文化程度×0.042+住处×0.088。可见,住处(城乡)对没有学过古兰经的结果的影响最大,这也许是因为城市化的过程使得在城市居住的回民丧失了学习古兰经的文化环境。其中,年龄的作用最小。是否学习古兰经和年龄没有必然关系,学习可以随时进行。

(三)民族文化外在表象的弱化

文化是具有层级特征的,文化的最深部分是人的心理文化,其次是世俗生活的习惯文化，最后才是具有外在形态的物质文化。无论是哪种形态的文化，其都具有一定的稳定性。虽然心理文化具有很大的模糊性和不可见性，但是它却可以通过外在的物质文化特征表现出来。总之，文化作为一种具有结构性的历史现象，不同层面的文化都是存在着相互关系，并且是相互影响的。文化的变迁，不仅是文化特质的变异，还是外在特征的变迁。无论是哪种文化的变迁，都是表现文化涵化的结果。

在安庆地区回族文化涵化的民族学田野调查和社会学的问卷调查的数据统计中，发现安庆地区回族文化外在表象弱化的特点很明显。或许，我们可以根据一个人的外貌体格、语言、生活习惯、穿着等外在表现来判断一个人的民族身份及其民族文化。但是，如果这些外在的文化表象都弱化以后，我们就很难发现其民族身份和民族文化状况了。作为一种客观存在的现象，这种文化的外在表象弱化表明，文化涵化是其得以发生的动力。但限于外在文化范畴之大，无法做到穷尽性的研究，我们只能选择从属于外在文化表象范畴的几个具体变量指标进行定量研究，通过数据变化特点去发现它们发生改变的基本情况。

服饰是一个人的民族文化外在表象的最直接体现，因为服饰不仅从身份上直接标识了某人的民族身份，而且也反映了他的民族文化习惯和认识。如果其民族服饰穿着在日常生活中发生了改变，就表明其在民族文化心理发生了改变，这种改变是因为吸收其他的文化才得以发生的，或者迫于生活环境和社会环境的变迁而被动做出的文化改变，这种文化妥协态度其实就是两种文化在对话中形成的力量不平衡性所导致的结果。

从前表中的统计数据的变化可以看出，在工作之余的穿着情况之间存在着很大的变化。在这里需要说明的是，服装有很多类，为什么选择工作之余的着装来作为测量安庆地区民族外在文化涵化的标量指标？这是因为工作服装具有强制性，是他者意志力要求的结果，是他者环境中一系列规章制度规范下的产物。用一个充满外在力量在场的指标来作为测量文化外在表象，其效度和信度都是很低的，因为工作之外的着装是自己自由选择的结果，个人的喜好、个性、认识等因素都能真实地体现于日常的着装里，所以，服饰能更好地反映出文化外在表象的变化情况。并且根据我们的观察发现，那些回答是"无所谓"的回民，都是穿着汉族服饰的，并且他们透露的更多是一种对民族服饰认识的宽容态度。这种服饰的穿着变化，能直接从服饰上辨别民族身份及其民族文化非常之难，所以，安庆地区回族文化的外在表现弱化特点非常明显。

为了更好地探究安庆地区回族文化的外在表象的变化情况，我们有必要先分析一下回族房屋外在结构和内部功能的设置情况。回族房子不仅仅满足人们休息的自然功能，还要满足回民们从事宗教活动的需要。有些房屋的部分的特别设置，也是带有特殊的民族文化成分的。如果某些房屋结构和功能的缺失，则表明随着文化涵化的发生，这部分文化外在表象已经不存在了，其相应功能则被其他设施替代。

接着分析不同收入水平、文化程度之间的总体工作之余的着装的总体均值差是否有差异。这需要从方差分析来完成。具体分析结果见表5-25。

表 5-25 主体间效应检验

因变量：工作之余的着装

变异来源		III 型平方和	自由度	均方	F	Sig.
假设		509.547	1	509.547	1565.907	.000
误差		2.930	9.006	.325^a		
文化程度	假设	1.798	5	.360	.919	.480
	误差	13.697	35.025	.391^b		
月收入	假设	1.065	3	.355	.875	.466
	误差	11.796	29.061	.406^c		
文化程度 * 月收入	假设	6.965	14	.498	1.731	.049
	误差	92.566	322	.287^d		

a. .528 MS（月收入）+ .011 MS（文化程度 * 月收入）+ .461 MS（）
b. .493 MS（文化程度 * 月收入）+ .507 MS（）
c. .564 MS（文化程度 * 月收入）+ .436 MS（）
d. MS（）

在表5-25中的方差分析中，因素文化程度的$F=0.919$，$P=0.480$，在$a=0.05$水平，可以认为，文化程度的工作之余的着装的总体均值间的差异没有统计学意义。同样，因素月收入的$F=0.875$，$P=0.466$，在$a=0.05$水平，可以认为，月收入的工作之余的着装的总体均值间的差异没有统计学意义。

吊罐是回族家庭数百年来用以洗大净的沐浴设施，是回族家庭内居室中区别于非穆斯林家庭最具特色的硬质装饰。回族是个爱清洁的民族，一日五次礼拜，少不了洗大净，吊罐就成了回族穆斯林的日常沐浴用具。即便是在缺水少雨的西北黄土高原，抑或是饮用雪水的青藏雪山草原和连人畜饮水都困难的地方，每个回族家庭的每个卧室都装置有吊罐。吊罐有陶质的，也有铁皮的，形状类似普通的水罐和水桶，故又称之为吊桶。在表 5-26 中的统计数据可以看出，回民房屋设置吊罐的有效百分比是 10.0%，没有设置的有效百分比则高达 90.0%，二者比例相差如此之大，足以说明，作为一种回族民族文化的外在表象，吊罐在安庆地区的回民房屋中的功能已经被其他沐浴设施取代。因为现代化的多功能的沐浴设备非常之多，并且方便、清洁、节约。这是现代科技进步导致回族文化中的某些物质文化失去竞争力，所以，吊罐被现代的沐浴设备取代就不足为奇了。吊罐在安庆地区回族房屋文化中的退出，就是安庆地区回族文化外在表象弱化最好的例子。

表 5-26　住房是否建有吊罐

		频次	百分比
变量	有	98	10.0
	没有	884	90.0
	总计	376	100.0

三、涵化策略

文化涵化是一个复杂的系统，既有过程也有策略。文化涵化的过程和策略是相互联系的整体，没有文化涵化的过程也就没有文化涵化的策略。同样，文化涵化策略贯穿于文化涵化过程的始终。通过文化涵化策略的运用，文化涵化才得以进行并产生结果。一般来说，文化涵化策略主要有这几个类型：文化整合、文化同化、文化分离、边缘化。本小节的最后对安庆回族不同社会阶层的人文化涵化策略进行实证分析。

（一）文化整合

作为文化涵化策略的一种类型，文化整合是很常见的一种文化涵化策略。文化整合发生于进行文化对话的两个文化系统之间，文化吸收者把对方某部分的文化因子借用过来并且对其进行文化特征的整合。在文化整合的过程中，加入自己对文化构造的理解，新引进的文化被整合进一个文化体系结构完整并且功能互补的文化系统里。所以说，文化整合是文化发生变迁的基本条件，因为文化整合往往调整了文化之间的结构位置，文化子系统之间的关系被塑造成了一个全新的互补关系。文化结构位置的调整，为文化特质发生变异提供了物质基础。

为了更好地理解文化整合的深刻含义，必须对"整合"一词进一步说明。作为一个文化学范畴，"整合"是从生理学和思维科学中引进。"整合"概念在生理学研究中，是指"生命有机体或细胞中各组成部分在结构上组织严密、功能上动作协调组成完整的系统"，它具有生物组织结构和功能上的结合、综合、融合、一体化等含义。美国神经生理学家谢灵顿从系统的角度对神经系统的内在机制即"整合"做了仔细研究，认为"整合"具有多层次性、不可还原性等特征。基于前人的研究，后来的学者对"整合"定义大多也从系统的角度切入。在认识论研究中，"整合"又被赋予了特定的含义："整合"是指一个知识被系统地吸收到认知结构中去的过程，是指主体反映活动内在机制，其内涵是思维主体以选择和建构为轴心，以自组织、自适应为特征的一体化全层次反映活动。

关于"文化整合"的界定在文化学研究中也丰富多彩。概括起来，主要有两种定义。一种是把"文化整合"当作一种结果，等同于"文化融合""文化涵化"。代表人物有美国人类学家克鲁伯（A. L. Kroeber），他认为："文化涵化是文化与文化之间的影响所造成的结果"[1]。另外一种界定把"文化整合"理解为文化发展的一个过程。如我国学者何晓明认为："文化整合是渊源和特质均不相同的文化相互吸纳、重新组合的过程"[2]。对上述两种说法进行分析后，其共同点是：第一，都认为不同文化相互接触导致了文化整合的产生；第二，都认为不同文化相互吸纳、相互影响是文化整合的具体表现。二者对于文化整合的定义比较准确，但有所不足。第一种说法把"文化整合"看作是一种结果，等同于"文化融合""文化涵化"，这种认识不全面。"文化融合"是"文化整合"的一种方式和过程，二者不能等同。第二种说法认为文化渊源和文化特质均不相同才导致了"文化整合"的发生，这不太合理。只要两种文化之间存在差异，暂且不管是何种差异，它们之间就有发生文化整合的可能。在借鉴生理学和文化科学对"整合"定义的基础上，结合文化所具备的特质，本书认为，"文化整合"是指在文化相互接触过程中，一个文化系统以其文化价值导向为核心，以其文化内在结构和功能为参照系，采取主位文化的主体性姿态，对其他居于客位文化地位的文化系统进行选择和建构的过程。全层次性和序化定向性是其两个最基本特征。

根据以上对文化整合的定义可以得知，文化整合具有主体性人格的特征，

---

[1] 李安民. 关于文化涵化的若干问题 [J]. 中山大学学报, 1988 (4).
[2] 何晓明. 中国文化与欧洲启蒙运动 [J]. 社会科学战线, 1997 (3).

文化主体会以自身文化价值为核心并且结合自身文化结构和功能分布对其他文化系统进行主动性的选择吸收。但是文化具有开放性和系统性的特征,这就决定了文化整合必须具备全体性和序化定向性。文化系统的各个层次在文化整合中都分别进行着整合,而且是按照有序整合的步骤进行,这样的文化整合过程导致了文化变迁呈现出一定的整合维向。组成文化系统的各个部分的文化类型比如物质文化、制度文化和精神文化在文化结构中的稳定性不同。处于文化系统最外围的物质文化由于科学技术变化速度快而使得其稳定性较差;其次是制度行为文化,而最为稳定的是精神文化。这种文化的稳定性和它在文化整合过程中所发生的功效关系密切相关。正如余英时先生所言"大体而言,物质的、有形的变迁较易,精神的、无形的变迁较难"。这种文化变迁速度的观点与美国社会学家奥格本的文化堕距理论相同。该理论认为,由于科学技术发展速度过快,物质文化的形式和内容在比较短的时间内会发生变化,而处于作为社会有序运行的制度性文化和精神变化的速度则在物质文化变化速度之后,二者形成一定的距离。根据这个理论,文化整合发生变化的速度快慢依次是:物质文化→制度文化→精神文化。

文化整合机制是一个复杂的系统,"机制"在文化学研究中指一个文化系统内部各文化特质之间相互牵制和相互匹配的关系,文化整合的全过程都依赖于文化整合的内在机制。由于文化整合的内在机制包含的成分太多,本书重点考察文化主体性机制在文化整合机制中的重要作用。自主性、主动性是文化主体性机制的最核心特点,它能产生一种动力机制,透过这个动力机制,其他文化的成分被文化主体内化。民族精神、价值取向、思维方式三个部分组成的动态性系统结构是这一机制的内在基础,三者形成一个相互独立、相互作用、相互制约的有机整体。通过这个有机整体文化系统与其他客位文化发生关系,其中,民族精神是核心部分,是整个系统的精神动力和发展方向,价值取向和思维方式的基础建之于它,物质文化和制度文化的精华为其提供了文化动力。作为一个民族生存发展的思想源泉和内在动力,精神文化是一个民族区别于其他民族的重要标志,是一个民族凝聚力的思想核心。文化主体性机制在文化整合中表现为主位文化在整合客位文化的特质之前已形成一个"接受屏幕"。当主位文化通过这个"接受屏幕"来衡量、评判、鉴别、选择和吸取客位文化及其特质时,便形成一个"整合态势"。客体文化特质正是透过这种"接受屏幕"和"整合态势"而被整合到主位文化中去。这种"接受屏幕"和"整合态势"又必然会影响对客位文化的客观理解和解析。因此,关键是如何尽可能在客观理解和解析客位文化的基础上,再以这种"接受屏幕"和"整合态势"来对客位文化的文化特质予以整合。

安庆回族文化的整合程度非常高,下面以个案访谈的形式来说明这个问题。

● 个案六

时间:2012 年 9 月

地点:安庆南水回族社区的清真寺

人物:回民老者,男,79 岁

我们是在清真寺里遇到这位回民老者的,他的精神非常好,看起来好像只有 60 多岁。我们和他谈起伊斯兰文化的各种问题,他都是非常认真地回答着。我们的交谈主要围绕以下几个回族文化主题:

1. 关于回族文化传承的代际断层问题。安庆回族文化面临的一个主要问题是回族文化传承面临着严重的代际断层:老一代回民对回族文化有着较为系统和完整的认识,并且在行为和精神层面上都能做到有效践行。但在中青年尤其是生于 1990 年以后的一代,对回族文化却知之甚少,甚至是淡漠的。对于这个问题,他的看法却是非常开明的,他认为是汉族文化和世俗文化的强大影响,才导致了这样的问题的发生。他说,离开了汉族文化,他们的文化就失去存在的物质基础。所以,如何在这样的背景下做好回族文化的传承问题,确实是安庆回族全体同胞共同面临的问题,他说没有想到一个可行的方案。但他认为,只要生活水平提高,社会秩序稳定,回族文化是否能完整地传承给下一代,他表示不太看重。

2. 关于回族孝道文化。他说,孝道文化在回族文化体系中占有重要的位置,按照伊斯兰教的价值观,"拜主"之后就是"孝亲",养老敬老的重要性仅次于做礼拜。作为子女,如果没有孝道,没有孝心,一辈子做多少次礼拜都没用。回族的孝道要表现在:父母有过失,发脾气,子女要以好的态度和语气对父母说话,不能大声责骂。子女对老人的孝心和行动,重在今世,次在后世。但是,他现在对孝道文化有了自己的理解,他说,随着社会竞争压力的增大,子女也面临着各种社会压力,子女有进取心、拼搏心和事业心,才能获得自己的发展。在这样的社会条件下,让子女在各种方面对父母尽到孝心,肯定会影响到子女的打拼和发展。他说,子女发展得好了,买得起房了,有个美好的婚姻和一份有发展前途的事业,就是对父母最大的孝心,而不是像传统回族孝道文化里所要求的那种,牺牲子女的个人利益成就老年人的利益。

3. 关于生育观念。在大多数的民族生育观念里，都有偏重于生育男孩的观念，这是男性偏好的性别选择观念。对于这样的问题，他认为他本人以及他周围的朋友、亲戚都看得很淡。因为，男孩和女孩都是生命，生命值得尊重。他也有传宗接代的观念，但他认为女孩子也可以传宗接代。当问到回族社区的回民在生育观念上和周边的汉民有什么区别的时候，他说区别是有，但很小。周边的汉族生男孩的意愿有，但一般只要生到第二个还不是男孩，就不会再生了。但追求传宗接代的部分回民会一直生到有男孩，才停止生育。

从以上案例中可以看出安庆回族在文化整合方面的力度较强，在他们的传统文化中，吸收了大量的汉族文化。他们在对待自己文化面临的各种问题时，都会采取有效的措施来解决，对于不能解决的问题，他们可以预设到未来的发展情况。安庆回族文化在世俗化的过程中，也变得功利和现实了，他们看重的是当前实实在在的利益：学习好了，考个好学校，找个好工作，有个好婚姻。而他们对回族文化的传统价值关乎甚少，当然也无能为力。同样，安庆回族孝道文化里也存在着这样的特点，传统的孝道文化变得更加世俗性、时代性和变异性。而安庆回族文化的这些变化，都是文化整合的一种体现。

（二）文化同化

安庆地区文化系统之间的汉族文化和回族文化有着不同的文化地位，处于优势文化地位的汉族文化系统具备雄厚的文化力量，而处于文化弱势地位的回族文化系统，在文化的对话过程中往往会因为缺少话语权而成为配角。汉族文化和回族文化在安庆地区的接触，是以一定的文化实力为基础。

作为一对彼此呼应的概念，安庆地区的汉族文化和回族文化具有不同的文化范畴。文化实力相对弱小、文化地位比较低下的安庆回族文化系统在和文化实力强大、文化地位较高的汉文化系统进行文化接触的过程中，回族文化系统会根据自己的文化需要逐渐借用、学习汉文化系统的先进文化。因此，文化同化是相对于弱势文化——回族文化而言，根据文化力量相对单薄的文化系统所发生的文化特征变化来定义。回族文化一方在同强势文化接触过程中，抛弃自己部分落后文化，吸取汉文化一方的先进文化。可以说，这是回族文化增强文化力量、调整自己文化结构、整合自己文化功能的有效途径。从这个角度来说，文化同化是安庆回族文化整体力量提升的有效助推剂，是一种先进的文化变迁现象。

安庆回族文化的同化，有很多分析层次。就民族层次来说，当安庆地区的汉族和回族文化系统进行文化接触的时候，相对落后的回族文化系统就自然而然地借用了汉文化系统的文化特质和文化丛。如果文化整合的过程和程度持续增强，那么回族文化系统的文化特质就会完全丧失，从而形成一个新的民族文化特质。同化是文化进步现象，一般表现为，安庆回族和汉族文化系统接触时，比较落后的文化—回族文化自然地吸收先进文化——汉文化的文化特质和文化丛，以至完全丧失自己原有文化，而这安庆回族完全丧失了自己的文化特征。从历史学的角度来看，历史上的民族融合，本质上就是民族趋同化，安庆地区的回族文化的同化过程符合这一历史规律。

由安庆回族文化涵化过程引申出的就是民族文化同化问题，民族文化同化是一个民族或其一部分丧失本民族文化特征而变成另一个民族文化的现象。民族文化的同化是文化同化的一个重要方面，实事求是来说，民族迁移融合是民族文化同化的前一个阶段，正是有了民族文化的融合，民族文化的同化才得以真实发生，所以，安庆回族文化同化的基础是回族文化和汉族文化的融合。人类学界的"熔炉"理论是"文化同化"理论的基础。美国学者埃托克·圣约翰克雷夫科尔（Hcetor st. John Crevecoeur）是最早提出有关移民融合理论的学者。他在研究美国移民协调和融合的基础上于1752年提出了"熔炉说"。他认为美国将来自各国各地区的人民熔合成"美国人"，并且这个过程还在继续。"熔炉"这个词最早由赞格威尔（zangwill）在20世纪初提出，其主要源于对美国移民社会存在情况的思考和对融合的一种理解。这种理论鼓励在19世纪涌入美国的移民把自己作为美国人来思考和行动，最终放弃自己的传统文化，成为一个新的拥有共同文化的民族。这个过程就好像各种金属在一个大熔炉里面冶炼一样，最终形成一种新的合金。弗雷德·杰克逊·特纳（Rederick Jaekson Thrner）在19世纪中期提出了"边疆熔炉说"，是对熔炉理论进行最有力的论证。安庆回族文化的同化和"熔炉"理论的内容有差别，前者是在文化的表现和某些内部发生了同化，但其核心部分没有被汉族文化同化（宗教信仰和基本行为规范）。因此，安庆回族和汉族没有形成新的文化共同体，安庆回族文化只是通过文化同化的路径实现了文化的涵化过程和结果。

同化论（assimilationism）实际上是对"熔炉说"的一种修正和提高。同化论是指"一个国家以国族或主体民族的优势文化强制弱势民族或部族集团接受自己传统文化的一种思想或理论。所谓同化政策，便是指一个国家或政府根据同化主义理论和'文明输出'理论制定的一系列政策"[①]。这个观点认

---

① 黄现璠. 试论西方"民族"术语的起源、演变和异同（五）[J]. 广西社会科学，2008（5）.

为文化对话一方基于理性选择和文化压力而最终放弃自己原有的族群文化融于主流文化之中，弱势文化一方接受强势文化的主流文化而放弃自己原有的文化，从而能在新的文化环境中获得更好的生存和发展。国家的制度或机构（比如说法律体系、教育体系、公民资格认定等）都是实现民族文化同化的有效路径，在这种外在制度性的路径作用下，弱势文化的文化优势就会消失。根据安庆地区的实际情况分析，政府没有在政策的层面上直接涉及文化同化的主题，但从安庆市政府的各种政策来看，和安庆回族有直接和间接关系的各种文化、经济、社会等政策在功能上都在慢慢促进安庆回族文化被汉族文化同化。这些政策的目的都是促进安庆回族社区经济发展、文化繁荣、环境改善等。在完成这些目的的过程中涉及更多的外来文化，提高了汉族文化和安庆回族文化的互动水平，从而使得安庆回族文化的同化进程变得更快。

（三）安庆回族不同社会阶层的人文化涵化策略不同

安庆地区回族不同社会阶层的人在文化涵化策略上的不同，通过问卷调查的数据统计来对其进行实证分析。在分析安庆地区不同社会阶层的人的文化涵化策略的问题上，我们选择了婚姻等几个变量来进行测量，测量他们在这些变量上的得分情况。

表 5-27　阶层划分 * 和配偶认识的途径交叉制表

			和配偶认识的途径	
			自由恋爱	媒人介绍
变量	富裕阶层	计数	6	9
		阶层划分	40.0%	60.0%
		和配偶认识的途径	3.4%	5.7%
	小康阶层	计数	33	19
		阶层划分	63.5%	36.5%
		和配偶认识的途径	18.9%	12.0%
	温饱阶层	计数	75	59
		阶层划分	56.0%	44.0%
		和配偶认识的途径	42.9%	37.3%
	贫困阶层	计数	50	67
		阶层划分	42.7%	57.3%
		和配偶认识的途径	28.6%	42.4%

从表 5-27 得知，恋爱方式有两种：媒人介绍和自由恋爱。这两种恋爱策略代表了不同的文化涵化策略。自由恋爱的方式具有更多的主体自主选择性，和文化整合策略是相近的，因为二者都体现了文化互动主体的能动性。而媒人介绍的恋爱方式，更多地具有被动性的意味，是通过第三人来进行二人关系的撮合，所以，和文化同化策略更相似。在"自由恋爱"选项里，富裕阶层的占3.4%，小康阶层的占18.9%，温饱阶层的占42.9%，贫困阶层的占28.6%。综合对比，温饱阶层更倾向于自由恋爱的方式，其次是贫困阶层。而在"媒人介绍"选项里，富裕阶层的占5.7%，小康阶层的占12.0%，温饱阶层的占37.3%，贫困阶层的占42.4%。所以，在安庆地区，不同阶层的回民在恋爱方式上选择了不同的文化策略。在自由恋爱方式里，温饱阶层的比例最高，这也许与其经济条件有关系。因为温饱阶层在生存条件得到保证的前提下，有更多的自主权去安排自己的私人生活，他们受到的传统文化的束缚较弱，接受现代文化的心态较为宽松。而富裕阶层在自由恋爱方式上的比例较低，这与他们的深厚传统文化及同质性强的亲密关系的存在紧密相连，所以，他们倾向于通过熟人介绍门当户对的对象。在媒人介绍的恋爱方式里，贫困阶层的比例最高，这也是由他们有限经济条件所决定的，贫困阶层所拥有的社会资本、文化资本和经济资本都较为薄弱，他们没有机会认识更多的异性，并且没有资源去担负认识异性所花费的成本，所以，从成本优先的角度来看，媒人介绍是最优选择。

通过文化的传承，文化得以一代一代继承与发扬。对于回族宗教文化的代际传继承来说，对下一代的宗教文化的教育非常重要。对于安庆地区回族文化的涵化策略的考察，我们选择了对孩子宗教信仰的教育途径来作为测量指标。一共有三个指标：属于家庭教育的父母教育；属于民族文化制度性教育的清真寺教育；其他教育方式。按照宗教性程度的多少来评判，父母教育的方式机动性较高，内容和形式都比较随机，只要不违背核心文化要素即可；而清真寺的教育则具有官方的意味，比较体系化和正规化。在表 5-28 "父母教育"这一项中，富裕阶层的占3.8%，小康阶层的占14.0%，温饱阶层的占40.0%，贫困阶层的占34.3%。综合对比起来，温饱阶层采取家庭父母教育的方式来培养孩子的宗教信仰的比例最高，其次是贫困阶层，再次是小康阶层，最后是富裕阶层。于是，可以大致认为，经济条件和家庭教育方式的采用二者之间是负相关关系的。温饱阶层之所以比其他阶层较多地采取家庭的父母教育，这也许与其所处的社会夹心层地位有关系，在经济方面，温饱阶层只能满足基本的日常生活费用，并且传统文化的保存情况只能说是一般化，所以采取父母的宗教教育方式，是其社会地位、经济状况等实际情况的必然要求。温饱阶层在日常的生活里对孩子进行宗教信仰教育，既是其忙碌的工作和艰难的生活所要求的，也可以节省管理孩子和孩子受教育的时间、费用。

而在"清真寺教育"这一项里，富裕阶层的占4.5%，小康阶层的占19.3%，温饱阶层的占38.6%，贫困阶层的占23.9%。清真寺教育方式的选择和社会阶层的关系形式和上部分的分析是一样的，都呈负相关关系的特点。而其他阶层所占的比例较少，尤其是经济条件好的优越阶层（富裕阶层和温饱阶层）的比例最低，这大概与其优越的经济基础相关。经济基础好的阶层，对孩子的启蒙教育非常重视，因为关系到孩子将来的发展。所以，在孩子的教育初期，富裕和小康阶层都选择了社会化的教育机构来完成孩子的启蒙教育。他们在这两个选项中所占的比例都不高。

表 5-28 阶层划分 * 孩子对伊斯兰教的信仰来源途径交叉制表

			孩子获取伊斯兰教信息来源		
			父母言传身教	经堂教育	其他
变量	富裕阶层	计数	10	4	2
		阶层划分	62.5%	25.0%	12.5%
		孩子获取伊斯兰教信息来源	3.8%	4.5%	9.5%
	小康阶层	计数	37	17	3
		阶层划分	64.9%	29.8%	5.3%
		孩子获取伊斯兰教信息来源	14.0%	19.3%	14.3%
	温饱阶层	计数	106	34	8
		阶层划分	71.6%	23.0%	5.4%
		孩子获取伊斯兰教信息来源	40.0%	38.6%	38.1%
	贫困阶层	计数	91	21	7
		阶层划分	76.5%	17.6%	5.9%
		孩子获取伊斯兰教信息来源	34.3%	23.9%	33.3%

四、涵化阶段及态度分析

多种因素会对文化涵化的结果产生影响,从而使得文化涵化具有历史性和地方性。从社会文化的发展历史来看,文化的涵化作为一种必然产生的文化现象,其具备一定的涵化阶段并且表现出相当程度的稳定性来,与之相对应的是文化的三种态度。下面对文化涵化的三个阶段和三个态度进行分析。

(一)三个阶段:混乱、适应、平衡

文化涵化从两个文化开始接触到文化涵化完成是一个漫长的过程。当安庆回族文化和汉文化处于开始接触的时候,由于各种不稳定和模糊因素的存在,使得文化双方对对方的文化各种组成情况和文化特质的认识都具有片面性。这种对其他文化的不完全性认识充满了信息的不对称性,于是不确定性就隐藏在这种文化认识的信息不对称性之中。由于缺乏途径去认识文化对方,所以文化接触的双方都表现出一定程度的文化担忧,如果没有采取正确的文化接触方式,那么发生的文化对话误解会带来什么样的文化后果?在这种既担心又无确定性措施去面对文化接触的局面中,文化接触的混乱特质就在文化涵化的第一阶段里表现出来了。

在文化涵化的第一阶段里,进行文化对话的双方,都在心理和策略上表现出相当的不自信和不适性。但这没有扼杀文化接触双方进行下一步的文化对话的信心,因为彼此都知道,文化变迁是一种不可逆转的历史发展规律。只是在一种无助和希望共同存在的混沌状态里,如何克服那种无序并且充满张力的文化心理状态,这是文化接触双方都必须考虑的重点问题,加上对于文化对话结果的过分在意,就会加剧文化涵化双方心理上的紧张感,因为文化接触一旦出现失败的结果,对自己的文化发展就会带来消极影响。这种文化接触上的混乱不光是心理层面上的无助与迷茫,还表现在应对文化对话的方式措施。所以,在文化涵化的第一个阶段里,混乱会出现在与文化涵化相关的领域里。作为一种自然并且正常的现象,混乱并不可怕,可怕的是这种混乱状况一直延续下去。因为在文化双方接触的初期,由于各种非人为因素的存在,阻碍了双方能透彻了解对方文化特征并且能采取相应的有效的文化对话措施,这是非常自然的现象。如果这种混乱的状况从心理延伸到物质层面上,不能及时得到控制,那么其消极的文化涵化效果就会体现出来。文化涵化是一个完整的过程,前阶段里的文化初始接触的状况会影响到后面各个阶段里的文化涵化效果。这种文化涵化的承接性,使得控制混乱局面变得非

常重要，如果混乱局面的控制出现失败，那么文化的涵化就不会再继续下去，文化对话就会中断。所以，进行文化接触的文化双方都认识到，把混乱控制在一定的范围内和时间里有着非常重要的意义。于是，他们都会从心理、认识、方法等各个方面进行积极调适，以最大的努力降低文化混乱的程度，从而为后面的文化涵化各个阶段的有效进行奠定基础。总之，作为文化涵化过程系统的第一个阶段，混乱是一种不需要过度担心的自然现象，同时对其进行积极控制并采取有效的调适措施具有非常重要的意义。

在经历文化混乱阶段后，在这个阶段里所出现的文化矛盾使得文化对话的双方对对方文化特征的了解程度有所提升。于是，一方对另一方文化有了深度了解之后，根据自己的文化体系的需求来对另一方所具备的文化进行部分有目的性的选择。这种基于自身的文化发展需求而有选择性地吸收对方文化的阶段，就是文化涵化的第二个阶段——适应阶段。如果说文化涵化的第一阶段——混乱阶段本质上只是进行文化了解，那么第二个阶段的本质就是进行真正的文化吸收了。文化接受，需要文化双方之间的充分了解作为基础，同时也需要文化对话双方需要明确自己的文化需求，有选择地、有目的地吸收对方的文化素养，以补充自己的文化体系。当然，文化的选择，从本体论来看，也依赖于对方的文化的合作态度，如果对方的文化对话态度好，那么文化的吸收途径就畅通些。除此之外，还有很多因素在影响着文化接受的效果。国家层面的基本制度是影响文化接受的重要因素，国家通过一系列的政治、经济和文化制度，在宏观的层面上对文化的对话构成了制度性条件。比如国家会制定一系列的文化政策，对文化体系的各个部分做具体性的指标要求，这就会对文化的产生形成内容和形式的影响。国外对电影进行分级管理，这就使得不同层级的电影所面临的对象是不同的，于是，对于不属于这个层级电影的观众，自然就会丧失接触此类电影文化的机会，最后，这类观众就无法获取相应的文化成分。此外，社会中的风俗习惯、道德也会影响到文化接受的效果。虽然和制度性的国家政策的强力执行特点比起来，习惯和风俗就只能属于习惯法的范畴了，其所担当的是文化道德约束的作用。这种约束作用更多的是一种心理压力，形成对民俗规则的敬畏之心。比如，在中国乡土社会里，家长具有至高的地位，冒犯家长的权威会受到道德上的惩罚的。但随着社会环境的变化，家长的一言堂失去了权威基础，晚辈和长辈之间建立起了平等对话的机制。于是，衡量对话标准的是真理。对于这种礼俗社会向法理社会演进的文化变迁，接受这种文化变迁，需要人们从观念上做出相应的调整。当然，除了社会性因素的多重作用之外，文化体系的信息复杂程度也影响文化接受。由于文化的功效识别需要文化吸收者具备一定的条件，如果不具备心智和物质层面上的条件，那么对文化信息的选择就会出现低功效的结果。尤其是在信息化社会，立体型的信息结构增加了人们有效地选择信息的障碍。也正是由于信息量的增多，信息的证实性和有效性的识别是需要付出相当多的努力才能做到的。如果不能进行有效的信息筛选，那么出现信息接收错误的可能性是非常大的，这不仅影响文化接受有效性的高低，也影响自身文化水平的提高。总之，在文化的接受阶段，文化双方能根据社会需要来选择、接受某些文化特质，扬弃另一些文化特质，促成文化涵化。这个阶段的文化涵化冲击着彼此文化的内层结构，旧的不适应新情况的文化趋于消失，而对于自己文化发展有利的文化特质保留下来，因此，文化变迁开始出现，但规模不大。从这个角度来说，理性选择也是文化接受阶段里文化涵化双方的共有态度。

当前面两个阶段的文化涵化都已经完成后，文化的吸收差不多走完了一个完整的轮回。文化的涵化，不仅仅是接纳对方的文化成分，还是结合自身的文化特点并从自己的文化发展考虑对吸收进来的文化素养进行批判性改造的过程，这就是文化涵化的第三个阶段——平衡阶段。如果说文化涵化的第一个阶段，隔空设想对方的文化状况是其主要特点，那么基于理性选择从进行文化对话的对方吸收文化成分就是第二阶段的主要特点，但这两个阶段的存在都是在为文化涵化的第三个阶段做准备。文化涵化的最高境界是在吸收过来的文化里增加了本体论的主体性思考，这种对文化的主体性独立思考，是前面两个阶段所不具备的，文化的变异或者说是文化的创新在第三个阶段里完成。为了更好地说明安庆回族文化涵化的这个涵化过程，本书以个案对其进行分析。

● **个案七**

时间：2012 年 9 月
地点：皖河三溢回民农场
人物：回民 D，女，52 岁

我们见到 D 的时候，已经是下午三点。她当时在小商店里守店（她家在皖河农场开了一个小商店），当时气温高，我们问她是否可以让我们进去躲避一下炎热的太阳，她很高兴地欢迎我们进去。我们对她说明来意后，她就坐在我们的面前和我们交谈起来。交谈的主题是她是如何看待伊斯兰教和现代社会生活的调适问题。她说，随着社会的不断发展，皖河农场确实越来越具有现代化农场的气息，在吃、穿、住、行方面，回民的生活也越来越现代化。但她本人以前确实经历过文化混乱的阶段，那是在刚改革开放的时候，很多新鲜事物走进了生活，使得她在伊斯兰教和现代生活中苦苦徘徊了很久。在改革开放之前，三溢回民农场的回族社会具有高度的传统性，回民的价值观、伦理道德、行为方式等都受到伊斯兰教的影响，他们都按照伊斯兰教来规范自己的行为和思想。但是改革开放后，很多新鲜事物走进了农场社会中，她自己对这些新事物又爱又怕。爱的是这些新事物让她体验到了生活新的一面；怕的是接受这些新事物后，是否会遭受到教律的惩罚和周围回民的议论。到了80年代中期，她父亲给她带来了一个录音机，她悄悄在市场上买到了邓丽君的卡带，于是在深夜当人们都熟睡的时候，她才敢悄悄地使用它，一到白天就把它收藏起来。那时候的宗教和现代生活之间的迷惑，让她不知道该怎么处理好。

但随着改革开放的不断深入，社会观念不断更新，更多的新鲜事物融入生活中来，她已慢慢地淡化了宗教思想在生活中的影响。她以前只学习宗教知识，现在更重视学习科学文化知识，以前有钱也不存入银行，现在开始通过银行理财了。她想让自己的女儿（在中南民族大学学习金融）教自己如何让积攒的钱升值。她以前不敢看电视，生怕电视里所传达的那些文化知识淡化了自己的宗教信仰，现在她很喜欢看电视，尤其是湖南卫士的娱乐节目，她认为这些节目能让一个人的心态更加年轻。而对于现代社会中各种和传统回族文化相悖的问题，诸如喝酒、抽烟、放高利贷、非处女结婚、族际通婚等，她说只要不犯法，只要自己喜欢都可以去做。当问到她对她女儿未来的婚姻安排的时候，她说那是女儿的事情，自己做主，做父母的不需要干涉。她补充道，希望女儿找个非回族的男朋友。我们问她为什么，她乐呵呵地说："两个具有不同民族的人通婚，基因可以互补，有利于优生。"

从以上的案例分析中，可以看出安庆回族文化涵化经历了混乱、适应和平衡的过程。这三个阶段所处的时代和社会背景不同，安庆回族文化所面临的文化交流主体也不同，必然导致安庆回族文化具有不同的文化反应。安庆回族文化所经历的这三个阶段，也是安庆回族文化不断打开自己的文化心胸、接纳新文化的过程。

（二）三种态度：疑惑、接受、适应

从以上对文化涵化阶段的分析，可以知道文化涵化的阶段大致可以分为三个阶段。这种三阶段划分只是相对的，我们把它们单独拿出来进行分析，

是为了更好地研究文化涵化的阶段。在安庆回族文化涵化的实际发生过程中，文化涵化的阶段相互联系在一起并形成一个不可分割的整体。在不同的文化涵化阶段，文化对话的双方——回族文化和汉族文化会采取不同的文化涵化态度。美国人类学家J. W. 贝里（J. W. Berry）把一种文化模式中的个人或群体希望与另一文化模式相交往的方式称为"涵化态度"。他认为在持何种态度上取决于两种不同方面的相互作用：（1）愿意保持并反对放弃原有文化（如认同、语言、生活方式等）的程度；（2）愿意与异文化进行日常接触，反对只在本书化圈内活动的程度。根据对这两个问题的不同回答，贝里将涵化态度分为4类：

（1）当一文化模式中的个人不愿保持原有的认同而愿意与另一文化模式进行密切交往时，则会出现同化现象。若这种方式是涵化群体自愿选择的，其结果称为"熔炉"，若是统治群体强制实行的，则称"压力锅"；

（2）与上述现象相反，若执意坚持其固有的文化价值观，同时有意回避与其他文化发生联系，则出现分化现象；

（3）若既保持原有的文化特征，又不可避免地同异文化相接触就会出现整合现象。值得注意的是，涵化在社会生活和行为的各个领域的发展是不均衡的。例如，人们可能在经济上追求同化，在语言上保持整合（以双语形式），而在婚姻上则采取分化的态度（只在内部通婚）。安庆回族文化的涵化就出现这样的文化涵化不均衡性特点；

（4）既无意保持原有文化，又不愿与异文化相联系，会出现边缘化现象。但在安庆回族文化的实地调查和数据分析中，没有发现安庆回族文化出现边缘化的现象。虽然文化涵化的态度有很多种，但是疑惑、接受和适应这三种文化态度最为常见。需要注意的是，这三种文化涵化的态度也许都会存在于每一个文化涵化的阶段里，并不是每一个文化涵化的阶段只能允许一种文化涵化态度存在。下面，本书将对这三种最为常见的安庆回族文化涵化态度进行分析。

相对于后两种同质性高的文化态度（接受和适应），文化疑惑态度则是颠覆性的，因为它对汉族文化的吸收秉持怀疑态度。如果说后两者都表示了文化借用情况的存在，那么文化疑惑就表明安庆回族对汉族文化的某些部分存疑，采取消极的文化对话方式。比如，安庆回族对汉族文化中春节期间的一系列民俗文化不解，他们不知道这些文化现象能给人们（汉族）带来什么样的心理体验，所以，他们不过春节，也不会在春节期间参与汉族的一系列民俗文化活动。但也有些安庆回族群众出于好奇凑热闹，跟随着附近的汉族居民践行着汉族某些文化行为，比如春节的时候，他们也放鞭炮、贴对联，但他们只是停留在汉族文化的表面。

图 5-2　安庆望江县漳湖镇回民村的回民对联

我们特地访问了贴对联的主人，她说这副对联是过年（汉族的过年）的时候在镇上买的，没有实际上的用意，就是点缀春节的气氛，也没有对联里面所反映出来的那种文化期待。类似这样的文化疑惑现象在安庆回族社区中广泛存在，他们疑惑的不是汉族文化的本义，而是汉族文化的深层逻辑关系以及与回族文化的联系。但疑惑的文化态度会向着两个方向发展：拒斥和接受。拒斥会扼杀回族文化涵化的基础。那些具备文化优势条件或者文化地位太低的回族文化体都会可能存在文化拒斥的态度，因为前者具备大量的先进文化，足以应付生活生产各个领域里出现的文化问题，没有必要吸收其他的文化成分。而文化地位过低的文化体面对先进的文化，在心智和物质层面上都不具备吸收的条件，所以只能在自己的文化领域里徘徊。从这个意义上来说，文化拒斥态度也存在着两种类型：主动的文化拒斥和被动文化拒斥。

安庆回族的文化疑惑态度更多的是向着文化接受的态度发展。由于安庆回族长时间和周围的汉族群体发生经济、文化和社会上的各种关系，他们对汉族文化有着更为全面的了解。安庆回族也从这些关系中获得各种优势资源，加上良好的民族关系和国家民族政策，使大多数安庆回族秉持一种比较宽容的文化态度。

接受是文化涵化态度中最为简单的一种，安庆回族文化历经文化疑惑之后，就过渡到了文化接受。这种文化态度在安庆回族文化涵化过程中有两种类型：第一是主动性的文化接受，第二种是被动性的文化接受。主动性的文化接受态度也可以称之为自发性的文化接受态度，在和汉族文化对话过程中，安庆回族根据自身实际需求有选择性地接受汉文化，也是文化接触的文化主体对文化素养进行筛选的过程。这种文化接受态度表明自由、平等、自主的文化对话精神。汉族文化尊重回族文化，安庆回族文化有着充分的自主权。

安庆回族文化经历了文化疑惑、文化接受之后，就过渡到了比较高级的文化涵化态度——文化适应。在实地调查中，安庆回族几乎不存在难以适应汉族文化的现象，这表明他们对汉族文化的适应能力强。作为比较高级的文化涵化态度，文化适应经历了漫长的历程才完成。在一次对安庆望江县漳湖镇回民村的个案访谈中，一名中年回族妇女明确地告诉我们，除了吃大肉之外，她不觉得自己和汉族存在哪些不同点，她可以穿自己喜欢的衣服，没有人会对她的穿着发表意见。她举例说，在回民村里，夏天的回族女性都穿得比较少，从而显得比较暴露，但从来没有人说过她们。但有次她远在兰州的一个回族亲戚（女性）来她家做客，看到回民村里的回民妇女穿着短裤、露着大腿，她连忙遮眼走过。由于这位远道而来的客人难以接受村里这样开放的文化态度，住了两天就回兰州了。同样是回民，安庆回族社区的文化适应态度如此成熟，而西北的回民则拒绝同样的文化场景。在安庆回族社区中，文化适应已经是客观存在的普遍现象。年轻一代的安庆回民则表现出更加超然的文化适应态度。

如果安庆回族文化接受态度更多地发生在第一次的文化接触过程中，那么文化适应态度较多地存在于文化的第二次、第三次以至多次的文化接触过程中。文化适应态度表现为一种成熟并且积极的文化对话姿态。安庆回族以一种沉着、稳重的文化心态来面对文化涵化的过程和结果。安庆回族文化适应态度是一种回族主体性更强的文化涵化态度，它表明了安庆回族已经在文化心智和文化操作上达到了一种成熟的水平。安庆回族的文化适应态度包括了两种态度：回族文化主体全面性地吸收和有选择性地吸收汉文化。前者表明部分安庆回民原封不动地将汉族文化嫁接过来，具有明显的盲目性和崇拜性。后者则表明被移植过来的汉文化包含了回族文化接受者的文化改造成分。一般来说，理性的安庆回族文化适应态度更有利于安庆回族文化涵化的有序完成，从而使安庆回族文化涵化的效果更好。

（三）不同阶层的人文化涵化态度分析

这一小节，在掌握基本的文化涵化阶段和文化涵化态度的理论后，需要对安庆地区回族文化涵化的态度进行实证性的分析。在研究之前，先来对本书的研究方法和测量指标做简单说明。首先，文化态度是属于主观范畴的，主观文化和客观文化的最大差别之处在于，前者变化莫测而后者可以物质性地存在于现实世界。所以，要科学地并且有效地测量到文化态度，需要设置正确的测量指标。一般来说，测量文化态度最简单有效的方法是设置主观判断题，这种判断题必须使得受访者从自己的主观思考来回答。虽然，主观判断题的内容是基于现实生活中的经验现象，但回答它必须依赖于自己的主观思考。一般，从题目形式来看，主观判断题都带有"您认为""您觉得""您的态度是"等主观性的关键字。下面，我们结合问卷调查所获取的数据对安庆地区回族文化涵化态度进行实证分析。

表 5-29　阶层划分 * 家族文化如何应对现代文化挑战交叉制表

家族文化如何应对现代文化挑战

		吸收一切积极的现代文化成分，不分主次之分	适当吸收，以保持本民族文化的时代性	割断文化对话保持本民族文化的纯洁性
富裕阶层	计数	4	11	0
	阶层划分	26.7%	73.3%	.0%
	家族文化如何应对现代文化挑战	3.0%	4.7%	.0%
小康阶层	计数	17	40	0
	阶层划分	29.8%	70.2%	.0%
	家族文化如何应对现代文化挑战	12.9%	16.9%	.0%
温饱阶层	计数	38	107	2
	阶层划分	25.9%	72.8%	1.4%
	家族文化如何应对现代文化挑战	28.8%	45.3%	66.7%
贫困阶层	计数	56	61	0
	阶层划分	47.9%	52.1%	.0%
	家族文化如何应对现代文化挑战	42.4%	25.8%	.0%

由于影响文化涵化态度的因素非常之多，根据经验观察，我们知道经济、文化、年龄对文化涵化态度的影响是非常大的。为了把这个问题分析得更加深刻，我们根据安庆地区回族社会经济的实际情况，分析了在不同的社会阶层、不同年龄群体、不同的文化程度下的回民们的文化涵化差异态度情况。

每一种文化在发展过程中，都会受到其他文化的挑战。在主观判断题中，有三个选项——"吸收一切积极的现代文化成分，不分主次之分"；"适当吸收，以保持本民族文化的时代性"；"割断文化对话，保持本民族文化的纯洁性"。这三项大致上对应着文化涵化的三种态度：疑惑、接受和适应。在三选一的回答过程中，受访者都会根据自己的实际情况做一个单项选择，这个选择就代表其主要文化涵化的态度。在对社会阶层和文化涵化态度的联列交叉表分析之前，我们先从总体上对问卷数据做文化态度选择的探究，根据表4-29所统计的数据，选择"吸收一切积极的现代文化成分，不分主次之分"的占35.6%；选择"适当吸收，以保持本民族文化的时代性"的占63.6%；选择"割断文化对话，保持本民族文化的纯洁性"的占0.8%。从这个数据的分布来看，文化适应态度的比例最高，其次是文化接受态度，最低的是文化拒斥态度（都没有达到一个百分比）。所以，总体来看，安庆地区回族文化的涵化态度非常好（99.2%）。

在表5-29中，富裕阶层的文化接受态度的占3.0%，小康阶层的占12.9%，温饱阶层的占28.8%，贫困阶层的占42.4%。从百分比的分布来看，安庆地区回族贫困阶层的文化接受态度是最高的，其次是温饱，然后是小康阶层，百分比最低的是富裕阶层。根据百分比的变化趋势和阶层的等级性比较起来，可以发现，安庆地区回族阶层等级水平和文化接受态度呈现负相关性。这也许得从安庆地区回族生存性需要发展的角度来分析，由于贫困阶层想改变自己的生活条件，所以必须要突破自己的生活和生产圈子，到更广泛的社会生活领域里寻找提升生活水平的机遇。在改善生活的努力过程中，他们与汉族文化接触的机会大大增加了，并且汉族文化也在一定程度上帮助他们寻找到了改善生活状况的机会，于是，从过程和结果都对汉族文化秉持了文化接受的态度。在文化适应态度的比例分布里，富裕阶层的文化适应态度的占4.7%，小康阶层的占16.9%，温饱阶层的占45.3%，贫困阶层的占25.8%。虽然文化适应态度和文化接受态度相比较起来，二者的文化态度和社会阶层相关关系没有呈现完全的线性正相关性，但文化适应态度和社会阶层也保持了正相关关系，虽然贫困阶层的文化适应态度比温饱阶层的百分比低，但二者都是属于经济状态不容乐观的阶层，并且二者的百分比都比经济条件好的小康阶层和富裕阶层的比例高。对于这样的结果，其解释路径和上面的分析差不多。而在文化拒斥态度的百分比分布上，由于统计数据里只收集到了2个案例，并且都是属于温饱阶层，代表性不强，所以就没有必要对其进行解释。

总之，根据问卷调查所收集到的数据，并且进行SPSS统计分析后得知，安庆地区回族文化涵化态度具备这两个重要特点：文化接受和文化适应态度非常好，文化拒斥态度几乎不存在（数据统计比例为0.8%）。在不同的社会阶层里，有着不同的文化适应态度，总体来看，文化适应态度和社会阶层呈现负相关性，这是因为文化资本和经济资本有着强相关关系，经济条件好暗含文化资本状况也好。当文化资本拥有量达到一定的程度后，其文化态度的封闭性就会增强，这是经济条件好的阶层（富裕阶层和小康阶层）的文化接受态度和文化适应态度所得的百分比低于经济条件差（温饱阶层和贫困阶层）的原因所在。

能体现文化涵化的态度的测量指标很多。受访者的文化接受过程所涉及的情况，都可以作为测量文化涵化的指标。因为从自己的亲身经历来判断自己的文化涵化态度，这样测量的效果更好。当文化涵化到一定程度后，文化对话者就会形成比较固定的文化涵化态度，于是，对文化的涵化就会形成相对整体性的概括性认识，并且能做出一个比较宽泛的总结性文化涵化态度。基于此，本书对安庆地区回族文化涵化的问卷调查中，设置了这样一个测量文化涵化态度的题目："汉文化对其他民族文化的同化现象，您的态度是什么？"具体的问卷数据收集如下表所示。

表5-30　对汉文化对其他民族文化的同化现象的态度

		频次	百分比
变量	反对	98	10.0
	中立	687	70.0
	支持	195	20.0
	总计	982	100.0

在表5-30中，明确反对汉族文化对少数民族文化形成同化的态度占10%。而保持中立态度占70%，支持态度占20%。结合文化涵化态度的三个类型来对上表进行分析，可以得知，"反对"选项就是文化拒斥态度的直接表

现,"中立"选项是文化适应态度,而"支持"选项则反映了文化的接受态度。总体来看,坚持开明和宽容的文化态度在安庆地区回族文化涵化中是主流,有效百分比达到90.2%。结合前面表的数据可以发现,它和前表在逻辑上是一致的:在具体的文化对话中,所表现出来的文化态度,就是总体文化态度的具体表现。

表5-30从一个比较具体的角度来分析了不同社会阶层的回民对文化涵化态度的反应,而前表也对安庆地区回民的文化态度进行了总体性测量。为了把此问题的研究推向更深的程度,我们选择了基于年龄的文化涵化态度在代际层面上的反映。不同年龄群体所经历的生活环境是不一样的,所表现出来的文化态度也是不同的。

那么,有哪些因素对皖江城市带回民在汉文化对其他民族文化的同化现象的文化态度造成了影响?这些因素的影响程度如何?这些问题对于量化回族文化的涵化具有非常重要的意义。具体分析见表5-31。

表 5-31 系数[a]

Model		非标准化系数		标准化系数	t	Sig.
		B	标准误	Beta		
1	(常量)	2.341	.137		17.039	.000
	文化程度	−.009	.022	−.024	−.414	.679
	月收入	−.051	.032	−.091	−1.590	.113
	性别	−.115	.052	−.123	−2.211	.028
	户口	−.022	.053	−.023	−.411	.681

a. 因变量:对汉文化对其他民族文化的同化现象的态度

从表5-31的回归分析中可以看出,文化程度的回归系数B=−0.009,月收入的回归系数B=−0.051,性别的回归系数B=−0.115,户口(城乡)的回归系数B=−0.022。它们的P分别为0.679,0.113,0.028,0.681。对于汉文化对其他民族文化的同化现象,皖江城市带回民的反应态度是不一样的,因为这个态度本身就有很多答案。但从回归分析来看,这个文化态度和文化程度、月收入(经济条件)、性别、户口(城乡)都有负相关性。所以,文化态度=文化程度×(−0.009)+月收入×(−0.051)+性别×(−0.115)+户口×(−0.022)。

表 5-32　代际 * 对汉文化对其他民族文化的同化现象态度交叉制表

			汉文化对其他民族文化的同化现象，对此您的态度是？		
			反对	中立	支持
代际	老年	计数	7	48	11
		代际	10.6%	72.7%	16.7%
		汉文化对其他民族文化的同化现象，对此您的态度是？	18.9%	16.1%	26.2%
	中年	计数	25	168	24
		代际	11.5%	77.4%	11.1%
		汉文化对其他民族文化的同化现象，对此您的态度是？	67.6%	56.4%	57.1%
	青年	计数	5	82	7
		代际	5.3%	87.2%	7.4%
		汉文化对其他民族文化的同化现象，对此您的态度是？	13.5%	27.5%	16.7%

在表 5-32 中，在"反对"选项里，老年人占 18.9%，中年占 67.6%，青年占 13.5%；在"中立"选项里，老年人占 16.1%，中年占 56.4%，青年占 27.5%；在"支持"选项里老年人占 26.2%，中年占 57.1%，青年占 16.7%。综合分析起来，从年龄来分析文化态度的变化，可以发现，中年人的文化拒斥态度最强烈，其次是青年，最后是老年人；在文化接受态度方面，中年人的比例最高，其次是老年人，最后是青年；而在文化适应态度方面，中年人的比例最高，其次是老人，最后是青年。总体来看，中年人的文化态度综合表现最好，这也许与中年人丰富的生活经历和多元的生活方式密切相关。而对于老年人来说，之前所经历的社会环境都不太开化，是在一个文化交流程度不高的氛围中成长起来的，而处于晚年，社会生活环境又趋于封闭了，这些都容易使得老年人形成较为保守的文化涵化态度。从统计数据来看，虽然青年人所得的比例最低，但其文化涵化态度开明化的程度越来越高。因为年轻的一代，自出生之日起，社会文化的交流已经非常普遍了，并且社会多元性的特征越来越明显。所以，可以预见，在安庆地区回族文化里，新一代回民的开放性的文化涵化态度更加普遍。

五、涵化动力

（一）涵化平台：回、汉等多民族杂居共同生活

社会生活环境是文化发生涵化的载体，居于同一地理区位的多民族同胞之间的生活、生产频繁联系，是促成文化接触的基本条件。多种文化共存于同一社会环境里，不同民族通过共同劳动、共同生活，为文化提供了涵化的平台。散杂居民族则是指居住于非民族区域自治的少数民族，它包括两部分：居住在民族自治外的少数民族和居住在民族自治内但不实行区域自治的少数民族。无论是哪种居住格局，都存在着多民族共同生活和生产的民族交融情况，单一民族独自生活于某一区域是不存在的。

根据文化涵化的发生机制，只有当两种文化进行接触才有可能发生文化涵化，这是最基本的条件。安徽作为中部的重要省份，是一个多民族杂居的省份之一。安徽历史上曾出现多民族部落，但最后都归于汉族之中。回族作为安徽人数最多也是分布区域最广的少数民族，此外还有满、蒙、壮、畲等52个少数民族。

相对于汉族人数来说，安庆地区的回族人数较少。人数上的差距不影响回汉文化交流。促进安庆地区回族文化涵化的因素有很多，但回族和汉族共同生活于同一地区是前提。共同生活、共同劳动使得安庆地区的回民吸收了更多的汉族文化因素。在日常的生活中，安庆回民逐渐地接纳了汉族文化中的合理部分进行内化，整合成自己文化的一个部分。在实地调查中，发现安庆地区的回族居民楼在房屋结构和基本功能上就和汉族的差不多。安庆回族文化在房屋文化层面上的涵化，这是因为安庆回民和汉族长时间共同生活于同一地方所致。再如，安庆地区部分回民有饮酒习惯，而在传统的回族文化中，纯洁的伊斯兰教不允许饮酒，但在汉族文化尤其是世俗文化中，酒文化扮演着非常重要的角色，无论是日常生活，还是正式的工作或者社交场合，酒都是不可或缺的。在强大的汉族文化影响下，并且和汉族共享一个大的文化体的状况下，在和汉族进行日常生活的持久互动过程中，安庆地区的回民就会慢慢习得了汉族的酒文化，并且把酒文化的相关规则应用于具体的生活和工作环境中，尤其是在和汉族进行交流的过程中。

安庆地区回族文化的涵化动力有着复杂的组成部分，如果从文化涵化动力系统的结构来看，民族杂居是最基础的动力机制。如果缺少这个基础动力，那么回族文化就会失去接触其他民族文化的机会，所以把文化接触的条件具

体化为多民族杂居共同劳动、共同生活。在安庆地区，无论是从民族人口、民族文化力量、民族经济等各方面，安庆回族都处于相对弱小的地位。但这却没有丝毫影响到回族文化涵化的进行，因为在安庆地区，回汉之间在生活和生产领域已经形成了比较紧密的关系，这种共同生活的模式已经把回民的私人生活缩小到了回族文化的核心领域——宗教信仰的最本质部分，只有在这一部分，回族文化的独立性才得以体现。共同生活，把安庆地区的回民带入了世俗化的社会生活以及市场经济的环境里，而这些领域都处处体现着汉族文化的强大力量，汉族文化场对回族文化形成了巨大的吸引力。在以汉族文化为主体的共同生活中，回族文化受到汉族文化的影响是必然发生的客观事实。文化具有此岸性和彼岸性，而作为文化积极入世的场所，共同的生活和生产使得安庆地区的回民必须以世俗性的态度去面对汉族文化的全面性影响。在回族文化的世俗性部分，比如他们的穿着打扮、言行举止、工作状态、朋友交际等，都深深打上了汉族文化的烙印。从共同生活和生产这个层面分析安庆地区回族文化涵化的动力机制，是对其文化涵化外在特征进行初步研究的基础，同时也为回族文化涵化提供了外在条件。

（二）涵化基础：民族人口相对规模的差异

在文化涵化的动力系统中，人口是重要的影响因素之一。人口包括数量和质量两大范畴，前者主要包含了人口的规模，后者主要包含人口的文化程度、性别比、年龄结构等。人口因素作为文化涵化的动力机制，对文化涵化产生深远影响，这个结论已经被欧美人类学家的田野研究所证实。西方人类学家在研究土著居民文化与西方文化接触过程中，发现成年男性是西方文化传播主体，成年男性的到来带来生产工具和技术给当地土著居民的生活和生产带来了巨大的改变，土著居民的物质文化形态发生巨大变化，并且由物质文化逐渐深入精神文化，土著居民对西方文化进行了深度涵化。比如殖民主义中那些外国军队、商人或行政官员把他们的妻子儿女带到殖民地区以后，新人口的到来和当地的人口产生激烈的文化冲突，于是文化涵化成为必然。

民族人口相对规模的大小，说明各自文化实力的大小，或者说，两种人口规模悬殊的文化在发生涵化过程中，主动或者被动涵化态度产生。文化涵化过程以人为主体进行，人口相对规模大的民族往往会形成文化对话的主体，引导或者改变着文化涵化的过程和结果。

安徽省拥有55个少数民族，其中，少数民族常住人口约40万人，占全省总人口的0.66%，每个市县均有少数民族人口，人数最多的回族约33万人，居全国第9位。全省9个民族乡，1个民族农场，136个少数民族聚居村，276个少数民族自然村及少量的城镇社区，是少数民族群众相对聚居的地方。

安庆地区也具有全省民族杂居的特点，安庆属少数民族散杂居地区，"2010年共有少数民族成分54个，人口约2万人，其中回族占80%。有4个民族村场、1个民族社区。城市少数民族人口约1万人，多数分布在城区沿江大南门一带"[①]。历次人口普查显示，市境少数民族数量及人口总量呈逐年上升趋势。1982年第三次人口普查，少数民族20个，14585人（含原贵池、东至、石台3县）；1990年第四次人口普查，少数民族27个，人口13884人，其中回族13193人，其他少数民族人口691人；2000年第五次人口普查，少数民族34个（另有未识别民族2人），人口16960人，其中男7753人，女9207人，农村少数民族人口约占35%。千人以上的少数民族2个，分别是回族12976人，蒙古族1529人；2010年第六次人口普查，安庆少数民族17812人，其中回族14846人。南水社区居民5821人，其中回、满、白、高山、布衣、蒙古六个少数民族1867人，占总人口的30%；三益回民1828人，占98%。

30年中，回族人口发展较稳定，蒙古、满、彝、朝鲜、藏、苗、布依、维吾尔等民族人口则增长较快。究其原因：一是计划生育政策在少数民族中得到认真执行，少数民族人口年自然增长率大幅下降；二是因联姻、移民等原因，外地少数民族人口迁入，特别是从西北、西南地区迁入的回族以外的少数民族人口剧增，其中蒙古族人口由35人增至1529人；三是因经济、求学活动导致一部分少数民族人口迁出。

安庆市各县（市、区）均有少数民族居住，其中迎江区"少数民族人口达4003人，大观区、郊区（现宜秀区）次之，分别为3849人和2866人，其余依次是望江1583人、怀宁1477人、宿松843人、枞阳642人、桐城549人、潜山453人、岳西375人、太湖320人"[②]。

从以上的数据来看，无论从安徽全省，还是从安庆地区的少数民族人口规模来看，少数民族人口所占的比例相比较少。文化涵化需要人口因素为基础，人口相对规模的大小直接影响到文化影响力大小以及传播半径大小。两种文化在对话过程中，总会存在文化力量大小的差距，这种文化差距在数量

---

① 数据选自2010年安庆市委、市政府在中央国家机关联合督查组来宜检查指导民族工作时的汇报材料。
② 数据选自2010年安庆市委、市政府在中央国家机关联合督查组来宜检查指导民族工作时的汇报材料。

上和质量都表现为人口相对规模的大小。人口相对规模大的一方，其文化本身的传播范围就很宽广，在生活、生产的各个领域，处处存在文化场。而人口相对规模小的一方，其传播主体由于数量少而只能在某一地理区位里进行传播，并且影响力仅仅限于生活或者生产的某一个固定领域，文化发展的时间和空间都受到限制。

人口相对规模大小对于文化涵化的影响，在安庆地区回族文化涵化过程和结果中得到明显体现。从人口的绝对数来看，安庆地区的回族人数少使得回族文化的传播主体远远少于汉族文化，回族文化因为传承主体稀少而很难传播到更宽广的人群，最终影响了回族文化的场域效应。回族文化的场域效应只限于回族社区里，比如回族传统节日，举行地点和参与人群的构成都局限于回族社会和回族群众。相比之下，汉族文化由于有着大规模的人口数量，汉族文化传播范围广。不仅汉族文化在地域上有着宽广的传承，而且在生活和生产领域里有着深厚的影响力。小到一日三餐，大到社会政策，汉族文化的强大影响力都无处不在。汉族文化的跨越半径如此之大，使得回族文化处于一种以汉族文化为主体的文化氛围中，回族文化吸收汉文化而发生文化涵化。所以从人口相对规模大小来考察回族文化涵化动力机制问题，因为人是文化的践行者和创造者。

在安庆地区，回族人口相对规模较小，回族文化只能在一个限定的区域内展示即回族社区。安庆地区的回民都积极地融入当地人的生活圈子，比如和汉族居民一起打麻将，一起玩，一起聊天等。在这种持久的互动中，回汉双方进行了生活态度和人生价值的交换，加深了对双方文化的理解。安庆地区回民由于自身人口相对规模小，在面对拥有大规模人口数量的汉族文化挑战，回民以积极和开放的主动态度进行有选择性地吸收汉族文化。

（三）涵化的"外部原动力"：经济、政治、文化变迁

只有在内外动力都具备的情况下，文化的涵化才会顺利进行。文化涵化的内在动力主要发生在人的层面上，外在动力主要表现在社会的层面上。内在动力是自发性的，外在动力是外生性的。外在动力一般都是在社会环境发生变化之后才得以产生。外在因素的变化，使得内在动力不得已调整内部结构以适应变化的环境，这样，才能获得一个更加自主性的生活能力。

作为社会的几大重要构成部分，经济、政治为社会的不断发展奠定了物质和上层建筑的基础性力量。经济属于物质的范畴，也是物质体系中非常重要的部分，经济发展程度直接体现了一个社会的物质生产水平。经济作为社会发展的基础性力量，对上层建筑产生决定性影响。政治作为上层建筑的核

心部分，政治内容和形式的改变，随着经济基础的改变而改变。但由于政治具有一定的时空自主性，其变迁的时效要慢于经济基础的变迁。作为一种对人类社会产生重要影响的社会构成，政治一旦发生变化，尤其发生急剧式变化，会对社会产生全面性的影响。政治作为社会资源分配的机制，对经济基础和文化建制的形式和内容都会产生强烈的影响。

文化变迁能综合衡量社会物质和精神变化程度，是考察社会的经济发展水平、生产力提升程度、政治变革进程、人的思想观念嬗变的重要途径。文化变迁具有多维度的特征，生产工具、社会制度、精神气质等都是文化变迁的重要方面，需要分清文化变迁和文化变化二者之间的联系和区别。文化变迁是从较长的历史视野和较抽象的社会概况来对之描述，所以，文化变迁具有宏大的历史时空特征和社会状况的整体性认识的特征。其更多用于描述一个时代整体性文化的变化情况或者一个国家或者地区在某一个较长的历史时间里文化的变化特征，从较长的历史时间维度和较宽广的地理区位对文化变化情况做抽象性的认识。在文化变化的研究中，人们可以大体上认识到某一时间或者某一地区的文化变化情况。而文化的变化，则更多倾向于微观的角度，对较短时间内某一具体文化现象的变化做具体性的研究。得出的研究结论都是关于具体文化现象的研究，其结论也只能适用于某时间内具体地域的文化形态。

经济、政治、文化变迁都是作为文化涵化的"外部原动力"，在文化涵化的长远发展历史过程中，规划文化涵化过程的基本脉络。经济决定社会的物质基础，政治决定社会关系的特征，文化变迁决定文化对话的基本过程。这三者决定文化涵化最基本的特征。当我们从经济、政治和文化变迁这三个层面对安庆地区回族文化涵化进行研究时，发现整个安庆地区的经济和政治环境决定了安庆回族文化涵化的基本轮廓。正是由于皖江城市带经济规模的持续壮大，政治层面上的适当调整，尤其是区域行政和相关地市合并，都对安庆地区回族文化涵化形成基础的影响。也是由于皖江地区各个城市在经济和政治上不断成熟，社会环境日益改善，文化形态不断多元，使得各个城市的联系更加紧密，促进了皖江城市带的兴起。

回族文化作为皖江城市带文化的一个重要组成部分，受到皖江城市经济和政治双重的深刻影响，城市化的进程在该地区大力推进，城乡之间的空间距离和心理距离越来越小，行政区位调整和管理机制也发生改革。随着市场经济持续发展，市场交换频繁，使得回族文化和汉族文化有了更多的接触机会，回民更加积极地参与到市场经济中来，在共同经济环境里和汉族进行持续互动。而国家在政治层面上，对宗教文化相关规定适宜调整，在民族经济和文化上所制定的照顾性政策，以及日常生活的相关性规定，都极大地加速了回族文化涵化。

这种地域性的经济和政治的大变化，使回族文化在物质基础和社会条件方面都具备了文化涵化的条件。在实地调研和问卷数据分析中，安庆地区回族文化涵化的经济和政治因素的作用效果明显。随着回民经商数量增多，更多的回民孩子接受现代教育程度提高，加上社会对回族文化的开放性认识，国家所制定的民族文化发展制度，诸多因素使安庆地区的回民吸收了大量的汉族文化。在安庆地区回族文化中关于家规的部分，晚辈对家规的遵守，是一种灵动性的态度，传统上那种无条件遵从已不复存在。再如，由于文化变迁所导致的经堂教育体系的衰落，更多的回民孩子在现代学校里接受国家现代化教育。在学校里，回民学生和汉族学生形成了比较和谐的相处关系。市场经济发展，回民普遍接受竞争性的市场规则。

（四）涵化的"内部原动力"：生产方式的转变

马克思辩证唯物主义认为，物质是第一性的，意识是第二性的。作为物质范畴的一个重要构成部分，生产方式具有非常重要的决定性意义。按照马克思的经典定义，生产方式（Mode of production）是指"社会生活所必需的物质资料的谋取方式，在生产过程中形成的人与自然界之间和人与人之间的相互关系的体系。生产方式的物质内容是生产力，其社会形式是生产关系，生产方式是两者在物质资料生产过程中的统一"。作为生产力的重要载体，生产方式的转变直接影响到了生产力的效能发挥，也影响到了一般意义上的生产关系的内容和形式。从这个意义上来说，生产方式的转变同时涵盖了物质和社会领域，其对文化的两种形态即物质文化和精神文化的影响重大而深远。

把文化进行类型学的划分，进而研究生产方式对文化涵化影响，可以把生产方式对文化涵化所具备的"内部原动力"表现出来。物质文化是第一性的，精神文化是第二性的。生产方式，首先在物质层面上发生变化，从而导致物质文化形态和内容的变化。当物质文化具备一定自我繁殖功能时，精神文化就形成了比较完整的涵化过程。在生产方式的作用下，文化从物质形态向精神形态变化的过程，体现了生产方式在文化涵化过程中的"内部原动力"机制。无论在哪种层面上来谈文化涵化，生产方式所积淀下的物质基础，都是物质文化和精神文化生存和发展所必需的基础性力量。精神文化具有较强的变异性，在时间和空间上都具有多元化特征，而精神文化的突发性，需要物质文化作为基础。封建社会的生产方式所决定的封建文化，在几千年漫长的时间里，其发生变化的程度低。反观今天以高科技为基础的生产方式所导致的文化形态多样多变，说明没有先进的生产方式作为条件，文化涵化不可能发生。除了从马克思辩证唯物主义理论分析生产方式对文化涵化所担当的"内部原动力"，还可以从美国社会学家奥格本的"文化堕距"理论来分析，根据此理论，物质文化由于生产方式的转变，内容和形式在很短时间内产生巨大变化。相比之下，精神文化的变化则需要很长时间来完成。同一时间产生的物质文化和精神文化，在相同的时间里，精神文化的变迁要滞后于物质文化的变迁。

由于皖江城市带兴起，城市化进程加快，有部分回民从农村转移到了城市，变成了城市居民。这种从乡村向城市的转变，其文化意义不仅仅体现在身份上的转变，更重要的是，这部分身份转移的回民生产方式发生了巨大的转变。在迁入城市之前，回民们所熟悉的是农村生产方式，在农村生产方式作用下，他们的生活圈子、经济状况、文化背景都以农村为主要特点。农村文化构成了他们文化基调，即乡土文化是协调回族和汉族社会关系的重要规则。回汉文化的对话也带有更多的乡土气息。由于农村保存较为完善的自然经济系统，这使得回族文化更多地在自己的文化体系中发生作用，较少和汉族文化发生较为深刻的对话。农村地区的回民在饮食文化、住房文化和服饰文化以及习俗上都保存了较为完整的回族文化，较少地吸收汉族文化。这种较为独立的生产方式使得安庆地区的回族文化较少地和汉族文化发生联系。当回民迁入城市后，他们就失去了农村的生产方式，取而代之的是城市的生产方式。生产方式的转变对回民的生活和生产产生了巨大的影响。城市社会所具有的那种多元性和开放性，打破了回民们自成体系的文化系统。市场经济的竞争和资源配置的功能，深刻地影响了处于城市社会中的回民们在行为和观念上的调适。他们必须慢慢接受都市文化，并且要积极与之适应才能更好地在城市中生活。他们习得了汉族文化中的人情运作规则、人际关系的重要性、酒文化的特殊功效。他们调整自己的文化观念，以一种学习者的姿态去接受汉族文化中的有用部分。以汉族文化为基本出发点的文化互动表现在回族拉面中考虑到汉族人的饮食习惯，加入汉族人喜欢的某些作料。以汉族为主的菜市也设立了专卖回族菜料的门面，并且在门面设置和布置上都考虑回族文化的因素。这些具体事例说明生产方式作为"内部原动力"在回族文化涵化过程中起着决定性作用。

（五）涵化的核心力量：竞争与选择

按照达尔文的生物进化论"物竞天择，适者生存"的进化原则，在繁杂的生命体系中，面对着有限的生存资源，各个生命体必须进行着生存性竞争，弱者就成为强者的牺牲品。这种生命体的竞争，不限于同一生命体系内，还存在于不同的生命体之间，只要是属于生命生存所需的资源，都可以成为生物互相竞争的对象。在竞争和选择的生物进化原则的作用下，生命体不断发展提高。

自然界的竞争法则，也同样适用于人类社会。物质资源是人类社会生存发展的基础，文化则推进人类社会向更高级方向发展。物质资源和文化资源都是人类社会竞相争夺的对象。文化资源的竞争和选择，在更高的层面上促进了社会不断发展，同时也影响到了物质资源的竞争和选择。这种相互间资源的竞争和选择，在不同的历史阶段里，呈现不同的竞争格局。从资本主义的原始积累到资本主义的帝国主义阶段，物质资源（包括领土占领、殖民地的拓展、黑人贩卖）是各个资本主义国家竞争的重点。随着资本主义向更高级的社会形态发展，尤其走向金融垄断资本主义阶段后，再到今天的知识经济的来临，文化资源（人才、社会制度模式、公司治理等）变成了世界各国相互竞争的焦点。

同理，作为一种资源形态，文化涵化也存在着竞争与选择的关系。正是因为竞争和选择的存在，才使得文化涵化得以不断进行。当两种文化发生碰撞时，或者两种文化在持续接触过程中，为了获得更好的文化地位，文化双方都竞相通过壮大自己的文化实力以获取竞争优势。一旦获得文化上的竞争优势，那么就能掌握更多的话语权，从而获得更多的文化利益。比如，美国文化和伊斯兰文化总是在世界范围内进行着持续的竞争，在核心价值观、社会制度、民主观念、人权模式各个层面上，美国都通过各种形式努力占据竞争优势地位。但是伊斯兰文化却以宗教为核心，紧紧把伊斯兰文化体系拧成凝聚力强大的文化竞争态势，并且以各种形式来表现自己的反抗态度。随着美国文化在生活和生产领域的全面渗透，伊斯兰文化开始对它有选择性地吸收。比如，美国发达的商业社会、成熟的公司运营机制、完善的科研体系、高效的行政系统、明确的问责制都或多或少地影响伊斯兰文化的改变。从这个意义上来讲，竞争和选择，是文化进行自我生命力维持与提升的途径，是面对竞争压力局势所作出的自觉反应。

从历史发展脉络看，伊斯兰文化进入中国后，一直都和汉文化进行着竞争和选择的对话。两种不同的文化模式，共存于同一国家之内，必然发生文化接触。回族是伊斯兰文化和汉文化进行融合的产物。回族的产生，本身就是不同文化涵化的结果。当回族文化作为伊斯兰文化体系中的重要组成部分，并形成了自己独立的文化生产和发展系统之后，它与汉文化的竞争会相当激烈。但随着社会不断开化，民族关系不断改善，回族文化和汉文化之间的冲突趋于缓解，和平共处成为主要旋律。在散杂居区，文化的选择成为主要的文化接触模式。汉族文化开始吸收回族文化的某些部分，如回族文化对宗教的虔诚深刻地影响到了汉文化。同时，回族文化也开始有选择性地吸收汉文化，汉文化在世俗生活方面的开放态度以及婚姻家庭文化，都在逐渐消解回族文化的制度性和宗教性色彩。

生产方式的转变是文化涵化的基础性力量，那么竞争与选择是文化涵化的核心力量。这种核心力量是发自自己文化内部的动力，是一种追求自身文化更优发展目标最直接体现。在对安庆地区回族文化的实践调查中，回族文化和汉族文化之间存在竞争与选择的关系。回族文化感觉到自己文化面临危机，要与汉文化保持共同发展必须提高自身的竞争力。回民在卖牛肉和羊肉的时候，总是力图保持店面清洁卫生和肉质新鲜，在价格上和市场保持一致。在买卖过程中，也不存在价格欺诈和缺斤少两现象。他们认为回族文化的内在自觉性，树立自己的品牌形象其实就是一种竞争。因为市场经济本身就是一种优胜劣汰的竞争经济，只有保证所卖的肉食在价格合理、环境卫生、肉质新鲜的基础上，才更有竞争优势。关于宗教礼仪方面的知识传承，回民表现出了更强的文化竞争心态。他们在对孩子进行这方面的文化传承时，都在家里或者清真寺里请具有渊博知识的老者进行教育。现代化的教育体系会使回族经堂教育发展陷入困境。在启蒙教育和核心文化教育方面，进行深刻而体系化的教育。此外，回族文化也对汉族文化有选择性地吸收，这主要表现在世俗化的生活领域里，比如，汉族文化中关于人际关系规则、自然科学教育中的客观原则、法制的应用都深刻地表现在了回民们生活中的各个领域。安庆回族文化在面临激烈的市场竞争环境和消费者购买行为改变的情况下，不断调整自己的文化定位，寻找新的文化突破。比如，安庆回族经济的杰出代表柏兆记，根据市场的变化规律，结合消费者的购买意向，加强技术改造，提升产品的竞争力。该产品非常注重消费者的购买感受，在实惠的前提下努力给消费者营造轻松愉悦高雅的购物环境。该产品努力搞好品牌店的销售工作，加强销售人员的素质培养，提高品牌店的装修档次。下面这张图片就反映了柏兆记根据市场的竞争变化所采取的竞争策略。

图 5-3 位于安庆市人民路上的柏兆记专卖店

第二节 涵化的功能

一、正功能与负功能

美国社会学家默顿,是结构功能主义的代表人物之一。默顿提出了社会结构的正功能与反功能问题。他认为功能就是观察到的那些有助于一定系统之调试的后果。反功能就是观察到的那些削弱系统之调试的后果。默顿第一个在功能分析方案中明确引进反功能的概念,从而大大拓宽了功能分析领域。过去人们只研究社会事项的积极方面(整合、均衡),而忽略了它的消极方面(紊乱、问题、干扰)。但实际上,社会只是在一定时期而非所有时期保持平衡,反功能概念明确重申过去所忽略的方面,把人们的注意力引向探求社会变革的原因。默顿指出,对反功能的研究应当放在历史的(时间的)框架中进行,任何项目都可能有连续性的多重后果,应当引进时间的维度对这些后果进行观察。反功能可能在短时期内暴露,也可能是某种长期的后果。反功能概念提出,推翻了以往功能分析中的功能普遍性假设。

每一种文化都存在着功能上的欠缺,使得文化的功能存在不完整。文化的正常发展,需要正功能和负功能合作协调,才能使文化的发展步入一个不断延伸发展的道路。功能可以从两个角度来分析，一个是自身角度，另一个是他者角度。自身角度说明文化的发展是否有利于自己的文化结构不断优化和内容不断丰富。而他者的角度说明文化的发展是否有利于他者文化正常发展。文化涵化也存在着正负功能的统一，作为矛盾统一的两个方面，都对文化不断发展做出一定贡献。比如，美国社会学家甘斯认为，贫穷文化具有一定的正功能，即对社会的良性运行起到了某些积极作用。文化涵化的负功能也具有积极意义。

结构和功能之间形成一种双向补充的关系。结构作为功能的载体，是功能发挥作用的平台。文化结构组成的变化是文化功能分离的过程，也是文化功能重组的过程。而文化功能的变化促进文化结构进一步调整，向着功能变化的角度调整。首先有文化结构上的变化，文化功能才得以发生。而文化结构的变化，总是在外力作用下发生，外力作用包括自然环境的变化、经济发展、社会制度变迁等。其中，文化涵化是文化结构发生重大变化的主要因素之一。没有文化涵化，其他文化体系中新文化成分就不可能进入。外来文化的加入，使自身文化体系不得不调整文化结构中原来文化之间的位置安排，新文化在文化结构中占据一个新位置。为了安排新位置，文化结构会对原来文化位置进行调整，那种发挥较少甚至没有发挥相应功能的文化就会被剔除文化结构。经过文化结构的新旧位置调整，文化结构得到更新，更适合文化功能发挥的新文化结构产生。新文化的加入，是文化涵化功能发生作用的基本条件。

文化涵化的正功能可以从两个方面来分析，一是从本体论角度，一是从他者的角度。本体论的角度也就是从文化本身进行分析，在文化的涵化过程中，文化自身获得哪些功能上的进步，哪些落后的文化被淘汰，哪些先进的文化补充进来。只要能给文化自身带来积极的效果，就属于文化涵化的正功能。文化涵化的功能，作为一种客观文化变迁结果，总是不被人为控制。主动性的文化涵化态度掌握着文化涵化的主动权，主动吸收进来的文化，与其他文化进行接触和融合的过程中产生新的子文化，或者出现严重的文化对立，或者出现和谐相处的文化互动，对立与和谐的文化功能都脱离有效的人为控制范围。中国主动进行市场经济体制改革后，贫富差距拉大、城乡二元对立、自私自利、拜金主义等文化的负功能效应产生。回族文化在和汉族文化发生涵化过程中，出现了文化中心主义和文化沙文主义，歧视、片面、虚假的文化态度时有发生，所导致的文化误解和文化排斥使得文化之间的隔阂加大了。文化功能的产生，总是具有时间滞后性，并且其产生具有客观性。

当然，从文化涵化的被动态度也不能说明负功能只存在于被动接受涵化的一方。给自身文化带来消极的影响，都可以被视为文化涵化的负功能。文化涵化的负功能，主要表现在现时和未来趋势这两个层面上。比如，两种文化在进行涵化的过程中，出现激烈的文化对抗，或者造成一方文化的全面性毁灭，这些都是现时性的文化涵化负功能。有些负功能在文化涵化的过程中或者结果中都没有表现出来，而是在相当长的一段时间才出现，这就是趋势性的文化涵化负功能。新文化移植到新的文化环境中需要一定时间去适应新环境，只有完成这一步，文化的功能才会发挥出来。文化涵化的负功能最明显的结果就是影响文化正功能的正常发挥，影响文化结构的不断优化，也对社会稳定、人际关系、民族关系产生直接或者间接的消极影响，阻碍文化涵化。

但是，适当的文化负功能在某些层面上具有一定的正功能，适当的负功能使文化中某些不和谐因子得到有效排泄，从而保证良好的文化涵化面貌。美国社会学家科塞的"安全阀"理论认为社会冲突在可控制的范围内，有利于社会秩序的积极构建。因为冲突，总是弥漫着对立的敌视情绪，如果这种情绪没有得到有效排泄，对社会的破坏力会更加强大。而可控的社会冲突，则隐秘地承载着排泄对立情绪的正功能。

对安庆地区回族文化涵化功能考察中，存在着正功能和负功能，正功能的效果要比负功能显著，负功能隐蔽性程度很高。安庆近几年，随着市场经济不断发展，城市化程度不断提高，教育环境不断改善，人们社会交往范围扩大，回族文化和汉族文化在一种比较开放和宽容的社会大环境中，有了比较全面和深刻的文化接触。总体来说，安庆地区回族文化的涵化正功能非常明显，回族文化在文化涵化过程中，加深对汉族文化的理解和认识，并且形成了比较友好的文化接受态度，回族文化更灵活地处理世俗文化和宗教文化的关系。在生产和生活的各个领域，回族文化都是以积极的姿态去面对，并且按照市场的需要进行商业活动调整。此外，还以非常主动性的竞争意识去面对市场挑战，根据市场需求变化来调整自己的经营策略。这些文化涵化的正功能，增强安庆地区回民在生产和生活的各个领域的适应能力。从长远看来，安庆地区回族文化涵化正功能是主流。

文化涵化的负功能更多地表现在回族文化的文化传承上，当然，和汉族文化也会在某些方面发生小小的摩擦，这是文化沟通不畅所引起的文化误解。文化涵化的负功能所引起人际关系的紧张和文化误解。这是从两种文化之间的紧张关系来说明文化涵化的负功能，同样，从回族文化自身的变化情况来说，其负功能主要表现在回族文化的民族特征减少，汉族文化特征增多，回族文化涵化的程度呈现递增趋势。这不利于民族文化多样性发展，容易造成文化的单一模式。回族文化的传承总是面临世俗化的强大挑战，安庆地区回民在饮食文化、住房文化、服饰文化以及生活习俗上都表现出与汉族同一的特征。甚至，在某些回民的民族心理层面上，也表现出了更多的汉族心理色彩，比如，在对民族认同、民族身份的认识等与汉族趋同。

● 个案八

时间：2012 年 9 月

地点：安庆南水回族社区的清真寺

人物：回民 D，男，31 岁

对安庆回族文化涵化功能进一步研究，需要知道回族文化涵化对安庆回族产生了哪些影响。为了使研究更具个体化的特征，我们特地根据这个主题进行个案访谈。当日下午做礼拜时间，在安庆南水回族社区的清真寺里遇到了回民 D，他本科毕业于西北民族学院（现西北民族大学），当时他们宿舍里就他一个人来自南方，其他都是西北地区的同学。由于他从小都是在汉族文化环境里长大，对回族文化的认识比较模糊（即只要不吃大肉即可），有时候由于民族文化误解而产生的解释和讨论是非常必要的。据他介绍，当时宿舍里有个汉族同学，对回族不吃猪肉非常不解。当这个同学在两个来自宁夏的回族同学面前大谈这个问题的时候，宁夏的回族同学感觉受到了侮辱，于是就在毫无警告的情况下把那个汉族同学打了。回民 D 因为帮汉族同学说情，也被宁夏回族同学视为不纯的回族同胞而一起被打了。这事之后，他终于认识到民族文化在不同地区、不同族群认知中差异显著，会影响民族团结与友爱。后来他毕业回到安庆工作，他的回民特征没有因为他在兰州生活了四年而有所改变。他回到安庆后，找的女朋友就是汉族，他说这是他特意选择的。虽然父母反对，他最后还是坚持他的选择。

不同程度的回族文化涵化就会产生相应的文化功能，他们在传统和现代之间、回族和汉族之间、世俗和宗教之间都面临一种选择。在选择过程中一系列社会生活问题由此产生。

二、显性功能与隐性功能

默顿还注意到传统功能主义在"意识动机"和"客观结果"之间的混乱，

他强调"社会学的根本注意力不是动机而是结果"。这种结果又分为"显性功能（manifeso）"和"隐性功能（latent）"。显性功能是"系统内成员所期望和公认的有助于系统适应或调节的客观结果"，与此相对应的隐性功能是既不被期望也不被承认的客观结果。传统的结构功能主义的功能分析偏重显性功能而忽略隐性功能，实际上隐性功能有独特的社会意义。例如购买一般的汽车就具有显性功能——用作交通工具，而购买豪华昂贵的"兰博基尼"牌高级跑车则具有强烈的隐性功能——代表经济和社会地位。而美国社会学家凡勃伦的"炫耀性消费"理论说的也是消费的隐性功能，高级的消费更多的是一种文化意义上的消费行为，满足物质和感官需求是其次的，所以任何文化事项都可以从显性和隐性这两方面进行功能分析。默顿本人常常以分析政治机器为例，他认为："人们一般认为美国现在的政治机器具有阻碍民主进程的反功能，这在显性层次上是正确的，但却忽略隐性功能，如本世纪三十年代政治机器为美国摆脱经济危机发挥了巨大作用，这种隐性功能比显性功能更有社会学意义"。因此在对文化涵化进行功能分析时，不仅要注意正功能和负功能，而且要注意显性功能和隐性功能。

　　默顿的显性功能分析和隐性功能分析，为分析安庆地区回族文化涵化功能提供了理论指导。安庆地区回族文化涵化的显性功能，主要体现在世俗生活各个领域，具体化的生活是回族文化涵化显性功能的主要载体。从文化结果的外在特征就可以窥见文化涵化的功能。吸收汉族文化而呈现文化特质发生变化的客观现象，都可以作为回族文化涵化的显性功能。从这个角度分析，在安庆地区回民的衣食住行都是作为文化显性功能的主要平台存在，只要抓住其外在特征的变化情况，就可以抓住其涵化的显性功能。安庆地区的回民在服饰上的巨大变化，他们很多人都不明白回族服饰中各个部分的民族文化意义，在日常生活中，也很少穿回族服饰，而回族服饰的制衣装备也大量地引进了现代化的制衣技术；在饮食文化上，引进汉族菜肴以及烹饪技术，回民在饮食习惯上也逐渐向汉族靠拢，这是共同地域和共同的生活环境带来的结果。此外，回民所开设的各种餐馆，在尊重回族饮食的基本规范基础上，最大限度地按照汉族人的饮食习惯进行。在房屋文化上，安庆地区的回民在房屋奠基，也较少选择在民族节日里进行，吊罐和礼拜房也只占极少部分，住宅风格趋向于汉族风格，与当地汉族居民的房屋差别不大；在宗教生活中，每天都念经的人非常少，大部分的人都不念经，只有在主麻日或者宗教节日里才象征性地念经。能坚持每天做礼拜的人也很少，大部分都是在主麻日或者宗教节日里才做，或者家中发生了大事才做。这是因为安庆地区的回民生活已经和汉族差不多，快节奏的劳动和生活使他们不具备每天做礼拜的条件。能完全坚持把斋的人也不多，大部分回民干脆不把斋；在婚姻家庭文化中，自由恋爱已经成为回民感情生活的主体，家庭结构也偏向于核心家庭；在婚姻仪式上，也较多地采取了汉回相杂的婚姻仪式。族际通婚逐渐多起来，在家庭婚姻文化上，安庆地区的回民在遵守最基本教义的基础上，较多地吸收汉族文化的相应文化成分。从这些外在文化涵化客观结果中，我们知道了安庆地区回族文化涵化的显性功能。同时，这些文化涵化的显性功能也表现在回汉文化之间良好的互动效应上。回民们对汉族文化所秉持的态度更加开放和宽容，同时，汉族对回族文化的理解也正在加深。平等、自主、自愿的文化交流关系向着更良性的方向发展。

相对于回族文化显性功能的客观实在性，隐性功能相比之下就隐秘得多。要发现安庆地区回族文化涵化的隐性功能，就必须更多地从意识动机层面上进行研究。意识动机，具有非常强大的变异性和不确定性，很难对其进行标准化研究。通过实地研究和问卷的定量分析，安庆地区回族文化涵化的隐性功能，主要体现在宗教信仰的传承和教育、宗教信仰来源的构成、对长辈的宗教教育的态度、对佛教和道教的态度、家族和家规的执行情况、传统和现代文化的效应之差、应对现代文化的挑战所持的解决态度、对文化同化的反应等方面。

● **个案九**

时间：2012 年 9 月

地点：安庆望江漳湖回民村

人物：回民 H，女，43 岁

望江漳湖回民村是一个非常具有回族特色的回民村落。这里的回民都是沿江而居的，都是有秩序地矗立在公路的两旁，房屋看起来非常整洁大方。这天下午 3 点，我们走进了回民 H 家。她得知我们的来意后，非常开心地接待了我们。她家基本上不做斋月，也不做礼拜，因为繁忙的农业生产活动让他们不具备这些条件。并且，他们在心理上也不具备从事回族文化活动的基础，对其认识非常淡薄。问起她家的房屋，建筑过程都和汉族房屋一样，唯一的差别，是选择了回族的传统吉日。我们看到了她家堂屋有神龛，她说这是方便过汉族的春节用的。外面的房屋也贴上了对联和灯笼。她说，以前他们很少过春节，现在受周围的汉族影响，他们也过上了，他们非常喜欢放鞭炮的吉庆氛围。

在调查中发现，只有部分人有去麦加朝圣的愿望，而有些人则认为，有条件就去。这说明，安庆地区回民对世界伊斯兰文化的中心，所秉持的是一种变异性和不确定性的态度。其隐性功能所体现出来的是对回族传统文化世俗性认识增强。而在孩子的宗教信仰来源中，清真寺所承担的功能弱于家庭的宗教教育，其隐性功能是清真寺在心理层面上不具有传承宗教信仰的优势。晚辈在面对长辈们所传授的宗教教育，采取的是一种自主性比较强、多元选择并且具有反思特征的接受态度。晚辈们都是有选择性地接受长辈们所讲授的宗教知识，全盘接受的情况很少，具有对自身文化的批判性认识。在对佛教和道教的态度上，很多回民都是抱着理解或者中立的态度，那种完全反对的很少，这表明回族文化是以一种平等、宽容、自主的文化态度与其他文化进行交流。在面对传承下来的族规或者家规，安庆地区的回民们大多是一种变通的执行态度。族规或者家规里面的有些规定和当前的生活和生产发生了严重的冲突，已经严重落后于现实社会生活。在应对现代文化的挑战问题，回民们大部分是以适当吸收为主，以保持本民族文化生命力的更新。从这些隐性功能的分析中，回族文化正在进行相当规模的涵化进程。同时，隐性功能也揭示了，回族文化在致力于自我文化实力的提升，在这个过程中，回族文化发生了相应的文化嬗变。所以，文化结构的变化，总是和文化功能变化相伴相随。而文化涵化的显性功能背后，总是隐藏着隐性功能，这种隐性功能在文化的更深层面进行文化特征的改变。

第三节　涵化模式

一、传承变异模式

文化变异和文化涵化二者相互影响。二者的发生往往具有共时性特征，你中有我，我中有你，并且同一时间存在于同一对象。文化变异中的"变异"是借用了生物学中的概念，"变异"是指生物体"由于遗传物质的变化或者由于环境条件的影响，所引起的性状改变"[①]。后来此概念被引入社会科学范围内，它用来描述某一社会事物在发展过程中，该事物部分特征发生变化并产生与原来特征差异的现象。社会中，各个子系统发生变异的现象非常普遍。

---

① 丁逸之. 遗传工程词典 [M]. 湖南科学技术出版社，1999：11.

社会文化具有独立的生命系统，有着其诞生、成长、发展、演变、死亡的自然环境和社会环境——原初环境。但文化的发展常常出现脱离原初环境转移到新生长环境的现象。为了在新环境中生存下去从而保持文化生命的延续，文化会根据自己的实际情况和所处环境主动或被动地发生一定程度改变，从而使该文化与原有文化相比产生相应的差别。因此，空间转移就成了文化变异得以发生的基础。而文化的涵化，作为一种文化变迁的结果，需要文化的变异过程作为实现条件。而文化的变异，需要文化涵化来体现。

（一）涵化是变异的途径之一

文化涵化既是过程，也是结果。涵化在两个文化模式的持续接触中发生，如果没有文化之间的接触，那么文化的涵化就不会存在。文化的变异更多是从文化的变迁结果来说明的。

实现文化的变异，除了文化涵化的作用和文化系统自身的变化外，还有文化过滤这一途径，指在跨文化文学交流、对话中，由于文化传统、社会环境、审美习惯等不同，接受主体有意无意地对交流信息进行选择、变形、改造、渗透、创新，从而造成交流信息在内容和形式等方面发生变异的现象。文化过滤是两种文化在对话过程中，对话的文化主体对文化接触内容进行批判性的吸收，在吸收的过程中，因为融入了外在信息从而发生变化。两种文化的接触是发生文化过滤的前提条件，和文化涵化不同，文化过滤突出了文化主体的能动性，强调了主体性在文化对话中的选择作用，而不是像文化涵化那样存在着被动吸收的方式。一般说来，文化过滤的内容主要包括：接受者的文化构成，包括地域时空、社会历史语境以及民族心理等；接受过程中的主体性与选择性，包括接受者对交流信息的选择、变形、伪装、渗透、叛逆和创新等；接受者对影响的反作用；文化相对主义理论强调多种生活方式具有自身独立价值的和谐共处理念。接受者在接受其他文化过程中的文化过滤，首先，接受者所接受的承载于译文中的异域文化，已具有本民族的语言及文化因素；其次，接受者自身的文化素质、文化修养，以及所处的社会文化环境和氛围，都形成了一定的解读语境和应用语境。

文化涵化使文化对话双方都存在各自的文化补充，从而吸收了外在文化因子，文化因子的加入，使原来文化结构发生了相应的改变。文化涵化的发生需要一定的条件作为基础，比如，社会交往的成熟，城市化水平的提高，媒介系统的完善，都是文化涵化得以进行的条件。在实际调查过程中，安庆回族文化的涵化程度非常高。安庆回族文化在和汉族文化持续碰撞中，已经接纳了汉族文化成分。在回族饮食文化中，汉族的很多的蔬菜种类以及烹饪技术都被回族文化吸纳。因为汉族饮食文化是主流文化发展下的产物，如果回族居民想要在以汉族文化为主流文化的区域内获得更好的发展，那么习得汉族文化内容必不可少。此外，安庆回族居民的建筑文化，也吸收了汉族民居风格。汉族房屋具有节约、实用、多功能等的特点，安庆回族居民要想和当地汉族文化保持畅通对话，以保证自己生产和日常生活能获得更多的优势条件，那么吸纳汉族文化的部分内容是最理性的选择。再者，安庆回族文化中的教育文化部分，在适龄儿童所受的启蒙教育中，也接受了大部分的汉族文化，从而改变了回族原来文化的某些结构。在这个过程中，孩子还受到回族传统文化熏陶，比如经堂教育，以此来保持回汉文化的平衡性。以上例子说明，文化涵化使两种文化在对话过程中，原来文化的某些特质因为借用了新文化因素从而发生改变。无论在文化涵化的结果、过程和作用，其性质都有着与原来文化不同的特质。

（二）变异为涵化提供条件

文化变异作为一种文化变迁的结果，为文化涵化的进行提供了条件。作为一种历史现象，文化涵化不断进行。文化涵化一直发生于生活生产的不同领域，构成了丰富多彩的文化姿态。文化变异因为融入了新的文化基因从而具备原来文化所不具备的文化特质，文化差异特质的存在，又为新一轮的文化接触提供了可能。

分析文化变异的内驱力是搞清楚文化变异为文化涵化提供条件的基本方法之一。正是文化内驱力的推动作用，文化变异才得以发生。

对于文化变异的内驱力，本尼迪克特的"目的—动机"说具有深远的意义。作为民族文化心理学派创始人，本尼迪克特在其代表作《文化模式》里提出了两个重要概念："文化模式"与"文化整合"。在书中，她指出一个人类学家"他的目标就是要理解文化改变、分异的途径，各自借以表现它们自身的不同形式"[1]。她的研究重点是探索文化怎样发生改变、分异，不同的文化模式所改变后的结果怎样。简单来说她要研究的是文化进程和形态特征。关于文化模式，在书中她指出，"一种文化就像一个人，或多或少有一种思想与行为的一致模式。每一文化之内，总有一些特别的，没必要为其他类型的社会分享的目的。在对这些目的的服从过程中，每一民族越来越深入地强化着它的经验，并且与这些内驱力的紧迫性相适应，行为的异质项就会采取愈来愈一致的形式。当那些最不协调的行为被完全整合的文化接受后，它们常

---

[1] （美）露丝·本尼迪克特著，王炜等译.文化模式［M］.北京：社会科学文献出版社，2009：7.

常通过最不可能的变化而使它们自己代表了该文化的具体目标"[①]。她指出任何文明的文化模式都利用了某些选择过的物质技术或文化特质,这就是"这种文化的模式化"。人类社会中的一种文化无论它多么微小,多么原始,或多么巨大,多么复杂,其来源都是从人类潜能巨大的弧圈中选择了某些特征,并且花费了人类的精心建构。

每种文化特有的目的和动机都是促进这种特有文化变化形式的内驱力,但文化变异的内驱力是这个族群占主导支配地位的动机和目的。即她在书中所说:"每一种形式都带有自己普遍的内驱力和动机,这些内驱力和动机决定着它们过去的历史和未来"[②]。只有发现了某一社会发展原动力的行为与动机,或不同文化所追求不同的财产的制度结构或者心理结构,人们才会理解不同社会秩序和个体心理的根本点。书中所举三个民族选择的不同弧,他们各自所选择的不同目标和动机就具体表现于其中,这深刻地说明文化变异不存在什么"定律"。文化的发展或变异来源于文化整合不断推动,这构成文化变异的推动力,其文化变异的内驱力就是这个族群占主导支配地位的动机和目的。文化变迁沿着不同的道路前进,追求着不同的发展目标,这些发展过程和结果都服从于一个主导动机——一个民族的发展动机,所以民族集团中某种特有心理反应可以支配整个文化。正是民族心理的目标性,才使得文化变异烙上了民族生活生产的印记。

在安庆回族文化涵化的实地调查中,在原来的回族文化中,随着时间的推移,加上文化交流的增多,回族文化中汉族文化的因子越来越多。随着其他民族文化因素堆积加剧,回族文化体系的内部构成发生裂变,从而影响回族文化结构的功能发挥,回族文化的变异就是这样发生的。虽然回族文化的发展较汉族文化来说,历史是不够久远,但由于和其他民族对话的频率很高,回族文化的变异状况较为明显。回族文化的变异呈现全方位的特征,文化外部和内部都存在着文化变异。比如,在正统的回族文化里,房子的奠基之日必须要选择吉日进行,但在安庆地区的回族文化中,越来越多的人已经忽视这个文化传统。房屋的结构和装修,汉族文化因素体现得非常明显。在家规方面,安庆地区的很多回民都吸收了现代性的知识,并且家族意识正在淡化。新的观念正在影响着新一代回民,注重自身发展机遇,积极融入其他文化圈子,熟悉市场经济运作规则,遵守汉族人际关系规范。回族文化的深处,观

---

① (美)露丝·本尼迪克特著,王炜等译. 文化模式 [M]. 北京:社会科学文献出版社,2009:8.
② (美)露丝·本尼迪克特著,王炜等译. 文化模式 [M]. 北京:社会科学文献出版社,2009:11.

念和价值取向逐渐与汉族趋同。安庆回族文化一系列变异都表明了其他民族文化已经深入其中，并且发挥着重要的作用。如果没有文化变异的发生，文化之间的接触就丧失基础。因为同质性文化，发生对话的可能性比较小，在性质和状况方面，同质性的文化都拥有统一的文化基因。同质性文化基因使文化接触只能是继承性和累加性，是数量和规模的变化，这种同质性文化基因所塑造的文化结果只能是同质性状的文化传承。异质性文化的存在非常重要，在文化变化和文化涵化中都扮演着不可替代的重要角色。从这个逻辑上来说，安庆回族文化的变异，真真实实地为文化涵化提供了条件。随着安庆回族文化变异的加速，它和汉族文化的对话空间呈现扩大趋势。回族文化涵化从文化的表象到文化的内核，安庆回族地区回民生活习惯和礼仪都深刻体现了汉族文化特点。

●个案十

时间：2012 年 8 月 13 日
地点：望江县漳湖回民村
人物：回民 E，女，26 岁

当进入望江县章湖回民村的时候，整洁的回民建筑有序地矗立在水泥公路的两边，从他们的房屋建设情况来说，可以说已经达到小康水平了，但和回民 E 交流的过程中，她的经历所体现出来的文化涵化引起了我们的关注。据她说，在上小学的时候，父母已经不做礼拜了，但是她姥爷、姥姥都还在坚持。这样多层次的家庭文化氛围导致了她在日常生活中常常面临各种困境，比如，她去上学的时候，总是担心被回族同学问起是不是虔诚地信仰伊斯兰教。实际上，她的理解只限于不吃大肉，这样的回族朋友在章湖回民村很普遍。有一次，她去家住南水回族社区的同学家玩，当时正是做礼拜的时间，她的同学拉她一起做礼拜，她没有去，于是她被那个同学说成不是纯洁的回族人，为此伤心了一段时间。从那以后她们的关系就慢慢趋于平淡，最后没有再联系。现在她谈的对象是一位来自湖北孝感的汉族小伙子。问她为啥不在本地找一个回族的男朋友，她说对伊斯兰教及其相关内容的理解很模糊，找一个回族男朋友不是最重要的，最重要的是需要找一个有默契的男朋友，这样才能创造美好生活。于是，具有共同的生活观念和价值取向是她择偶的基本前提之一，不会因为有年龄压力就随便找一个自己不喜欢的男人结婚，为了遇到自己喜欢的对象，她愿意等下去。他们的婚期定在 2013 年。

从以上案例中可以看出安庆回族文化在个体层面上的变异非常明显，由文化变异引起的文化涵化也就自然发生。安庆回族文化在宗教生活、日常生活中的涵化非常明显。由于汉族文化、世俗化不断进入安庆回族文化生活里，使安庆回族文化因子发生改变。加之皖江城市带的兴起，安庆回族社区开放程度越来越高，这样异质文化就更多地涌入安庆回族文化环境里，于是，安庆回族文化在经济生产、家庭婚姻生活等方面的变异使文化涵化得以产生。

二、共生互补模式

皖江城市带回族文化的涵化模式，是一种处于多种文化相互存在并且形成互补关系的涵化模式。而共生互补理念和中华民族多元一体格局理论相互观照，后者包含这前者的诸多意义，比如"共生"理念。因为中华民族的"一体"表现在共享着统一的地理空间、社会环境和文化系统，这三者的"一体化"使得中华多民族国家有了统一的基础。按照费孝通先生的说法，"每一个民族的要求及生存，总是凭借其自成体系的文化，向这个随机体索取生存物质，寻找精神寄托，以求得民族自身的生存延续和发展。但人类赖以生存的地球表面差异极大，生息于地球上的各个民族的生存环境极不相同。生存环境的差异，对民族的发展进程有着极大的影响，从而模塑出千差万别的民族文化"[①]。虽然从现实来看，各个少数民族的实际情况不尽相同，尽管经济文化发展相对落后，但各少数民族地区地域辽阔，资源丰富，而且又是我国的自然生态屏障，具备发展经济多方面的自然禀赋，我国实现现代化离不开各少数民族和民族地区。所以，自然条件的所形成的统一关系，使得我国各少数民族之间的关系非常密切。

基于此，对于皖江城市带回族文化的涵化来说，城市带所形成的紧密统一的地理区位就是皖江城市带回族文化和汉族文化以及其他文化进行整合、同化、分离等文化活动的基础。皖江城市带紧靠南京，离上海也不远，陆上交通、水上交通和航空交通都非常发达，并且和沿海城市形成严密的产业转移的对接关系。此外，皖江城市带之间各个城市也形成了文化、地理、资源、人才等各个方面的紧密关联。缺乏统一的地理自然环境的统一性，皖江城市带回族文化的涵化就会丧失基本的物质条件。

"共生（Symbiosis）是生物科学中的一个重要的基本概念，涉及微生物

---

① 费孝通. 中华民族多元一体格局（修订本）[M]. 北京：中央民族大学出版社，1999：4.

学、寄生虫学、昆虫学、植物学、真菌学、细胞生物学等众多生物学分支学科，由德国微生物学家德贝里于1879年首次提出"[1]。所以人类对共生现象的认识，"最早来自生物界，它指生物之间一种相依为命的互利关系，共生双方通过这种关系而获得生命，失去了其中任何一方，另一方都不能生存。透过生物界的共生现象，共生是人类之间、自然之间以及人与自然之间形成的一种相互依存、和谐、统一的命运关系"[2]。作为共生互补理念的一个重要组成部分，如何来理解"互补"呢？互补就是在同一的基础上差异之间的存在及其要求。所以，"绝对的同一不可能互补，互补是在差异中的互补，没有差异就失去了双方互补之必要前提；绝对的差异亦谈不上互补，互补是在一共同统一体内的互补，没有同一，也就失去了互补双方之本质维系"[3]。在互补概念中存在两个方面的内容：差异中形成对比，从而更明确自身的特点和他者的特征；"互补"是指优势的相互吸取，以促使自己优势的增长。基于此，在本书的实证研究和民族学田野调查中发现，皖江城市带回族文化涵化的互补模式的存在。作为一种相对落后的文化，回族文化在汉族文化中处于一种被动的地位，所以回族文化为了积极应对时代的进步所提出来的文化革新的要求，有选择性地对汉族文化的某些积极部分进行了吸收，以增加自己文化体系的结构完整性和持续发展的动力。

共生互补的理念是由中南民族大学许宪隆教授首先提出的，其基本内涵是指人类的活动及其结果要确保社会系统和自然系统的和睦共存、和谐共生、取长补短，互利双赢、互助互动、协同和发展。它强调的是共生单元间优势互补，互相借鉴，以收扬长避短之效；共生单元间互为依存，互利双赢；共生单元间有竞争和冲突，要在竞争中产生新的、创造性的互补性合作关系；存在竞争的共生单元间的相互理解和积极态度；共生系统中的任何一方单个都不可能达到的一种高水平关系；共生单元在尊重其他参与方（包括文化习俗、宗教信仰等）基础上，扩大各自的共享领域。在内容上包括经济系统的共生互补、文化系统的共生互补、政治系统的共生互补和社会系统的共生互补四个方面。所以，从我国民族关系的现实出发，"我们要构建的是一种平等、团结、互助、和谐的新型社会主义民族关系，但由于处于社会主义初级阶段，又不可避免带有一定局限，如民族平等权利的日益保障与民族间事实

---

[1] 袁年兴. 共生理论：民族关系研究的新视角 [J]. 理论与现代化，2009（5）.
[2] 沈再新. 从"中华民族多元一体格局"到"共生互补" [J]. 湖北民族学院学报（哲学社会科学版），2010（3）.
[3] 张再林. 论儒道之异同 [J]. 西安外国语学院学报（哲学社会科学版），1996（2）.

上不平等现象并存、民族团结的日益巩固与两种民族主义倾向并存、民族间互融性日益增多与民族意识增强并存、民族间互助合作的日益发展与民族间的竞争态势并存、各民族日益繁荣与民族间发展差距的扩大并存"[1]。所以，研究皖江城市带回族文化的涵化模式，就表示着皖江城市回族文化族必须要对自己文化进行内容和结构的革新，以获得文化新的生命力。同时，作为强大文化的汉族文化，也要保障好回族文化的基本生存权利，提供各种文化发展的条件帮助回族文化的不断更新，以形成回汉文化的共生互补。

三、群体个体模式

文化涵化的发生，可以在不同的层次上进行，既可以在整体民族的层面上进行整体民族文化的涵化，也可以在中型的民族地域之中进行民族文化的涵化，更可以在微观层面上的个体上进行。由于文化涵化规模不同，所需要的文化涵化条件和时间也不同。所以，在纵观人类各民族文化涵化的历史过程中，就会发现那种宏观性的民族文化的整体性涵化，经过了漫长的历史阶段才得以完成。而那种作为民族整体的一个重要组成部分的群体文化的涵化，相比之下就涵化得短一些，虽然其也具有整体性的特点，但这个整体性文化的涵化只限于某一个地域群体之中，所以，我们可以轻易看到，西北回族文化的群体性涵化和南方回族文化的群体性涵化之间存在着巨大的差别。但由于群体文化结构和内容的复杂性，其涵化的机制和策略的灵动性就低得多。相反，作为民族成员的个体身上也会发生文化涵化的结果。由于个体具有一定时空的自由选择，其文化涵化具有时序性和阶段性相统一、地方性和全体性相统一、变异性和稳定性相统一的特点，其中，最明显的特征是其具有极强的文化涵化的异动性。

这种群体和个体文化涵化的模式，在皖江城市带回族文化的涵化过程中，得到了明显的体现。首先，皖江城市带回族文化的群体涵化的特征在民族学田野调查和实证的统计分析中都得到了证实，回族文化的群体性涵化在物质文化的层面上表现得非常明显，这包括服装、住房和饮食等方面。从统计数据的分析结果就可以得知，在皖江城市带中，无论是农村还是城市，吊罐、礼拜房等的设置都在减少，取而代之的是现代的淋浴设施和装饰，并且随着做礼拜次数的减少，礼拜房的设置都在慢慢地退出了皖江城市回民的宗教生活。在房屋结构和风格方面，都趋向于当地的汉族房屋的结构和风格，这是

---

[1] 许宪隆，沈再新. 构建共生互补型多民族和谐社会的思考[J]. 学习月刊，2008 (10).

由于汉族房屋文化的现代科技含量的增强以及实用性的提高，对回族文化形成了一种优势地位，所以回族文化通过借助这种文化优势改变了自我文化的某些部分，所做出的文化调适与社会的实际变化保持了同步性。而在服饰着装方面，皖江城市带回民也表现出了群体涵化的特点，从统计数据来看，工作之余的着装都是以现代服饰为主，暂且不说传统回族服饰的功效问题，而是现代服饰所形成的社会认可以起到身份认同的作用，使得皖江城市带回民在服饰的穿着上和社会主流保持了一致。这种服装打扮的一致性，说明了皖江城市回民在世俗生活中，积极适应的态度。因为在皖江城市带回族文化暂且还没有形成强有力的文化自我维持和更新的系统，皖江城市带回族文化必须通过和其他文化的持续互动，才能获得文化生存和发展的物质和文化的基础。此外，作为回族文化传承的物质载体，传统的回族服饰中所暗含的文化意义，皖江城市带的回民对此也形成了群体性的陌生化，对回族服饰的文化代表含义，回民普遍反映出认识不全的情况，这也反映了现代服饰文化所形成的压倒性优势以及回族文化传承的断裂性。而在饮食文化方面的群体性涵化，也具体地表现在日常的回民生活中，他们对汉族的某些饮食习惯的吸收，对某些烹饪技巧的学习成为普遍现象。由于回族文化被强大的汉族文化包围，所以在长时间的文化对话中，回族文化中的饮食部分从整体上所表现出来的文化涵化特征也就不足为奇了。而作为回族饮食文化的典型代表，盖碗茶的使用在皖江城市带已经式微，这足以看出回族饮食文化群体性涵化的特点。

作为群体成员的个体，在尊重基本的民族文化原则的基础，获取了更多的自由选择的空间。正是这种个人自由的存在，加上现代化对回族传统文化的西式作用，也在一定的程度上弱化了回族文化的传统性对回民个体的约束作用。所以，回民个体在现代社会中，有更多的条件去实现自我选择，并把在这个过程中所习得的新文化因素积极纳入自己的文化结构中，这样，导致了个人价值观、世界观、文化观等的变化。所以，一旦这些深层次的核心观念发生变化，就使得个体在一系列的世俗生活中发生了与传统文化不相同的新行为。那么，在本书的研究中所体现出来的那种个人生活方面的文化涵化的结果，也就是自然存在的客观事实了。如果说群体性的回族文化的涵化主要表现在文化的宏观或者中观的层次，那么，个人层次上的文化涵化主要表现在私人生活领域里，虽然这些私人生活也受到传统文化的一定限制，但其仍然获得了相当大的自主性。所以，在研究结果中，皖江城市带的回民个体在恋爱婚姻观念、生育孩子数等方面表现出了很强的个体性特点。在本书的分析结果和民族学的田野调查中，可以看到很多回民个体能够自由地选择恋爱对象、结婚对象、恋爱过程和结婚方式等，那种传统型的婚姻类型在皖江城市带回民的个体生活中，逐渐被现代的自由婚姻类型所取代。因为皖江城市带回族文化自身文化力量的弱小，难以在以汉族文化为代表的现代文化中占据竞争优势，而回民必须积极融入所处的社会环境，才能获取自身的生存与发展。只有做出一定文化态度的改变，才能被现代文化所接纳，于是，我们就看到了皖江城市回民个体在恋爱婚姻方面，和现代文化衔接起来了。一旦现代文化融入回族传统文化的体系中，就会引起传统回族文化的涵化。此外，回民个体的私人生活还表现在对社会媒介种类的选择，他们对电视、报纸、网络、广播的自由选择，使得他们吸收到了更多的现代文化。同时，他们也正是通过这些媒介途径，加深了对社会的了解，况且，了解社会的过程本身就是一种文化观念和态度的交流过程。所以，在持续和现代媒介系统进行接触的过程中，皖江城市带回民个体的各种文化认知就发生了变化。随着回民个体在物质文化层面上的不断涵化，他们在深层次的精神文化上也发生了涵化。在涉及各种社会现象的判断和评价上，他们都习得了独立自主的批判精神。比如，他们对同事合作关系的认知，都表现出了个人选择的评判；对回族文化在面临现代文化的挑战方面，他们做出了不同的应对姿态。而在对传统文化的传承内容和方式上，他们也有一定的自我反思，反思精神又加剧了他们的文化涵化的进程。此外，对于回族文化和经济的关系，他们对此也有足够客观的认识，那种全面认识的态度表现得非常明显。对于皖江城市带的兴起对回族文化的作用，他们能够从多方面进行评判，由此可见，回族文化的个体涵化在促进回族文化涵化的过程中发挥着重要的作用。

四、皖江城市带文化涵化过程中的模因传播模型

模因学（memetics）是"一种基于达尔文进化论的观点解释文化演进规律的新理论"[①]。Meme模因（本书采用何自然教授的翻译方法）是基于基因一词仿造而来，源自希腊语，意为"被模仿的东西"。它是模因论中最核心的术语。1976年，英国牛津大学的著名动物学家Richard Dawkins在他所著的 The Selfish Gene 中首次提出了meme的说法，何自然教授将它译为"模因"。

---

① Dawkins, R. The Selfish Gene [M]. New York: OUP, 1976.

传播性是模因形成的根本途径。信息要成为模因必须经过广泛传播，传播的范围越广、传播的时间越长，模因性就越强，其生命力就越旺盛。在模因论中，模因往往被描述为"病毒"，它可以感染其他人的大脑或者传染到其他人的大脑中，而一个人一旦被这种"病毒"所感染，它们就会寄生在他的头脑中，在往后的岁月里，这个人又会将这种"病毒"传播给其他人或者他的下一代。

因为人的认知机制是自主独立的，"人们不能强行让他人同意或相信自己的看法，因此人们只有在理解的基础上有足够的理由和动机时，才会采纳复制别人的行为、观点或看法，或者是在它的基础上做一些改动，然后才传播应用开来"[1]。

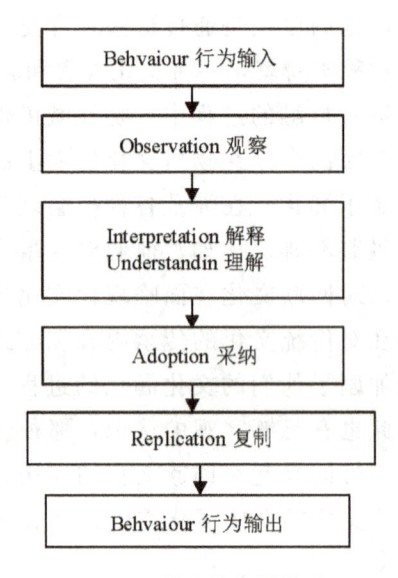

```
┌─────────────────────┐
│ Behvaiour 行为输入  │
└──────────┬──────────┘
           ↓
┌─────────────────────┐
│  Observation 观察   │
└──────────┬──────────┘
           ↓
┌─────────────────────┐
│ Interpretation 解释 │
│ Understandin 理解   │
└──────────┬──────────┘
           ↓
┌─────────────────────┐
│   Adoption 采纳     │
└──────────┬──────────┘
           ↓
┌─────────────────────┐
│  Replication 复制   │
└──────────┬──────────┘
           ↓
┌─────────────────────┐
│ Behvaiour 行为输出  │
└─────────────────────┘
```

图 5-4　模因的传播模型

文化涵化出现三种模式：传承变异模式；共生模式；群体个体模式。由于文化模因的传播受到多种因素影响，所以在实际的过程中文化的涵化过程更加复杂。因此在简单模型的基础上，结合皖江城市带回族文化的实际涵化过程，我们对模因在文化涵化过程中的实际传播过程进行了更深入的分析研究，在此基础上勾勒皖江城市带文化涵化过程中的模因传播模型，描绘出其涵化的基本图示如下。

---

[1] 何自然，何雪林. 模因论与社会语用 [J]. 现代外语，2003（2）.

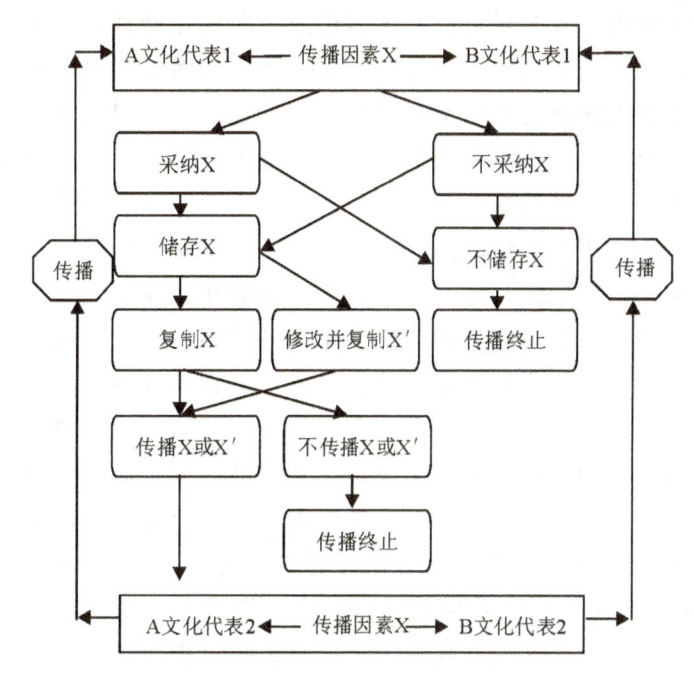

图 5-5　皖江城市带回族文化涵化过程中模因的传播模型

小　结

　　皖江城市带安庆回族文化涵化的内在机制及其功能，是本节研究的重点，也是研究的目的。从内容来说，本节主要包括了理论演绎和实践分析两个部分，并且前面理论的论述是为后面的实证分析做准备，形成前后一致并且相互衬托的体系。在理论体系的指导下进行理论和实践相结合的综合分析。本书所采用的涵化定义是"涵化指的是这类现象，亦即具有不同文化的数个群体之间，发生持续的、直接的接触，导致一方或双方原有文化模式发生变化。"

　　散杂居民族文化涵化研究包括涵化类型、层次。关于涵化对象的研究方法，涵化过程的研究，涵化结果的研究，文化涵化与文化变迁有着复杂的关系。首先，文化涵化并不等于文化变迁，文化涵化只是文化变迁的一个子范畴。文化变迁是指文化在内容或结构上的结构性变迁，自然环境的改变、文化体系内部的创新与文化间的接触等等都是文化变迁的动力。文化的涵化，作为一种文化变迁的结果，需要文化的变异过程作为实现条件。以单向涵化为主，部分文化出现双向涵化、文化涵化的单向涵化特征，其本质就是文化涵化的不均衡性。文化的单向涵化只是从主要的方面对文化涵化的主要特点进行概括，而文化涵化的不均衡性则从文化的具体方面对其进行分析。在文化涵化的不同阶段里（主要有混乱、适应、平衡三个阶段）可以看出文化涵化的三种态度（主要有接受、适应、拒斥三个态度）。文化涵化的策略主要有文化整合、文化同化、文化分离、边缘化等。根据文化涵化的发生机制，只有当两种文化进行接触时，才有可能发生文化涵化，这是最基本的条件。主流文化的缺失与民众参与度的降低有着重要的关系：主流文化一旦缺少大众融入，或者说是大众文化消费缺少核心价值诉求直接导致民众文化消费淡出主流文化，表现为主流文化的缺失。人口是一个非常复杂的概念，它包括了数量和质量两个大的范畴，前者主要包含人口的规模，后者主要包含人口的文化程度、性别比、年龄结构等。人口因素作为文化涵化的动力机制，对文化涵化产生影响。经济、政治、文化变迁都是作为文化涵化的"外部原动力"，在文化的涵化的长远发展历史过程中，规划了文化涵化过程的基本脉络。生产方式转变而引起的文化之间的变化距离，表明生产方式在文化变迁中的基础性作用。生产方式作为文化涵化的内部原动力，其影响深远。作为一种资源形态，文化之间的涵化也存在着竞争与选择的关系。正是因为竞争和选择的存在，才使得文化涵化得以不断进行。文化涵化的负功能，其最明显的结果就是阻碍了文化正功能的正常发挥和文化结构的不断优化，也对社会稳定、人际关系、民族关系产生直接或间接性的消极影响。总体来说，安庆地区回族文化的涵化正功能非常明显，回族文化在文化涵化过程中，加深了对汉族文化的理解和认识，并且形成了比较友好的文化接受态度。安庆地区回族文化涵化的显性功能，主要体现在世俗生活的各个领域，是回族文化涵化显性功能的主要载体。安庆地区回族文化涵化的隐性功能，主要体现在宗教信仰的传承和教育、宗教信仰来源的构成、对长辈的宗教教育的态度、对佛教和道教的态度、家族和家规的执行情况、传统和现代文化的效应之差等诸多方面。

结束语

安庆回族文化由于历史和现实的融汇发展，在皖江城市带回族文化中最具有典型性，回族文化在皖江城市带的经济发展和社会建设中扮演着非常重要的作用。本书采用问卷调查、统计分析、田野调查的个案分析法对安庆回族文化的涵化进行了较全面的梳理。通过多层次研究，表明西方文化涵化理论的中国化，需要考虑城市化进程加快、经济结构升级、社会结构转型导致的人口流动程度和社会阶层变动等因素。此外，本书的研究结果也表明，皖江城市带的发展、回族文化的涵化、社会阶层的变动、不同文化之间的交流已经紧密关联，形成不可分离的统一体。

一、皖江城市带的兴起为安庆回族文化涵化提供契机

皖江城市带的兴起是中部崛起的一个重要支撑点，皖江城带的成长历程是皖江地区城市、社会、经济和文化一体化进程的体现。1990年，以浦东开发开放为龙头的长江流域开发开放实施后，安徽省就提出"抓住机遇、开发皖江、强化自身、呼应浦东"的决策，拉开了皖江开发开放的序幕。安徽省委根据安徽沿江地区各地市当时的经济实力，特别强调马鞍山、芜湖、铜陵、安庆先行一步，加快皖江经济区域开发开放。1995年，安徽进一步提出了"外向带动、整体推进、重点突破、形成支柱"的总体战略，皖江开发开放全面启动。2006年8月，《沿江城市群"十一五"经济社会发展规划纲要》确立了将皖江城市带作为"全省对外开发的门户"的战略定位，要求"主动迎接长三角辐射，推进基础设施、产业体系、市场体系、管理体制的全面对接，成为率先接轨长三角、接轨国际的开发型经济区域"。2006年《中共中央国务院关于促进中部地区崛起的若干意见》中将皖江城市带列为促进中部地区崛起重点发展的四大城市群之一。2008年初，时任总书记胡锦涛视察安徽时指示，安徽"要充分发挥区位优势、自然资源优势、劳动力资源优势、积极参与泛长三角区域发展分工，主动承接沿海地区产业转移，不断加强同兄弟

省份的横向经济联合与协作"。2008年10月，安徽省政府向国务院上报了《关于设立皖江城市带承接转移示范区，积极推进泛长三角区域合作的请示》。2009年1月，国务院领导同意了国家发改委关于设立皖江城市带承接产业转移示范区有关问题的请示。2009年9月2日，安徽省发改委综合省直各部门、各市的修改意见，形成《关于皖江城市带承接产业转移示范区规划（征求意见稿）修改意见的报告》，经省委省政府主要领导审阅后，上报国家发改委。国家发改委修改后正式送国务院27个组成部门和单位以及长三角两省一市发改委征求意见。2009年12月，国家发改委在对规划稿做了进一步修改、完善和提升后，经国家发改委主任办公会审议通过后报送国务院。2010年1月，国务院正式批复了《皖江城市带承接产业转移示范区规划》。皖江城市带将与"长三角"率先实现"无缝对接"，这是迄今为止全国唯一以产业转移为主题的区域发展规划。

皖江城市带的兴起具有多种积极效应，不仅加快城市化进程，缩小城乡之间差距，还为安庆地区文化发展提供发展动力。安徽是一个有着340余年建省历史的行政区域。由于其独特的地理位置（安徽地跨淮河、长江和新安江三大水系，南北自然地理环境大相径庭），"安徽文化"形成了三个重要的文化分支：淮河文化、徽州文化和皖江文化，这就是安徽文化的"三大文化圈"。这种文化划分依照区域地理和社会历史演进的不同情况而进行。由于"徽州文化"和"淮河文化"提出的时间较早，都已经得到了愈来愈多学者的研究与关注，形成比较稳定和统一的共识，而对三大文化圈中"最年轻"的皖江文化来说，其定义和解释始终没能达到统一。皖江文化，自开始提出之时就存在较大争议，2004年，在安徽省社科联和安庆师范学院共同主办的"首届皖江地区历史文化研讨会"上，围绕着概念、定义和内涵等方面的争论和分歧不断。但是，本书所理解并达成共识的皖江，同时赋予文化意义的皖江，是今天已经升至国家战略层面的皖江城市带的皖江，它是指整个皖江地区的文化现象、文化价值、历史传统。"也就是说，整个皖江地区的文化并不统一，不是一种模式、一个范本，而是呈现多样性"[1]。皖江文化历史悠久，内容丰富，底蕴深厚，多元发展。皖江文化在文学、戏剧、书法、绘画、科技、宗教等方面均有较为丰富的成果。此外，在教育、经济、生态、民俗等方面皖江文化也有比较大的贡献。方晓珍用分类法将其归纳为九个方面，即：

---

[1] 沈葵，洪永平. 皖江文化的学术定位与发展契机——兼论淮河文化与徽州文化 [J]. 安徽师范大学学报（人文社会科学版），2009（3）.

"以禅宗为核心的佛教文化；以桐城派为代表的古典文学；以邓石如、李公麟为代表的书画文化；以敬敷书院、国立安徽大学为代表的教育文化；以徽班和黄梅戏为代表的戏曲文化；以方以智、邓稼先为代表的科技文化；以张英、陈独秀为代表的政治文化；以陈独秀、张恨水、朱光潜、朱湘为代表的'五四'新文化；以'五山两水'（天柱山、浮山、妙道山、司空山、小孤山；天仙河、花亭湖）为代表的旅游文化"[①]。所以，在皖江城市带的促进下，皖江文化呈现多元发展格局。

二、皖江城市带的经济发展和人口流动推动安庆回族文化涵化

皖江城市带共59个县（市、区），土地面积7.6万平方公里，人口3058万。2008年国内生产总值5818亿元，分别占全省的54%、45%和66%。皖江城市带是实施促进中部地区崛起战略的重点开发区域，是泛长三角地区的重要组成部分，在中西部承接产业转移中具有重要的战略地位。皖江城市带处于中国人口密集、消费需求较大的最靠近东部的中部地区，以合肥为中心，半径500公里覆盖上海、江苏、浙江、河南、江西、湖北、山东、安徽七省一市。这一区域经济发展水平高，消费潜力巨大。无论是国内生产总值，还是社会消费额，占全国的比重都接近二分之一，皖江城市带无疑将是拓展国内市场、启动内需的关键区。

据统计，2009年，皖江城市带经济总量达到6600.3亿元，增长14.6%，占全省比重的63.2%；工业增加值为2602.6亿元，增长24.0%，占全省比重为66.2%；实现财政收入为992.7亿元，增长17.4%，占全省比重为70.5%；完成固定资产投资为6532.9亿元，占全省比重为73.6%。统计数字表明，国务院批复的"皖江城市带"核心地位进一步凸显。安徽省示范区建设领导小组办公室、发展和改革委员会副主任刘荣华介绍说，"示范区引进安徽省外到位资金4011.8亿元，实际利用外资40.1亿美元，分别增长57.5%、23.3%，占全省的73.5%和76.3%；新批内外资项目8630个，其中新批安徽省外境内项目6180个，同比增长16.8%。10亿元以上、50亿元以上乃至100亿元以上的大项目不断增多。特别是长三角地区作为安徽省引进资金主要来源地的地位进一步凸显。2011年前11个月，长三角地区企业来安徽投资1000万元以上项目12214个，总投资额14170.1亿元，实际到位资金3147.8亿元，增长48.7%，占全省1000万元以上项目实际到位资金的

[①] 方晓珍. 关于皖江文化的宏观思考[J]. 安庆师范学院学报（社会科学版），2005（3）.

57.7%。2011年前三季度，示范区实现地区生产总值5739.8亿元，增长16.1%，增幅高于安徽全省1.4个百分点，对安徽全省经济增长的贡献达69.2%。2010年前11个月，示范区规模以上工业实现增加值3382.3亿元，增长23.9%；社会消费品零售总额2251.6亿元，增长19.4%；全部财政收入1171.9亿元，增长28.1%；固定资产投资7845.1亿元，增长34.3%"。同时，皖江城市带城市化水平也大幅度提高。皖江城市带城市化水平较高地区该类型包括铜陵、芜湖和马鞍山，这三个城市的城市化水平明显高于其他5个城市，是皖江城市群中经济较发达地区。这三个城市的人均生产总值较高，城市人口比重较大，对外经济发展势头强劲，城市基础设施完善，综合发展潜力巨大。其中，芜湖城市的现代化水平、基础设施、教育文化等方面在皖江城市群中都具有明显的比较优势。

　　文化涵化是一个复杂过程，需要具备很多条件才能发生。同理，安庆地区回族文化和汉族文化涵化的过程也是如此。其中，社会经济发展是最基本的经济基础，经济条件提供文化接触的物质载体，文化涵化才能获取发挥作用的平台。而从上文统计数据看，皖江城市带的经济总量呈现逐年增加的良好发展态势，回族文化和汉族文化在社会主义市场经济中的关系更加密切。当市场经济渗透到回族文化世俗生活中的各个领域后，回族的生活和生产都对其形成比较强烈的依赖关系。当市场对社会资源形成决定性配置的时候，回民们通过市场这条渠道达到获取有效资源的目的。在市场这个公共领域里，回族文化和汉族文化发生了比较全面的接触，各自按照自己文化系统的需求有选择性地吸收对方的文化。

● **个案十一**

时间：2012年9月

地点：安庆三溢回民农场

人物：回民K，男，23岁

　　认识回民K，纯属偶然，当时我在安庆望江漳湖回民村做完调查后，前往三溢农场进行调研的时候，走在长江大堤上，艰难地前行。当我看到一辆摩托车过来的时候，招手示意，但他却没有理会我，急速地走了。但过了几分钟，他又折回来了，笑着对我说，上来吧，我带你去，你去哪里？我说去三溢回民农场做调研，他就说，看到你那么热，路那么远，上来我带你去吧。我就跟着他去了。于是，我就跟他聊起来了。他是联想电脑的市场营销人员，专门在此地销售联想电脑。他问我，想买电脑不？我说不想。他说，如果你有认识的人，一定介绍给我，我会给满意的价格的。所以，我很关心他的经济想法，他很注重通过人际关系来寻找市场信息，但他不想其他人那样为了赚钱而丢失了良心和责任。他说，他确实希望自己的业绩能够提升，但他不会因为此而欺诈顾客。他说他会用真心、真诚去认识新的朋友，这样才能是好的人际关系。后来，他还很热情地跟我介绍了本农场的基本情况，还邀请我去他家坐一坐。从这些细节就可以看出他是个非常有修养的人，并且性格非常好。这也许和他的汉族朋友有关系，他有很多的汉族朋友。

从经济发展和人口流动这两个方面来分析，安庆地区回汉文化的涵化，其实就是世俗文化范畴不断扩展、宗教文化世俗化的过程。在前文的实证中已分析过，安庆地区的回族文化涵化以单向涵化为主，双向涵化为辅。安庆地区的经济发展水平提高，不仅是城市面积扩大和农村人口数量减少，更是一种涉及文化各个层次变化的复杂过程。但就动力机制而言，经济发展、产业结构升级、大量的农村人口转变为城市人口等，其意义在于，进入城市中的人所接触的是一种全新的生产环境和生活环境。他们必须积极适应城市的生产方式转变带来的各种失调问题，必须从心理上接纳城市生活中各种运行规则，必须从基础上掌握生活和生产的技术。从这些必须转变的过程中，其实质就是一种文化接受的过程，抛弃旧文化，吸收新文化，以作为新生活开始的新平台。这个过程比较漫长，会产生"边际人"所客观存在的各种心理失落现象，甚至会产生越轨行为，但是，这是文化涵化过程的必然结果。从新文化的吸收、内化到发挥作用，需要很长一段时间甚至是几代人的努力。从文化涵化的动力机制层面来看，皖江城市带社会经济发展、城市化以及流动人口增加是安庆地区回族文化涵化的主要动力。

三、安庆不同社会阶层的回族秉持不同的文化涵化策略

由于拥有资源状况的不平等性，社会呈现阶层分化，就其本身来说，每一个阶层就是一个同质性比较强的群体。处于不同群体中的个体，个体之间也表现出不同的特质。社会阶层的不同，加上个人特质的不同，使得处于不同社会阶层的人文化涵化的策略也表现出了不同的特质。"群体涵化指在不同文化接触的过程中，引起一个民族文化在整体上的各个层面、各个结构发生变化；个体涵化则是指个人的行为、认同、价值观以及态度等的变化"[①]。在本书的实

---

① 马季方. 文化人类学与涵化研究（上）[J]. 国外社会科学，1994（12）.

证研究中，结果显示安庆地区不同社会阶层的人所秉持的文化策略不同。

安庆地区回民具体的文化涵化策略中，有很多因素影响涵化策略的选择和运用。大至国家的制度、经济和文化的发展情况、社会结构、小至文化水平、人际关系状况都影响文化涵化策略。在安庆地区，不同阶层的回民在恋爱方式上选择了不同的文化策略。在自由恋爱方式里，温饱阶层的比例最高，这也许与其经济条件是有关系的。因为温饱阶层，在生存条件得到保证的前提下，有更多的自主权去安排自己的私人生活，因为他们受到传统文化束缚较弱，接受现代文化的环境较为宽松。而富裕阶层在自由恋爱方式上的比例较低，这与他们深厚的传统文化和同质性强的亲密关系紧密相连，他们倾向于通过熟人介绍门当户对的对象。在媒人介绍的恋爱方式里，贫困阶层的比例最高，这也是他们有限经济条件所决定的。贫困阶层由于所拥有的社会资本、文化资本和经济资本都较为薄弱，他们没有机会认识更多的异性，并且他们没有资源去担负认识异性所花费的成本。所以，从成本优先的角度来看，媒人介绍是最优选择。

经济条件和家庭教育方式的采用二者之间是负相关关系。温饱阶层之所以比其他阶层较多地采取家庭的父母教育，这也许与其所处的社会夹心层地位有关。在经济方面，温饱阶层只能满足基本的日常生活费用，并且传统文化的保存情况一般，采取父母的宗教教育方式，是其社会地位、经济状况的必然要求。温饱阶层在日常生活里对孩子进行宗教信仰教育，是其忙碌的工作和艰难的生活所要求的，并且可以节省管教孩子和孩子受教育的时间和费用。从以上几点分析中，不同社会阶层的人所拥有的各种资源（先赋与后致资源、文化资源、社会资源、经济资本等）不同，他们在具体的文化涵化策略的选择上也呈现出不同的方式。

此外，这个结论还可以从社会阶层所处的社区状况的一致性来说明。因影响文化涵化的条件不同，不同社会阶层的文化涵化的程度也就不同。在本书的实证研究里，生活于城市社区中的回民，在发达城市社区的回民群体所受到的涵化就要比在相对落后保守的城市社区中高，涵化程度更明显，这与其拥有多元化和多种选择的文化涵化策略分不开。同时，个体层面上的特征也在影响着其文化涵化策略的不同，"民族成员的个体涵化因个人年龄、知识程度、性格、爱好、性别、价值观以及所处自然和社会环境等不同，对现代文化接受的态度、程度、速度等都有所差异"[①]。统计分析发现，年轻一代比

---

① 高永久，刘庸. 城市社区民族文化涵化的类型分析[J]. 中南民族大学学报（人文社会科学版），2006（3）.

年老一代所秉持的文化涵化态度较积极、并且灵活性高；而在性别层面上，男性比女性具有更多和更高的文化涵化策略，因为男性具有更多的社会网络资本，社会信息丰富，社会交往广泛；从教育方面来看，安庆地区回民受教育程度高的比受教育程度低的具有更好的文化涵化适应能力，在文化涵化的过程中，较少出现心理失调的消极现象，并且能找到更好的方法去解决文化涵化所引起的各种问题。

另外，不同社会阶层的人在表现出不同的文化涵化策略时，个体层面上的文化涵化策略也影响到了阶层文化策略的选择，从哲学的角度来看，是个体反作用于整体。只有这样，整体和个体才能保持较为畅通的双向关系，结构和功能才能获得整合的机会。在安庆地区不同社会阶层的个体采取的文化策略也反作用于阶层群体的文化涵化策略的选择上。从辩证法的角度来看，个体层次上的文化涵化程度往往会影响到群体涵化程度，群体涵化的方向往往和大多数民族成员个体涵化的方向一致；反之，个人文化涵化受群体文化涵化的主导，其发展方向会努力和群体涵化保持一致。同一社会阶层文化涵化对整个阶层的文化变迁起到决定性作用，并影响阶层文化的民族特色。回族文化的阶层涵化主要通过回族中某些个人，特别是与汉族文化接触较多的个体的价值观念的转变而逐渐引发。个体文化涵化是阶层涵化的先决条件，阶层文化涵化则是众多个人文化涵化综合的必然结果。安庆地区的回族社区在推进城市化过程中，要先对安庆城市社区回族成员中的精英个体进行文化涵化，通过这些精英个体的文化涵化，实现从个体到精英阶层的文化涵化，进而在整个安庆地区实现不同社会阶层的人文化涵化策略的不同选择。

四、安庆回族文化涵化推动安庆社会持续发展

文化涵化具有正功能和负功能、显性功能和隐性功能，这是功能的二分法。如果从经济和社会、物质和精神、现在和将来、国家和市民、集体和个人的角度来分析，文化涵化在这些领域都具有相应的功能。所以，根据研究目的和研究对象以及研究所处的实际情况有选择性地对其进行研究。

基于此，从文化涵化的功能出发，研究安庆地区回族文化涵化在皖江城市带新兴开发区建设中的社会功能。随着皖江城市带城市化和经济发展，城市用地规模越来越大，更多的新兴开发区出现。推动皖江城市带新兴开发区经济社会进步的力量很多，包括经济基础中经济力量的壮大，上层建筑中制度的完善。作为社会的主要构成力量之一，文化的力量在促进新兴开发区社会经济进步中的作用越来越明显，可以为社会经济进步提供科学技术物质基

础和先进管理方法。人作为社会活动和经济事务的实践者，其文化水平在很大程度上影响社会经济发展水平。人与人之间所形成的文化关系，也是和谐社会建设所需要的重要条件之一，能为经济发展提供稳定的社会环境。

从文化本体论和文化社会稳定性这两个方面，安庆回族文化涵化都具有十分明显的积极功能。作为主流文化的汉文化，在社会经济的各个领域都充当着重要的推动力量，如果和回族文化没有比较和谐的文化对话模式或者文化关系，其正功能的发挥就会受到影响。回族文化的涵化，正是在文化关系方面为汉族文化的主动力提供文化环境条件，在一个文化关系较为和谐、对话较为自由自主的文化环境中，汉族文化能够专心致力于推动社会经济发展，不至于受到外界的干扰而破坏社会稳定环境，从而影响到社会经济的发展。回族文化的涵化，因为吸收了汉族文化，所以在社会经济的各个领域里能达成较为一致的看法，减少了为实现一致文化认同而花费的各种成本。一个比较宽广的文化视域是回族文化和汉族文化相互融合的平台，从这个文化视域出发，汉族文化和回族文化能够在各种事物中形成的良好的互补关系，有利于社会文化的和谐发展，为社会化的文化智力交叉互补优势的形成贡献极大的力量。

在文化本体论层面，回族文化的涵化也具有非常强大的社会文化积极功能。从历史文化的角度来看，伊斯兰文化具有极大的普世性和综合性，即伊斯兰文化在此岸生活和彼岸生活都能做到积极协调以及在宗教生活和世俗性生活中都能做到综合处理，在具体的社会经济生活中，个人层面上的社会经济生活中，难免会出现失调和不适应，尤其是当今世俗化生活程度比较高的汉族文化所具有的务实和实用的特征，加剧了伊斯兰文化在个体层面上的不适应。作为伊斯兰文化的一个重要组成部分，回族文化的涵化，在提高自身文化对待其他文化的宽容度上具有积极功能，对自己文化的定位，对回族文化和汉族文化关系的认识，都有着全面性和真实性的理解。回族文化的涵化，其本质就是一个对自己文化体系全面性和批判性的认识，这是一种文化自觉和文化责任的体现，同时也是一种对未来自己文化发展趋势的积极表现。经过文化的涵化，回族文化在个体层面上吸收了较多的汉族文化，对汉族文化的认识和对自己文化的认识提高，用汉族文化的有用部分更新自己文化体系中落后的文化成分，以增强在世俗生活中的灵活性和适应性。如果从文化的实用性层面来说，回族文化的涵化，也使得更多的回民学习到相关的生活和生产技术，因为这些技术是生活和生产顺利进行的必要条件。更多回民掌握了这些技术，可以更好地适应社会的发展，不仅能减少他们因不适应社会而带来的恐惧感和抵触情绪，还可以提高他们在社会经济中获取成功的自信心。无论从精神层面还是从物质层面，回族文化的涵化，在提高个人的社会适应能力、减少人际摩擦、推动社会和谐发展等方面都起到了积极作用。

五、皖江城市带回族文化涵化对加强文化交流的思考

从历史文化的角度来看，文化的发展历史就是一部文化交流的历史。固然，前进是文化交流的历史趋势，但在这个过程中，历史上也出现过文化对立和严重的文化毁灭现象，文化的历史事实值得我们思考。今天站在历史文化交流的立场上，以中华文化为基本出发点，借助皖江城市带回族文化涵化带来的启示来对文化交流做多元性和扩展性的认识，不论是从历时性层面上还是从共时性层面上，文化的传播与交流都是一种普遍的现象。文化的交流本质是不同文化有价值部分的互补性以及不同文化之间内涵的兼容性，前者决定了文化交流的必要性，后者决定了文化交流的可能性。文化交流从表象看似随机自然，但在其内部包含着深刻的规律性。文化交流存在着很多形式和结果，比如两种文化在交流时有可能出现文化一方对另一方加以排斥和拒绝，基督教在中国的传播就是这方面的最好例子，基督教在中国的传播经历了四次的历史，前三次都是由于受到中国强大的中华文化的排斥难以立足而黯然淡出中国。文化交流的另外一种形式是一方主动接受另一方文化，从而使自己的文化体系得到改善从而实现文化的前进性，日本文化吸收大唐文化从而实现国力大增就是这方面文化交流的最好例子。日本之所以能在世界政治和经济舞台上发挥着不可替代的作用，与其历史上的两大革新有关：唐代时积极向大唐吸收文化精髓的文化革新运动；明治年间积极向西方学习先进文化的维新运动。但从本质来说，无论哪种文化交流的方式，结果都具有非常高的相似性。那就是：外来文化在和本土文化的交流中，其结果都会融合于本土文化中，并会新生出一种整合过了的文化和发展了的文化。

就中国的文化内部交流而言，作为中华文化主体的汉文化对其他少数民族文化的涵化起到了主动力的作用，其他少数民族文化也从汉文化中吸收了大量的文化因素以不断实现自身文化的时间性变迁，这是少数民族文化获得持续发展动力的基本因素所在。从皖江城市带回族文化的汉文化涵化的过程、动力、功能等分析中，看到的正是这样的积极文化涵化态度，回族文化的内容和结构实现了更新，增强了回族文化在世俗生活和宗教生活中的适应性。此外，汉族文化和回族文化的持续对话也正在形成一个比较高水平的互动机制，这对于补充中华文化的整体性知识素养是非常有益的。

从皖江城市带回族文化的涵化研究中，我们获得了更多的启发，更能深入思考我国其他少数民族文化和汉族文化的交流问题，更应该从辩证法的角度来分析我国其他少数民族文化和汉族文化的文化交流。

首先，必须非常明确地认识到，我国少数民族文化中的宗教信仰的实际情况，把握其实质，这样才能从另外的角度准确理解汉族文化和少数民族文化交流的问题。一般来说，我国少数民族文化中的宗教文化都具有多神和世俗综合性特点。正像黄颂杰先生所说："对许多民众而言，并未把宗教信仰提升为一种精神支柱、依托甚或境界，而只是作为避却灾祸、保佑健康平安、获得发财升迁的一种祈求和愿望，是一种有浓厚功利性色彩的工具和手段。民众对宗教的选择并无明确的主见，更缺乏理论上的兴趣。不管外来的宗教还是土生土长的宗教，都要与自己日常生活中的利害关系直接联系在一起，否则会被冷落甚至被抛弃"[①]。

其次，也要把握好文化交流的基本原则。自由、平等是文化交流的基本原则，所以，作为主流文化的汉文化，在对待其他少数民族文化的发展问题上，不能采取文化强势入侵和沙文主义的态度，否则会打破少数民族文化的发展的创造性和规律性。诚然，少数民族文化确实需要从汉族文化中吸取积极文化素养，才能在内外两个部分得到充分发展和实力提升，但少数民族文化的发展有着自我发展的自由和平等权利。

再次，汉族文化有责任承担支持少数民族文化发展的重任，并且建立一套完整的机制对于少数民族的濒临文化进行保护和传承，从而形成中华民族文化的多元发展格局。

此外，其他少数民族文化和汉族文化的交流也必须解决面对世界的严峻事实。首当其冲是必须积极面对文化全球化的发展态势，因为全球化是当今世界的一个事实。宏观地分析，全球化在世界的每一个地方都强力进行着，并且深入政治、经济、文化、心理的每一个角落，所以，中西文化交流一直都在发生着，在中西文化的交流过程中，对其进行批判性的认识，对提高中华文化在世界文化交流体系中的话语权具有非常重大的意义。近代中西文化冲突的实质，一方面体现为西方文化与中华文化的民族性冲突，另一方面体现为代表着工业大生产的现代文化与代表着农工自然生产的传统文化之间的时代性冲突。基于这样的分析，我国少数民族文化和汉族文化的交流不能仅限于二者之间的狭小范围，应该放在全球化的背景下来进行，这样才能保证

---

① 黄颂杰. 从本体论谈基督教与中国传统思想之冲突和会通 [M]. 上海古籍出版社，2002：15—16.

二者文化交流的有效性。

　　最后，需要从文化心态层面上来思考我国少数民族文化和汉族文化的交流问题。文化交流心态对于文化发展的重要性在历史发展过程中表现得非常明显，正如鸦片战争所引发的中西文化冲突与以往的中西文化冲突有着本质上的不同。以前中西文化交流所引发的冲突是少数或部分文化因素的振荡，新一轮中西文化交流所引发的冲击是西方更为先进的工业化现代化文化对以儒家思想为主体的中国农业文化的全面冲击。尤为重要的是，西方工业文化具有强势的商品经济的输入的倾向，从根本上动摇了作为基础一直延续的传统自然经济体系。回顾中西文化民族性冲突的历史过程，我们不难看出，各种文化派别关于中西文化交流之争，从根本上说，就是中西文化的强大和中华文化的弱小所形成的强烈反差，在国人心理上造成的自我文化落差的强烈反应。中西文化交流冲突的民族性特点，源于中华文化上的自我中心论观念，同时也是中华文化中心论的贫困及其在面对强大西方文化的面前所体现出来的弱势话语权。从世界范围的文化发展历史来看，根本不存在文化的中心论，没有哪种文化可以拥有绝对的支配权力。人类文化发展的常态和规律是文化民族性的多元共存和多样的统一，不同文化在接触过程中必然产生冲突和摩擦正是源于这一常态的规律。作为文化在发展过程中不可避免的一种必然现象，文化的民族性冲突也是文化发展的动力。文化本身既是过程性的也是结果性的，所以文化在交流中产生也只有在交流中发展。

　　我国各民族文化是民族的，也是世界的。狭隘和封建的民族主义情绪和思想可能对其他民族文化形成强烈的、盲目的排外情绪，这样只能是自己局限于自我文化的封建王国中，失去吸收其他民族优秀文化的机会，最终不利于自我文化生命力的提升。建设现代化的文化必须打破文化自我封闭的状态，需要和世界文化形成良好的对话程序，使得中国社会的进步具备文化条件。但我们必须知道，我国少数民族文化的世界性对话并不等于西方化。我国少数民族文化的现代化，需要将我国少数民族文化纳入世界文化体系中，使我国少数民族文化成为世界多元文化格局中一个重要的组成部分，同时也必须保持自己的文化民族性。

参考文献

一、著作类

(一) 国内著作

[1] 林耀华. 民族学通论 [M]. 北京：中央民族大学出版社，1997.

[2] 费孝通. 费孝通民族研究文集 [A]. 北京：民族出版社，1988.

[3] 吴泽霖主编. 人类学词典 [C]. 上海：上海：上海辞书出版社，1991.

[4] 杨圣敏. 中国民族志 [M]. 北京：中央民族大学出版社，2004.

[5] 黄淑娉，龚佩华. 文化人类学理论方法研究 [M]. 广州：广东高等教育出版社，2004.

[6] 拉德克利夫—布朗，夏建中. 社会人类学方法 [M]. 济南：山东人民出版社，1988.

[7] C. 恩伯，M. 恩伯著，杜杉杉译. 文化的变异 [M]. 沈阳：辽宁人民出版社，1988.

[8] [美] 克来德. M. 伍兹著，何瑞福译. 文化变迁 [M]. 石家庄：河北人民出版社，1989.

[9] 奥格本，威廉·费尔丁著，陈育国，王晓毅译. 社会变迁：关于文化和先天的本质 [M]. 杭州：浙江人民出版社，1989.

[10] 司马云杰. 文化社会学 [M]. 北京：中国社会科学出版社，2001.

[11] [美] R. E. 帕克 E. N. 伯吉斯 R. D. 麦肯齐著，宋俊岭等译. 城市社会学 [M]. 北京：华夏出版社，1987.

[12] 中国大百科全书·社会学 [C]. 北京：中国大百科全书出版社，1992.

[13] 马文. 哈里斯著，顾建光、高云霞译. 文化、人、自然—普通人类学导引 [M]. 杭州：浙江人民出版社，1992.

[14] [美] Ruth. 本尼迪克特著，王炜等译. 文化模式 [M]. 北京：社会科学文献出版社，2009.

[15] [美] M. 米德著，周晓虹等译. 萨摩亚人的成年 [M]. 北京：商务印书馆，2008.

[16] 维克多·特纳著，黄剑波等译. 仪式过程 [M]. 北京：中国人民大学出版社，2006.

[17] [美] 克利福德·吉尔兹著，纳日碧力戈等译. 文化的解释 [M]. 上海：上海人民出版社，1999.

[18] [美] 拉尔夫·林顿. 人格的文化背景——文化、社会与个体关系之研究 [M]. 于闽梅，陈学晶译. 桂林：广西师范大学出版社，2006.

[19] [美] 戴维. 斯沃茨著；陶东风译. 文化与权力—布尔迪厄的社会学 [M]. 上海：上海译文出版社，2006.

[20] [美] 史蒂文·瓦格（Vago, S.）. 社会变迁（第5版）（影印本）[M]. 北京：北京大学出版社，2005.

[21] [美] 杰里.D. 穆尔著，欧阳敏等译. 人类学家的文化见解 [M]. 北京：商务印书，2009.

[22] 马林诺夫斯基著，费孝通译. 文化论 [M]. 北京：华夏出版社，2002.

[23] 汪宁生. 文化人类学调查：正确认识社会的方法 [M]. 北京：文物出版社，2002.

[24] 陆扬，王毅. 文化研究导论 [M]. 上海：复旦大学出版社，2006.

[25] 夏建中. 文化人类学理论学派——文化的历史研究 [M]. 北京：中国人民大学出版社，1997.

[26] 石奕龙. 应用人类学 [M]. 厦门：厦门大学出版社，1996.

[27] 瞿明安. 现代民族学 [M]. 昆明：云南人民出版社，2009.

[28] 中国社会科学杂志社. 人类学的趋势 [C]. 北京：社会科学文献出版社，2002.

[29] 文崇一，萧新煌. 中国人：观念与行为 [M]. 南京：江苏教育出版社，2005.

[30] 杨知勇. 价值选择与民族文化重担 [M]. 昆明：云南民族出版社，1989.

[31] 罗康隆. 文化适应与文化制衡 [M]. 北京：民族出版社，2007.

[32] 金元浦. 文化研究：理论与实践 [M]. 开封：河南大学出版社，2004.

[33] 王铭铭. 村落视野中的文化与权力 [M]. 北京：生活·读书·新知三联书店，1997.

[34] 吴飞，王学成. 传媒·文化·社会 [M]. 济南：山东人民出版社，2006.

[35] 董欣宾，郑奇．人类文化生态学导论《修订本》[M]．天津：天津人民美术出版社，2005．

[36] 郑培凯．口传心授与文化传承[M]．桂林：广西师范大学出版社，2006．

[37] 陆汉文．现代性与生活世界的变迁：20世纪二三十年代中国城市居民日常生活的社会学研究[M]．北京：社会科学文献出版社，2005．

[38] 靖继鹏，吴正荆．信息社会学[M]．北京：科学出版社，2007．

[39] 王逢振．现代性、后现代性和全球化[M]．北京：中国人民大学出版社，2004．

[40] 沈林等．散杂居少数民族统计与分析[M]．北京：民族出版社，2003．

[41] 张海洋．散杂居民族调查：现状与需求[M]．北京：中央民族大学出版社，2006．

[42] 白寿彝主编．中国回回民族史[C]．北京：中华书局，2003．

[43] 许宪隆．三代人与三个时代的对话：近现代陕甘宁青回族家族社会研究[M]．北京：民族出版社，2009．

[44] 张宗孝．伊斯兰文化与中国本土文化的整合[M]．北京：东方出版社，2006．

[45] 杨怀中，余振贵主编．伊斯兰与中国文化[C]．银川：宁夏人民出版社，1995．

[46] 马平．回族心理素质与行为方式[M]．宁夏：宁夏人民出版社，1998．

[47] 张承志．心灵史[M]．广州：花城出版社，1991．

[48] 周晓红．现代社会心理学——多为视野中的社会行为研究[M]．上海：上海人民出版社，1998．

[49] 杨文炯．互动调适与重构：西北城市回族社区及其文化变迁研究[M]．北京：民族出版社，2007．

[50] 高永久．西北少数民族地区城市化建设研究[M]．兰州：兰州大学出版社，2003．

[51] 马宗保．多元一体格局中的回汉民族关系[M]．银川：宁夏人民出版社，2002．

[52] 纳麒．传统与现代的整合：云南回族历史·文化·发展论纲[M]．昆明：云南大学出版社，2001．

[53] 丁明俊．中国边缘穆斯林族群的人类学考查[M]．银川：宁夏人民出版社，2006．

[54] 李松茂. 回族伊斯兰教研究 [M]. 银川：宁夏人民出版社, 1993.
[55] 陈乐基主编. 中国南方回族清真寺资料选编 [C]. 贵阳：贵州民族出版社, 2004.
[56] 迪尔凯姆著, 渠东等译. 宗教生活的基本形式 [M]. 上海：上海人民出版社, 2006.
[57] 迪尔凯姆, 莫斯著, 汲喆译. 原始分类 [M]. 上海：上海人民出版社, 2005.
[58] 马克斯·韦伯著, 洪天富译. 儒教与道教 [M]. 南京：江苏人民出版社, 2003.
[59] 周大鸣, 吕俊彪. 珠江流域的族群与区域文化研究 [M]. 广州：中山大学出版社, 2007.
[60] 杨惠云主编. 中国回族大辞典 [C]. 上海：上海辞书出版社, 1993.
[61] 马平主编. 人类学视野中的回族社会 [C]. 银川：宁夏人民出版社, 2004.
[62] 马建钊, 张菽晖主编. 中国南方回族古籍资料选编补遗 [C]. 北京：民族出版社, 2006.
[63] 罗彦莲. 人文的关注：回族文化论集 [C]. 银川：宁夏人民出版社, 2005.
[64] 骆桂花. 甘青宁回族女性传统社会文化变迁研究 [M]. 北京：民族出版社, 2007.
[65] 满珂主编. 文化魔力：从人到群·族群与民族之间 [C]. 兰州：兰州大学出版社, 2007.
[66] 胡云生. 传承与认同：河南回族历史变迁研究 [M]. 银川：宁夏人民出版社, 2007.
[67] 李松茂. 回族伊斯兰教研究 [M]. 银川：宁夏人民出版社, 1993.
[68] 王正伟. 回族民俗学 [M]. 银川：宁夏人民出版社, 2008.
[69] 回建. 中国散居回族经济发展研究 [M]. 北京：中国经济出版社, 2009.
[70] 拜学英. 回族习俗探源 [M]. 北京：民族出版社, 2009.
[71] 马平主编. 多元融通的回族文化 [C]. 银川：宁夏人民出版社, 2008.
[72] 丁克家, 马雪峰. 世界视野中的回族 [M]. 银川：宁夏人民出版社, 2008.
[73] 姚秀颖. 文化变迁视角下呼和浩特回族的教育策略选择 [M]. 北京：中央民族大学出版社, 2009.

[74] 王钟健主编. 回族 [C]. 乌鲁木齐：新疆美术摄影出版社，2010.

[75] 常永才主编. 文化变迁与民族地区农村教育革新 [C]. 北京：中央民族大学出版社，2007.

[76] 良警宇. 牛街：一个城市回族社区的变迁 [M]. 北京：中央民族大学出版社，2005.

[77] 宋志斌，张同基. 一个回族村的当代变迁 [M]. 银川：宁夏人民出版社，1998.

[78] 安徽省地方志编纂委员会编. 安徽省志：民族宗教志 [C]. 北京：方志出版社，1997.

[79] 安庆市志编纂委员会编. 安庆市志：民族宗教志 [C]. 北京：方志出版社，2005.

（二）国外著作

[1] M. J. Herskovits. *Acculturation—The Study of Culture Contact*, Gloucester, Mass. Peter Smith, 1958.

[2] W. A. Harviland. *Anthropology*. Molt. Rinchart and Winston. 1983.

[3] R. Beals. *Acculturation, in Anthropology Today*. edited by A. L. Kroeber, The University of Chicago Press, Chicago, 1953.

[4] R. L. Bee. *Patterns and Process, An Introduction to Anthropological Strategies for the Study of Sociocultural Change*, pp. 96-97, The Free Press, New York, 1974.

[5] E. A. Hobel. *Man in the Primitive World：An Introduction to Anthropology* N. Y. 1949.

[6] J. W. Powell. *Introduction to the study of Indian Languages*, Washington D. C. , Government Printing Office，1880.

[7] W. J. McGee. *Piratical Acculturation, American Anthropologist vol. 11*, 1898, 7.

[8] R. L. Bee. *Patterns and Process, An Introduction to Anthropological Strategies for the Study of Sociocultural Change*, pp. 96-97, The Free Press, New York, 1974.

[9] R. Redfield, R. Linton and M. Herskovits. Memorandum on the Study of Acculturation, *American Anthropologist*, 1935, vo.l 38.

[10] R. Thurnwald. *The Psychology of Acculturation*, American Anthologist, vol. 34, 1932.

[11] E. A. Hoeble. *Man in the Primitive World: An Introduction to Anthropologist*, N. Y., 1949, pp495.
[12] A. L. kroeber. *Anthropology*, N. Y., 1984, chapter, 12.
[13] M. Foster. *Culture Contact as Dynamic Process*, Africa, vol. 9, 1936.
[14] A. R. Boals with G. & L. S Pindler. *Culture in Process*, Holf Rinehart & Winston. 1973.

二、论文类

[1] 马季方. 文化人类学与涵化研究（上）[J]. 国外社会科学, 1994（12）.
[2] 马季方. 文化人类学与涵化研究（上）[J]. 国外社会科学, 1995（1）.
[3] 马凤鸣. 社会学视野下的文化变迁理论[J]. 甘肃政法成人教育学院学报, 2004（2）.
[4] 徐贵恒. 社会学视野中的和谐社会[J]. 理论研究, 2005（3）.
[5] 夏薇. 试论文化变迁对于青年的影响[J]. 青年研究, 1997（12）.
[6] 阚祥才, 刘森. 中产阶级：一种社会学视野的解读[J]. 理论月刊, 2005（5）.
[7] 曾小华. 文化变迁和文化进化的一般理论[J]. 中共宁波市委党校学报, 2004（2）.
[8] 欧以克. 瑶族研究的新力作——玉时阶《瑶族文化变迁》评介[J]. 广西民族大学学报（哲学社会科学版）, 2006（5）.
[9] 文达. "文化变迁"简说[J]. 思想战线, 1987（2）.
[10] 蓝达居. 晋江陈埭回族文化风俗的基本特征[J]. 福建侨乡民俗——福建侨乡民俗学术研讨会论文集, 1993.
[11] 南民. 台湾的社会变迁[J]. 福建论坛（社科教育版）, 1987（2）.
[12] 赵文龙. 浅析马克思的社会变迁理论[J]. 西安电子科技大学学报（社会科学版）, 1999（2）.
[13] 李华兴, 吴前进. 迁移·涵化·共生——美国华侨、华人文化变迁考察[J]. 上海社会科学院学术季刊, 1993（4）.
[14] 秦秀强, 唐合亮. 北部侗族文化涵化的过程和机制——天柱社区的个案研究[J]. 贵州民族研究, 1994（1）.
[15] 萧致治. 政治与社会变迁互动的可喜探索——评林家有主编"近现代中国政治与社会变迁"丛书[J]. 历史教学, 2004（11）.

[16] 肖金明，张宇飞. 社会变迁与法治演进 [J]. 山东警察学院学报，2005 (2).

[17] 宇晓. 瑶族的汉式姓氏和字辈制度——瑶汉文化涵化的一个横断面 [J]. 贵州民族研究，1995 (4).

[18] 高永久，刘庸. 城市社区民族文化涵化的类型分析 [J]. 中南民族大学学报（人文社会科学版），2006 (3).

[19] 任学锋. 试论我国社会变迁时期的道德建设 [J]. 乐山师范学院学报，1997 (3).

[20] 常永才. 人类学经典涵化概念的局限及其心理学视角的超越 [J]. 世界民族，2009 (5).

[21] 苏晓环，林冠兴. 百年婚礼下篇：婚礼折射的社会变迁（英文）[J]. Women of China，2001 (4).

[22] 王万平. 热贡地区文化涵化的历史变迁 [J]. 西北民族大学学报（哲学社会科学版），2007 (6).

[23] 许国鹏，殷宏亮. 浅析当代中国法律在社会变迁中的工具职能 [J]. 当代法学，2001 (9).

[24] 董晓波. 裕固族乡村家庭变迁调查——以肃南县红石窝乡巴音村为例 [J]. 民族研究，2006 (4).

[25] 岳天明. 论我国民族地区社会变迁的制约因素 [J]. 中央民族大学学报（哲学社会科学版），2002 (6).

[26] 袁宗一. 论回族诗人萨玉衡 [J]. 宁夏大学学报（人文社会科学版），1988 (1).

[27] 李彬. 谈 acculturation 和 enculturation 的汉语译名 [J]. 民族译丛，1988 (1).

[28] 马广德. 试析回族文化的形成与地理分布 [J]. 宁夏社会科学，2000 (6).

[29] 李佩伦. 回族文化、伊斯兰文化及穆斯林文化的联系与区别 [J]. 云南民族学院学报（哲学社会科学版），1992 (4).

[30] 唐美君，承上. 台湾的汉人与非汉人：文化的涵化 [J]. 台湾研究集刊，1985 (1).

[31] 李晓斌. 明清时期云南蒙古族与回族文化变迁比较研究 [J]. 内蒙古社会科学（汉文版），2003 (6).

[32] 丁一波. 回族的语言 [J]. 贵州民族研究，1988 (1).

[33] 胡振华．谈谈回族人民常用的一些词语 [J]．语言与翻译，1989（3）．
[34] 李安民．关于文化涵化的若干问题 [J]．中山大学学报（哲学社会科学版），1988（4）．
[35] 余振贵．略论回族文化的内涵 [J]．回族研究，1992（2）．
[36] 赖存理．回族善经商的历史经验 [J]．青海社会科学，1988（3）．
[37] 郭齐勇．论文化变迁中的涵化和整合 [J]．哲学动态，1990（4）．
[38] 高晓敏．回族艺术浅论 [J]．回族研究，1998（2）．
[39] 龚佩华．人类学文化变迁理论与黔东南民族文化变迁研究 [J]．中山大学学报（哲学社会科学版），1993（1）．
[40] 石峰．"文化变迁"研究状况概述 [J]．贵州民族研究，1998（4）．
[41] 周立．由泷水山歌看乡村文化建设 [J]．湖南科技学院学报，2005（3）．
[42] 许良国．论台湾平埔人之文化变迁 [J]．中央民族大学学报（哲学社会科学版），1990（3）．
[43] 李健．论文化变迁与教育 [J]．兰州教育学院学报，1996（1）．
[44] 龙先琼．文化变迁的人文意义 [J]．吉首大学学报（社会科学版），1998（4）．
[45] 龚爱书．中国乡村在歌唱 [J]．音乐世界，1987（2）．
[46] 陆卫华．我国现实文化变迁与学校德育改革 [J]．宁波高等专科学校学报，2000（1）．
[47] 蔡永飞．建议为中国乡村举办人才市场 [J]．团结，1998（3）．
[48] 常立农．高技术是现代文化变迁的重要动力 [J]．湖南大学学报（社会科学版），1998（3）．
[49] 李彬．金岭镇回族的丧葬习俗及其社会功能 [J]．回族研究，1994（1）．
[50] 哈正利．试论回族文化的地域特色 [J]．回族研究，1995（4）．
[51] 米寿江．南京回族地域性历史文化特征 [J]．回族研究，1996（1）．
[52] 李燕晨．试论回族文化与中华民族传统文化的关系 [J]．宁夏社会科学，1988（2）．
[53] 白崇人．伊斯兰文化是回族文化的内核 [J]．回族研究，1994（4）．
[54] 褚荣昌．回族文化——中华文化与伊斯兰文化融合的结晶 [J]．阿拉伯世界，1995（1）．
[55] 乌图．对伊斯兰文化体系的新探索——读《伊斯兰文化新论》[J]．回族研究，1998（1）．

[56] 王永亮. 试谈回族教育的历史作用 [J]. 宁夏教育, 1988 (Z1).

[57] 王淑英, 温蓉. 族群认同与涵化——对裕固族口头传统中"东迁"主题的再认识 [J]. 青海民族研究, 2008 (3).

[58] 穆春林. 对威宁彝族宗教文化变迁事项的思考—兼论文化变迁与涵化理论的社会意义 [J]. 贵州民族学院学报 (哲学社会科学版), 2010 (3).

[59] 李佩伦. 回族文化、伊斯兰文化及穆斯林文化的联系与区别 [J]. 云南民族大学学报 (哲学社会科学版), 1992 (4).

[60] 戴维. 天津城市化进程中朝鲜族的涵化现象分析 [J]. 北方民族大学学报 (哲学社会科学版), 2010 (2).

[61] 仁穆. 浅议回族文化的行程与分期 [J]. 西北第二民族学院学报 (哲学社会科学版), 1993 (1).

[62] 马维骠. 要加强对回族教育的理论研究 [J]. 宁夏教育, 1987 (11).

[63] 马丽芳. 清风吹来雪莲香 [J]. 西北第二民族学院学报 (哲学社会科学版), 1995 (4).

[64] 陈化育. 对西宁城东区回族教育之思考 [J]. 青海民族学院学报, 1988 (4).

[65] 王永亮. 论回族教育的发展和历史作用 [J]. 中央民族大学学报 (哲学社会科学版), 1989 (1).

[66] 李佩伦.《绿野沉思——李佩伦回族文化论集》后记 [J]. 回族研究, 1994 (4).

[67] 夏薇. 试论文化变迁对于青年的影响 [J]. 青年研究, 1997 (12).

[68] 王阳. 西北地区可持续发展的制约因素及对策 [J]. 甘肃理论学刊, 1999 (3).

[69] 王琴梅, 何文君. 经济全球化与西北地区的对外开放 [J]. 甘肃理论学刊, 2001 (2).

[70] 马凤鸣. 社会学视野下的文化变迁理论 [J]. 甘肃政法成人教育学院学报, 2004 (2).

[71] 徐剑钧, 杨光. 关于西北地区产业结构调整的理性思考 [J]. 理论导刊, 2000 (11).

[72] 李西林. 西北地区工业经济发展的趋势及其对策 [J]. 甘肃理论学刊, 1983 (5).

[73] 振如. 现代化建设呼唤良好的社会秩序 [J]. 瞭望, 1992 (29).

[74] 曾小华．文化变迁和文化进化的一般理论［J］．中共宁波市委党校学报，2004（2）．

[75] 丁玲玲．从祀祖活动看泉州陈埭回族的涵化［J］．泉州师范学院学报（社会科学），2007（3）．

[76] 存理．回族经济特征初探［J］．宁夏社会科学，1986（3）．

[77] 陈学俊，方亮，汪愚，龚振栋．关于加快开发西北地区优势资源的几点建设［J］．民主与科学，1991（2）．

[78] 傅安辉，余达忠．文化变迁理论透视［J］．黔东南民族师范高等专科学校学报，1996（3）．

[79] 袁年兴．共生理论：民族关系研究的新视角［J］．理论与现代化，2009（5）．

[80] 袁年兴．共生哲学的基本理念［J］．湖北社会科学，2009（2）．

[81] 张再林．论儒道之异同［J］．西安外国语学院学报：哲学社会科学版，1996（2）．

[82] 沈再新．从"中华民族多元一体格局"到"共生互补"［J］．湖北民族学院学报（哲学社会科学版），2010（3）．

[83] 许宪隆，沈再新．构建共生互补型多民族和谐社会的思考［J］．学习月刊，2008（10）．

附录　皖江城市带回族文化涵化研究调查问卷

您好！

　　我们现在正在做一份关于皖江城市带回族文化涵化研究的调查。此次问卷调查只用来作为我们的基本研究，对您没有任何影响。请您配合我们认真填写问卷，我们对您的支持表示由衷的感谢！

一、基本情况

1. 您的性别？
   A. 男　　B. 女
2. 您的年龄？_____（请注明）
3. 您的文化程度？
   A. 没有上过学　　B. 小学　　C. 初中　　D. 高中
   E. 大专　　　　　F. 本科及以上
4. 您的婚姻状况？
   A. 未婚　　B. 已婚　　C. 离婚　　D. 丧偶
5. 您的户口？
   A. 农村　　B. 城镇
6. 您住在？
   A. 农村　　B. 城镇
7. 您的职业？_____（请注明）
8. 您的月收入？
   A. 1000 元以下　　B. 1000～2000 元
   C. 2001～3000 元　　D. 3000 元以上
9. 您父母是什么民族？
   A. 父母全部是回族　　　　　　B. 父亲是回族，母亲不是
   C. 母亲是回族，父亲不是　　　D. 父母都不是

二、衣食住行

(一) 服饰方面（1—6 题单选，第 7 题多选）

10. 您工作之余大部分时间穿什么衣服？
    A. 本民族的衣服　　B. 本民族以外的衣服　　C. 无所谓
11. 您家里现在是否还保存有本民族的服饰？
    A. 有　　B. 没有
12. 您对回族服饰各个部分的文化含义了解程度如何？
    A. 很了解　　B. 中等了解　　C. 一般了解　　D. 完全不了解
13. 您一年购买的回族衣服的数量是？
    A. 0 件　　B. 1 件　　C. 2 件　　D. 3 件及以上
14. 纵观您所穿过的回族衣服中，衣服形式和内容发生变化的情况如何？
    A. 从来没有变化　　B. 变化很小　　C. 变化很大
15. 据您所知，回族衣服所采取的现代制衣工艺水平如何？
    A. 仍然保持传统工艺　　B. 适当采取　　C. 大范围采取
16. 您知道下面哪些是回族的传统服饰吗？（本题多选）
    A. 男子头戴白帽，女子披"盖头"
    B. "盖头"要求遮住头发、脖子及肩部
    C. 一般男子都备有黑帽或白帽数顶
    D. 可用鲜花、香料装饰衣服，不主张穿金戴银
    E. 不穿丝绸
    F. 妇女服装要求宽松厚实
    G. 其他_____

(二) 饮食方面（17—25 题单选，第 26 题多选）

17. 在日常生活中，您经常用的主食是？
    A. 面食　　B. 大米　　C. 其他
18. 在肉食中，您比较偏向于选购哪一种？
    A. 牛肉　　B. 羊肉　　C. 骆驼肉　　D. 有鳞鱼类
19. 您去"兰州拉面馆"的次数：
    A. 多　　B. 一般　　C. 不多　　D. 不去
20. 在早餐中，您经常饮用以下哪一种？
    A. 牛奶　　B. 奶茶　　C. 其他_____（请注明）

21. 您购买回族食物之外其他菜肴的次数：
    A. 经常　　　B. 一般　　　C. 很少　　　D. 从来不
22. 在您所接触的回族饮食中，是否发现回族饮食做法加入了现代的烹饪技术？
    A. 是　　　B. 否
23. 您所饮用的茶叶中，主要来源于哪里？
    A. 本民族地区　　　B. 非本民族地区
24. 您看到回族朋友饮酒的情况？
    A. 经常看见　　　B. 偶尔看到　　　C. 极少看到
25. 您知道回族在饮食方面有哪些忌讳吗？（本题多选）
    A. 忌食猪肉、狗肉、马肉、驴肉和骡肉，不吃未经信仰伊斯兰教者宰杀的和自死的畜禽肉
    B. 不吃动物的血
    C. 供人饮用的水井、泉眼，一律不许牲畜饮水，也不许任何人在附近洗脸或洗衣服
    D. 禁食形恶之物，如蛇、狼之类
    E. 不知道

（三）住房方面（27—37题单选，第38、39题多选）

26. 您家的房子在建造的时候，采取的建筑工序是？
    A. 本民族的建筑工序
    B. 非本民族的建筑工序
    C. 广泛采用，不分民族
27. 您家房子的建造动工之日，是否选择了主麻日？
    A. 是　　　B. 否
28. 您房子支梁之日，是否请了阿訇写《古兰经》贴在大梁上？
    A. 是　　　B. 否
29. 您现在的房子是哪一种风格？
    A. 本民族的　　　B. 非本民族的　　　C. 综合采用
30. 您家的房屋结构是哪一种？
    A. 土木结构平房　　B. 前后两坡砖瓦房
    C. 前坡砖瓦房　　　D. 其他
31. 您的房子是否专门设置有礼拜房？
    A. 有　　　B. 没有

32. 您家的房子离清真寺的距离是?
    A. 很近，就在房子周围   B. 距离适中   C. 距离很远

33. 您房子的装潢特色是?
    A. 本民族的   B. 现代的   C. 传统和现代都有

34. 您家门楣上是否贴有"经字都阿"?
    A. 有   B. 没有

35. 您家室内经常燃烧的是?
    A. 什么都不燃烧   B. 燃烧巴兰香 C. 檀香   D. 其他

36. 您家房子是否建有"吊罐"?
    A. 有   B. 没有

37. 以下哪些选项符合回族的住房方面的习惯?（本题多选）
    A. 迁入新居，都要请阿訇念经
    B. 家庭设施要求清洁、简朴
    C. 常用花草修饰庭园，以山水画卷布置客厅
    D. 反对奢侈豪华、不用金银器皿
    E. 家中不挂任何人物图像，不设祖宗牌位，不供奉先人遗像
    F. 禁止摆放佛像、神像
    G. 悬挂人物画、年历画
    H. 床上用品也不用丝绸
    I. 其他

38. 以下哪些选项符合回族在出行方面的习惯?（本题多选）
    A. 外出谋生，行前要到清真寺洗一个"干净澡"（大净）
    B. 出行前上大殿礼拜，并默许心愿
    C. 行人在外，时常默念"清真言"，求主佑助，驱逐恶魔
    D. 出门在外，每到一处，即到当地清真寺大净、礼拜、捐资济贫
    E. 其他

三、宗教生活

39. 您学过并学会念《古兰经》经文吗?
    A. 学过也会念   B. 学过但不会念   C. 没学过不会念

40. 如果上题选择"会念"请填写下面两题，您经常念经吗?
    A. 每天都念   B. 主麻才念   C. 宗教节日才念
    D. 家中发生重大事件才念 E. 不念

41. 您为什么要学念经?
    A. 受家里老人的影响　　　　B. 自己要从事相关职业
    C. 作为穆斯林应该会念经　　D. 自己兴趣
42. 您做礼拜的次数:
    A. 每天都做　　　B. 主麻才做　　　C. 宗教节日才做
    D. 家中发生重大事件才做　　　　　E. 不做
43. 您把斋吗?
    A. 每年都把斋　　B. 把斋但不能坚持
    C. 不把斋,原因_____（请注明）
44. 您向清真寺缴纳"费德尔"钱吗?
    A. 严格遵守　　　B. 宗教节日才交　　C. 家中有重大事件才交
    D. 寺里有重大事件才交　　　　　　　E. 从来没交过
45. 您是否有到麦加朝圣的夙愿?
    A. 很强烈,一定要去　　　　　B. 有条件就去
    C. 无所谓　　　　　　　　　　D. 不去
46. 据您所知,孩子对伊斯兰教的信仰主要来源于?
    A. 父母的宗教教育　　　　　　B. 清真寺的宗教教育
    C. 其他_____（请注明）
47. 您对长辈所传承的宗教教育,您会:
    A. 完全接受　　　B. 部分接受　　　D. 完全不接受
48. 您所在的区域,宗教节日的举办情况如何?
    A. 很固定　　　B. 一般　　　C. 偶尔　　　D. 没有
49. 你对佛教和道教的态度?
    A. 完全反对　　B. 一般反对　　C. 中立　　　D. 赞同

四、婚姻家庭生活

50. 您的家庭结构:
    A. 夫妻两人加孩子　　　　　　B. 父母和兄弟姐妹
    C. 父母妻子（丈夫）和孩子　　D. 父母兄弟姐妹妻子（丈夫）和孩子
    E. 其他
51. 您的配偶是哪个民族?
    A. 回族　　　　　　　　B. 其他民族_____（请注明）
52. 你和您配偶是怎样认识的?

A. 自由恋爱　　　　　　　B. 媒人介绍

53. 您的婚姻是？

　　A. 回回婚　　　　　　　B. 教内婚

　　C. 表亲婚　　　　　　　D. 其他_____（请注明）

54. 您的结婚仪式是哪一种？

　　A. 严格的回族结婚仪式　　B. 简略的回族结婚仪式

　　C. 汉回相杂的结婚仪式　　D. 完全的汉族结婚仪式

55. 您有几个兄弟姐妹？

　　A. 1　　　B. 2　　　C. 3　　　D. 其他_____（请注明）

56. 您父母居住情况是？

　　A. 独立居住　　　　　　B. 与我同住

　　C. 与兄弟同住　　　　　D. 在养老院住

57. 家族传承下来的族规和家规，现在执行情况如何？

　　A. 严格执行　　　　　　B. 变通执行

　　C. 偶尔执行　　　　　　D. 从来不执行

58. 现在的家族文化体系中，传统和现代知识的比例如何？

　　A. 传统占大多数　　B. 现代占大多数　　C. 二者比重相当

59. 在家族文化中，传统和现代，哪一种发挥的作用最大？

　　A. 传统　　　　　B. 现代　　　　　C. 二者作用区别不大

60. 您觉得家族文化如何应对现代文化的挑战？

　　A. 吸收一切积极的现代文化成分，不分主次之分

　　B. 适当吸收，以保持本民族文化的时代性

　　C. 割断文化对话，保持本民族文化的纯洁性

61. 春节是汉族的最重要节日，您家有没有过春节的习惯？

　　A. 回族不过春节

　　B. 春节的气氛很浓，难免受到点影响

　　C. 过春节，但是没有我们本民族的节日那么重要

　　D. 不过，只过本民族的节日

62. 在具体的经济和社会生活中，现代文化对您的影响是？

　　A. 较多的积极影响　　B. 没有什么影响

　　C. 带来了较多的消极影响

63. 您主要是通过哪些方式了解其他民族文化？（可多选）

　　A. 电视　　　B. 网络　　　C. 书籍

D. 广播　　　E. 人际交往
64. 汉文化对其他民族文化的同化现象，您是？
　　A. 反对　　　B. 中立　　　C. 支持

五、皖江城市带经济开发与回汉文化交流的关系

65. 您的同事中有其他民族吗？
　　A. 有　　　B. 没有
66. 与他们在一起工作感觉怎么样？
　　A. 感觉很好，在一起很融洽
　　B. 关系一般，一般没什么接触
　　C. 不怎么融洽，生活习惯的不同，使我们总是有一定距离
　　D. 关系很恶劣
67. 您认为民族习俗的转变是否和当地的政治、经济、文化政策有关？
　　A. 有，关系特别大　　　　B. 有，但是关系不是很大
　　C. 没有影响　　　　　　　D. 不是很清楚
68. 皖江城市的兴起给自己或家人带来了什么样的变化？（可多选）
　　A. 城市的人流量越来越多，生意也越做越好
　　B. 促进了自己与外来人员的交流，扩大了交际圈
　　C. 进一步推动了自己与汉族人民的融合
　　D. 本民族的优秀文化与特色得到了更好的弘扬
　　E. 穿着方面越来越追求时髦，趋同于大众化
　　F. 每天的生活节奏变得紧张了
　　G. 收入增加了，生活水平提高
　　H. 其他
69. 您认为皖江城市带的兴起有促进本民族经济的发展吗？
　　A. 完全促进了　　　　　　B. 在很大程度上促进了
　　C. 一般　　　　　　　　　D. 稍微
　　E. 根本就没有促进　　　　F. 反而阻碍了发展
　　G. 不清楚，没关注
70. 您认为这几年来自己的周围的变化如何呢？（可多选）
　　A. 城市人口增加
　　B. 城市用地规模扩大，高楼越来越多落成了
　　C. 城市人口在总人口中的比重上升了

D. 外来务工人员越来越多了

E. 交通工具越来越发达，到处有许多新的道路修建而成

F. 娱乐设施场所越来越多了

G. 人均收入逐年上升

H. 其他

71. 您对当地人口流动有什么看法呢？

  A. 外来人员越来越多了　　　　B. 许多外地人在本地落户成家

  C. 本地有许多人前往外地谋生了　D. 只有少部分的人流出或流入

  F. 许多当地人搬迁到外地　　　　G. 基本没什么变化，还是原样

72. 您一般主要和哪些人进行交流、接触、交往呢？（可多选）

  A. 自己工作范围内的同事

  B. 在一起生活的家人

  C. 自己在人际交往中的好朋友

  E. 从事事业或工作中所接触的人员

  F. 只和身份、地位和自己相当的人接触

  G. 和自己身份悬殊的人接触

73. 您的朋友中有汉族吗？

  A. 有，全部都是　　　　　　　B. 有，绝大多数都是汉族朋友

  C. 有，只有几个　　　　　　　D. 有，就一个

  E. 没有，都是回族

74. 您觉得本族的经济发展对城市的发展起到作用吗？

  A. 有，很大程度上促进了城市的发展

  B. 有，一般　　　　　　　　　C. 没有促进，也没阻碍

  D. 没有促进，反而阻碍了　　　E. 不是很清楚

75. 您居住地的其他民族对您民族的风俗习惯很了解吗？

  A. 全部的人都很了解　　　　　B. 绝大多数都了解

  C. 一部分的人了解　　　　　　D. 只有一小部分的人了解

  E. 没有人了解　　　　　　　　F. 不是很清楚

76. 您居住地的其他民族尊重您民族的风俗习惯吗？

  A. 十分尊重　　　　　　　　　B. 绝大多数都尊重

  C. 重大场合时尊重，但平常不注意 D. 偶尔尊重

  E. 不尊重　　　　　　　　　　F. 不是很清楚

77. 其他民族对您民族的文化态度如何？

A. 喜欢，并且学习　　　　　B. 喜欢，但没学习
C. 一般　　　　　　　　　　D. 不喜欢，也不排斥
E. 不喜欢，并且十分排斥　　F. 不是很清楚

78. 您认为怎样能够更好地促进民族之间的文化交流和发展？
    A. 办展览，宣传自己民族独特的文化
    B. 搞联谊活动
    C. 借助媒体的力量，通过报纸和电视加强对自己民族的宣传
    D. 移风易俗，慢慢地走向趋同

请您再核查一下问卷，看是否有少填或漏填的题目，谢谢您的合作！

调查点：_____　　　　调查时间：_____